金融科技

前沿与趋势

徐 忠
邹传伟
著

中信出版集团 | 北京

图书在版编目（CIP）数据

金融科技：前沿与趋势 / 徐忠，邹传伟著. -- 北京：中信出版社，2020.12（2021.12重印）
ISBN 978-7-5217-2435-6

Ⅰ.①金… Ⅱ.①徐… ②邹… Ⅲ.①金融—科学技术 Ⅳ.①F830

中国版本图书馆CIP数据核字(2020)第220318号

金融科技：前沿与趋势

著　　者：徐忠　邹传伟
出版发行：中信出版集团股份有限公司
（北京市朝阳区惠新东街甲4号富盛大厦2座　邮编　100029）
承 印 者：宝蕾元仁浩（天津）印刷有限公司

开　　本：787mm × 1092mm　1/16　　印　　张：20.5　　字　　数：273千字
版　　次：2021年1月第1版　　印　　次：2021年12月第3次印刷
书　　号：ISBN 978-7-5217-2435-6
定　　价：68.00元

目录

第四篇　区块链：金融科技的核心议题

第五篇　数字货币变革

第六篇　监管科技的未来挑战

金融科技：未来已来（代序）

金融科技翻译自英文Fintech。[1] 根据国际清算银行定义，金融科技指技术驱动的金融服务创新，体现为新的商业模式、应用、流程和产品等。2015年前，金融科技中受关注的是移动支付、网络贷款、股权众筹以及数字普惠金融。2015年后，区块链、央行数字货币、稳定币、数据要素和隐私保护、大科技公司涉足金融业务以及监管科技受到了越来越多关注。2019年6月，脸书发起的Libra联盟发布Libra项目，更使金融科技在全球受到前所未有的关注。金融科技已不是一个小众、边缘领域，而成为一个被各国监管者、金融从业者和学术研究者普遍关注且深入讨论的主流领域。随着行业发展和讨论深入，金融科技包含的新问题层出不穷。很多问题在不断丰富我们对货币、支付、信息、风险、资源配置和公平竞争等金融基础概念的认识。从政策和学术研究的角度，金融科技是一个激动人心的领域。

本书不同于其他金融科技书籍。我们提出一个全新分析框架，从基础概念出发，梳理金融科技的重要问题，探究金融科技发展趋势，思考金融科技前沿问题（图0.1）。

---

① 2012年以后，我国用的相近概念是互联网金融。互联网金融在我国经历了从鼓励发展、风险爆发到集中整治的曲折过程，业界和学术界2016年后倾向于用金融科技这个概念。但详细对比互联网金融和金融科技的内涵和外延，不难发现它们非常接近。对金融科技与互联网金融两个概念之间关系感兴趣的读者可以参考Schüffel（2016）。

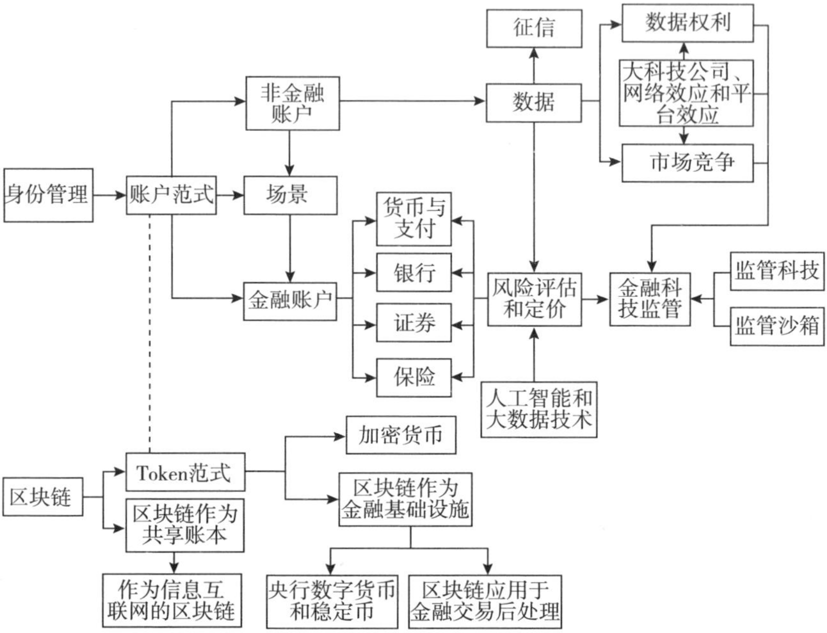

图 0.1　金融科技全新分析框架

身份管理。金融活动的参与主体是具体的个人和机构。金融机构需要了解他们的身份，这既是监管的要求，更是风险定价和风险管理的需要。比如，对申请贷款的个人和机构，银行需要评估还款意愿和能力；对上市公司，投资者需要评估盈利前景和能力；对保单购买者，保险公司需要评估遇险概率和潜在损失规模；对投资者，基金公司需要评估风险偏好和流动性约束。这些都离不开身份管理，特别是身份验证与识别。但在有些金融应用场景中，匿名是一个需要保障的合法权益，比如用现金进行合法支付时。身份验证与识别既是一个制度问题，又是一个不断演进的技术问题。生物识别技术（特别是人脸识别技术）已经广泛应用在金融交易验证中，并正在向远程账户开立延拓。生物识别技术的进步离不开人工智能和大数据技术的发展。匿名性的需求则通过密码学技术来保证。区块链集成密码学技术，将成为重要的身份管理技术。

账户范式和 Token 范式。Token 在不同语境下有多种中文翻译，比如加密货币、加密资产、代币和通证等，为避免混淆或歧义，我们主要用 Token 而非其中文翻译。Token 范式源自区块链领域，但又可以不依赖于区块链而存在，在有些场合也被称为账户松耦合、价值模式或代币模式。金融基础设施有账户范式和 Token 范式之分。账户范式和 Token 范式都可以承载金融资产及其交易。账户需要由一个中心化受信任主体来开设、更新和管理。尽管不同账户的实名制有强弱之分，但账户总与身份识别相关联。Token 范式可以通过去中心化、去信任化的方式来管理，高度开放，有很好的匿名性。账户范式和 Token 范式在金融资产托管、清结算、金融监管和隐私保护等方面的含义完全不同。尽管目前金融体系基于账户范式，但基于 Token 范式的央行数字货币和稳定币方兴未艾，而且理解 Token 范式有助于更好地理解账户范式。

金融账户和非金融账户。金融账户以银行存款账户、证券账户、保险账户和支付账户等为代表。非金融账户以社交媒体账户、电商账户和共享经济账户等为代表。非金融账户与金融账户之间存在两类关系。首先，非金融账户为金融账户提供场景。金融科技的一个重要目标是服务各种场景下自然出现的金融需求，打造非金融活动和金融活动组合而成的“闭环”，以提高非金融活动和金融活动之间的转化率。换言之，非金融账户可以为金融账户导流并获取客户。其次，非金融账户为金融账户提供数据基础。非金融账户记录账户所有者在社交、购物和共享经济等场景中的行为。通过分析这些行为信息，可以对账户所有者画像，并推断账户所有者的偏好、信用和收入等重要特征。这是互联网公司开展广告业务（这至今仍是谷歌和脸书等公司的主要收入来源）和涉足金融业务（比如金融精准营销和网络贷款）的信息基础。非金融账户收集的场景化数据的金融价值，已在金融科技实践中得到充分检验。

征信与数据权利。征信报告是公共产品，在信息来源、信息使用以及个人隐私保护等方面有严格监管要求，为数据权利保护提供了实践标杆。账户范式下对个人信息的收集和使用，容易演变成侵犯个人隐私。个人信息确权难、保护难，容易在未经合理授权的情况下被使用，或者从甲业务中收集到的个人信息被用于乙业务。持有个人信息的机构如果安全保障不足，还可能造成个人信息被窃。数据权利保护已成为一个越来越重要的政策问题；在加强数据权利保护的前提下，如何建立合规有效的数据要素市场？这些问题都属于数据经济范畴，将显著影响未来金融科技乃至互联网商业模式。

- 数据的多种类型和特征产生了四种不同的配置机制。第一，作为公共产品的数据，一般由政府部门利用税收收入提供。政府部门应该在不涉密的前提下，尽可能向社会和市场开放政府数据。第二，作为准公共产品的数据如果在所有权上较为清晰，并且具有排他性，可以采取俱乐部产品式的付费模式。第三，在互联网经济中，很大比例的个人数据的所有权很难界定清楚，现实中常见 PIK（Pay-in-kind，实物支付）模式，本质上是用户用自己的注意力和个人数据换取资讯和社交服务，但 PIK 模式存在很多弊端。第四，很多数据因为有非排他性或非竞争性，不适合参与市场交易。换言之，市场化配置不等于市场交易模式。
- 数据产权界定是数据要素有效配置的基础。除了技术以外，数据产权还可以通过制度设计来界定。比如，《通用数据保护条例》（GDPR）引入了数据产权的精细维度，包括被遗忘权、可携带权、有条件授权和最小化采集原则等，建立了数据管理的制度范式。这些做法被欧盟以外的很多国家和地区所采纳。
- 个人数据管理的核心问题是隐私保护。隐私保护不排斥共享个人数据，而要有效控制共享过程，在保护和共享个人数据之间做好平衡。

人工智能和大数据技术。人工智能和大数据技术在人脸识别、用户画像、信用评估和保险定价等方面已显示出良好的应用价值，在资本市场和投资管理等方面应用效果则难有定论。原因在于，人工智能领域在2012年后广受关注的深度学习算法，本质上是模式识别，适合边界清晰和规则有限的问题。比如，对人脸图片、用户偏好、违约概率和遇险概率的高低进行分类，这些正是人脸识别、用户画像、信用评估和保险定价的核心问题。市场交易形成的资产价格汇聚了各方面信息，在复杂程度上远远超过模式识别范畴。人工智能预测资产价格的难度，也可以在市场有效性和哈耶克经济计算问题的框架下理解。人工智能和大数据技术在金融监管中也有很好的应用前景，是监管科技的重要组成部分。但人工智能和大数据技术因为模型透明度和可追责性、歧视定价、顺周期性等方面的问题，本身也将成为监管的重点。

风险评估和定价。在计算机领域，程序 = 数据结构 + 算法。在金融领域，风险评估和定价 = 数据 + 分析方法。风险评估和定价与金融账户的结合，就体现在支付、银行、证券和保险等金融业务上。金融科技的创新产品和业务可以在这个框架下理解。

- 在支付领域，第三方支付是基于支付账户的创新，有贴近场景、贴近用户等优点。支付账户与货币市场基金的线上销售相结合体现为余额宝类产品。支付账户看似简单，但产生了跨行清算、资金套利、银行存款流失、货币市场基金风险集聚以及非银行支付机构参与支付基础设施建设等方面的复杂问题，最终引发了中国人民银行“断直连”改革。第三方支付也为理解央行数字货币提供一个重要参照点。
- 在银行和信贷领域，以直销银行、虚拟银行、互联网贷款和互联网消费金融等为代表。金融科技信贷提高信贷供给效率，促进金融普惠，但也造成消费者杠杆升高、过度和超前消费、金融价值观扭曲、掠夺性贷款、债务陷阱乃至非法集资和庞氏骗局等问题，并最终引发了中国人民银行对 P2P（互联网金融点对点借贷平台）和现金贷的全面整顿，教训不可谓不大。

- 在证券领域，人工智能和大数据技术在证券投资中的应用是一个备受关注的方向，但尚未取得广泛成功。这从侧面体现了市场有效性理论的强大——如果证券价格已经充分反映了市场定价的主要影响因素，那么引入其他信息或者使用更复杂的分析工具，不一定能够提高对证券价格的预测能力。智能投顾让资产配置工具从机构投资者走向一般投资者，体现了金融民主化趋势，但不一定需要多么复杂的人工智能技术。股权众筹在国内外都曾广受关注。在我国，股权众筹面临证券法的限制，"明股实债"的股权众筹实际上演变为网络贷款。在美国，尽管股权众筹不存在法律障碍，但一般投资者不具备对早期项目进行评估和定价的能力，使股权众筹实际落地效果低于预期。股权众筹的一个变种——初始代币发行（ICO）则伴随着加密货币投机狂潮起落，展现出巨大的破坏力。这说明，不管技术载体如何，证券活动都应该在监管约束下进行。
- 在保险领域，保险销售、精算和理赔等环节都出现了不少技术创新，被概括为保险科技。这方面值得关注的是传感设备在财产险中的应用，遥感技术和气候指数在农业险中的应用，以及生物技术和可穿戴设备在健康险中的应用。技术改变人与人之间相互组织并分担风险的方式，对传统的相互保险将产生深刻影响。

金融科技的基础设施。首先是信息基础设施，包括信息记录与收集、数据分析方法和计算能力三个层次。征信是信息基础设施的重要组成部分。其次是支付和市场基础设施。这是金融系统的"管道"，位于不为大多数人所见的金融系统底层，却影响着资金如何融通，金融资源如何配置，金融风险如何转移，以及金融政策如何传导。最后是监管基础设施，包括传统意义上的金融监管（核心目标是促进金融稳定和保护金融消费者）、竞争监管（特别针对大科技公司的金融科技业务）和数据隐私监管。金融科技的不同商业模式、应用、流程和产品，本质上都是依托这些基础设施进行跨时空的经济资源配置。

金融科技会对金融活动的组织形式产生显著影响。有些文献称为金融脱媒或去中心化。一方面，技术发展模糊了金融市场（直接融资）、金融中介（间接融资）和其他金融服务提供者之间的边界。这个问题也可以从新制度经济学关于企业与市场之间边界的角度理解。另一方面，监管标准不一致造成了监管套利问题，一些金融活动或其中的部分环节转移到监管相对薄弱的环境中进行。总的体现是，一些之前垂直整合并由金融机构“一站式”提供的金融服务，“化整为零”到多家机构，由这些机构形成的市场分工网络进行，并演化出复杂的资金流通和风险分担模式。这给金融监管造成了新挑战，特别是在市场分工网络中存在利益不一致和激励不相容的情况下。我们从开放银行出发，提出了银行业务平台化概念。

- 银行业务平台化是银行业市场演化的自然趋势。银行业务平台化围绕货币创造、期限转化和受托监督等核心功能展开。银行的信贷供给和受托监督功能在一定程度上可以由非银行金融机构来执行，这是银行业务平台化最活跃的方向之一。期限转化功能因为内在风险很高，没有哪类机构比银行更合适执行这个功能。尽管银行的货币创造功能无可替代，但很多机构能提供支付服务，这也是银行业务平台化最活跃的方向之一。在银行业务平台化中，银行向第三方机构开放资金、账户、客户、数据、技术、场景和声誉等核心要素。这些核心要素在银行内部和外部重新配置，在银行与第三方机构之间互通有无，形成市场化分工网络。对银行业务平台化，要

"穿透式"分析风险如何转移和分担，加强功能监管。银行业务平台化中的一个突出风险是银行与合作机构之间的利益不一致和激励不相容。机构监管也很重要，一方面要继续做好银行监管，另一方面也要监管银行与第三方机构的合作。

金融科技竞争策略和大科技公司对市场竞争的影响。技术相关领域往往有规模效应、网络效应、"先行者优势"和"赢家通吃"等特点，金融科技也不例外。一些金融科技机构为抢占市场份额不计成本扩张，并且往往伴随着风险投资驱动和各种或明或暗的补贴策略。但这种扩张策略与金融机构应有的安全稳健是天然冲突的，会妨碍公平的市场竞争。大科技公司拥有平台、技术、用户和数据等方面优势，在涉足金融服务时可能造成垄断和不公平竞争，体现为通过捕获性生态锁定用户，通过排他性条款和价格战等抑制甚至打压潜在竞争对手，以及产品捆绑销售和交叉补贴。其中，数据垄断尤其需要注意。大科技公司事实上拥有用户数据的所有权，用户很难将自己的数据开放给或迁移到大科技公司的竞争对手，从而造成数据的非竞争性使用。大科技公司由此获取数据垄断的租金。

Token 范式以区块链为代表，但与区块链的关系比较微妙。一方面，区块链应用可以没有 Token。比如，区块链作为信息互联网的应用，是用区块链的共享账本记录商品和资金的流向，让上下游、不同环节相互校验，让全流程可管理。但区块链本身不涉及资产或产权转移，只是记录现实世界的资产或产权转移。另一方面，Token 范式的核心特征，包括不可"双花"、匿名性、不可伪造性、安全性、可传递性、可分性和可编程性等，可以通过其他技术来实现，不一定非用区块链不可。尽管区块链应用场景广阔，但没有技术是万能的，区块链也不例外。应该根据场景需要，评估是否用以及如何用区块链，而非"拿着锤子找钉子"或"削足适履"。

Token 范式有三种使用方法。

- 加密货币。加密货币有多种形式，但一般具有两个共同特征：

第一，加密货币发行由算法决定，与现实世界资产无关。第二，加密货币由人为赋予用途。比如，作为支付工具购买一般商品或服务，作为凭证兑换特定商品或服务，或者代表特定场景下的收益权或特定社区的治理权。对应这些用途，加密货币一般分为支付型、功能型和证券型三类，并适用不同监管规则。对支付型加密货币，监管主要是反洗钱、反恐怖融资和反逃漏税等。但支付型加密货币的价格波动性很高，作为支付工具的表现很一般，根本不可能颠覆或替代法定货币。证券型加密货币属于证券监管对象，发行和交易都要遵守证券法规定。功能型加密货币的发行一般为募集资金，类似于商品或服务的预售，但尚未出现被广泛认可的成功案例。总的来说，加密货币可能引发严重的投机炒作问题，不利于保护投资者利益，对实体经济没有促进作用，反而浪费社会资源。

- 区块链作为金融基础设施承载现实世界的资产及其交易。Token 基于货币、证券等储备资产发行，实际上是储备资产的价值符号或凭证，同时发挥区块链的交易即结算、清算可编程以及去中心化、去信任化等特点。这类应用有两种子类型。第一，“区块链 + 法定货币”，体现为央行数字货币和稳定币。中国人民银行的 DC/EP（数字货币/电子支付）在很大程度上借鉴了区块链技术特点。第二，“区块链 + 证券”，体现为区块链在金融交易后处理中的应用。区块链有望改变证券托管、交易和清结算体系，为证券市场带来显著改变。
- 基于央行数字货币的可编程性构造金融资产。这类数字资产有两个核心特征：第一，价值基础是央行数字货币；第二，用可编程性来表达金融契约。

区块链应用于金融领域，既可以是信息互联网方向，也可以是价值互联网方向，但主要是后者，也就是区块链作为金融基础设施。以 Libra 为代表的稳定币和以 DC/EP 为代表的央行数字货币是目前金融科技创新前沿。

- Libra 1.0 计划基于 Token 范式实现某种意义上的超主权货币，以建立一个简单的全球性货币和为数十亿人赋能的金融基础设施。Libra 从 1.0 到 2.0 的最大转向在超主权货币定位上。Libra 2.0 以单一货币稳定币为主，超主权货币为辅。对货币当局而言，合法合规的单一货币稳定币主要是支付工具，不会有货币创造，不影响货币主权，金融风险可控。主要国家对单一货币稳定币的监管将越来越完善。单一货币稳定币会拓展本国货币在境外的使用，会强化强势货币的地位，侵蚀弱势货币的地位。Libra 2.0 尽管包含超主权货币计划，并且超主权货币方案在经济学设计、监管复杂度和商业启动策略等方面优于 Libra 1.0，但超主权货币在 Libra 2.0 将处于一个边缘位置。超主权货币的实际应用情况，将完全取决于市场需求以及 Libra 联盟投入多少资源。可以预见的是，Libra 2.0 将极大缓解 Libra 项目面临的监管和商业阻力，将加速推进。对 Libra 项目这类私人部门主导的创新，一方面不要将其视为“洪水猛兽”，要看到背后的技术趋势和经济逻辑，另一方面也没必要将其神话，应实事求是分析可能造成的风险并引入相应监管。
- 我国 DC/EP 定位于现金替代，在“双层运营”架构下基于 100% 准备金发行，采取账户松耦合方式投放 + 中心化管理模式。DC/EP 在设计理念、顶层框架和技术路线上都具有先进性和合理性，被主要国家的央行数字货币项目所认可和借鉴学习。中国人民银行推动发展 DC/EP 的目的：一是提高支付系统的效率，因为支付系统作为金融基础设施联接整个金融服务业，这能提高金融业的竞争力；二是提高公众对人民币的信心，推进人民币国际化；三是规范金融机构和科技公司的行为，保护公众利益，避免市场扭曲。DC/EP 发行和回笼不影响中央银行货币发行总量，不会造成货币超发，对通货膨胀的影响基本中性。DC/EP 相当于以数字形式提升公众的现金偏好，会降低货币乘数，反而有一定的货币紧缩效应。但这个紧缩效应的规模不会很大，中国人民银行的货币政策完全可以弥补。DC/EP 不会显著冲击银行地位，但 DC/EP 支付和清结算与银行卡支付的"四方模式"有显著差异。DC/EP 有助于推进人民币跨境支付，但只是人民币国际化的必要条件之一，远非充分条件。需要研究境外商家和居民开立 DC/EP 钱包时的"了解你的客户"程序和要求，以及在 DC/EP 因市场需求在境外国家应用较多时，如何尊重对方的货币主权。DC/EP 在金融交易场景的应用值得研究。

- 区块链有望显著改变证券托管、交易和清结算体系，为证券市场带来革命性影响。全球主要证券交易所均在积极探索区块链应用。特别是，在证券的间接持有模式中引入区块链，有助于缩短托管链条，降低对中介机构的依赖，简化对账工作量，从而缩短结算流程并提高结算效率。但也需要看到，对账户范式下的金融交易后处理，已有长期探索和研究，并建立了一系列风险缓释和管理机制，而区块链应用于金融交易后处理值得关注，还有大量的经济学、技术、法律和商业拓展问题需要研究。特别是，资金和证券 Token 化后，Token 持有者的法律权利，以及 Token 持有者、Token 发行者与 Token 的储备资产之间的关系。

对金融科技的监管应从三方面进行。第一，传统意义上的金融监管，核心目标是促进金融稳定和保护金融消费者。第二，竞争监管，特别是针对大科技公司的金融科技业务。第三，数据隐私监管。因为监管机构不一定能在事前准确判断金融科技的创新方向并识别潜在风险，所以有必要引入监管沙箱。监管沙箱提供一个有别于当前规则的可试验环境，让金融科技创新在监管沙箱内测试，并且测试是受限、有监管、安全可控和可还原退出的。金融科技创新在风险充分揭示并确保模式可复制推广后，才正式对外推行。技术驱动的金融创新为金融监管带来很多新挑战，金融监管方法论和工具箱需要升级，为此需要监管科技。监管沙箱和监管科技都体现了金融科技对监管逻辑和方法论的影响。需要强调的是，竞争监管、数据隐私监管和对人工智能应用于金融活动的监管（特别针对人脸识别技术）在国际上也属于新问题，相关进展值得关注。

辩证地理解金融科技与普惠金融之间的关系。一些金融科技机构滥用普惠金融说法为自身业务添加正当性。普惠金融并不意味着金融监管要网开一面，应该在综核名实的基础上一视同仁地加以监管。不仅如此，普惠金融的服务对象往往属于金融弱势群体，金融素养、金融风险识别和承担能力相对欠缺，是金融消费者保护的重点。普惠还意味着涉众，一旦出现风险，对社会的外溢影响更大，更需要从严监管。

我们以三点思考作为这篇代序的总结。首先，**在金融科技发展中，要把握好金融与科技之间的平衡。**科技非常重要，对金融的影响会越来越广、越来越深。但科技不能包打天下，金融要有金融的本质属性，科技是服从于金融业务需求的。现代金融体系历经几百年积累形成，吸收了这几百年历史中所发明的各种科技。然而，没有任何一种科技出现以后，能够完全颠覆整个金融体系。事实上，一种科技创新如果能提高现有金融体系的效率和安全，就会融入现有体系。

其次，**应该理性客观评估科技的能与不能。**要相信科技的功能，但不要夸大或迷信科技的功能。科技应用于金融要立足于实际情况，不要拘泥于一些过于理想化的宗旨。比如，用科技来替代制度和信任是非常困难的，在很多场景甚至就是乌托邦。再比如，去中心化与中心化各有适用场景，不存在优劣之分。现实中完全的去中心化和完全的中心化场景都不多见。

最后，**以监管促进金融科技发展**。第一，加强功能监管。不管业务主体和技术形式如何，只要从事同类业务，就应该做到财务标准一致，监管标准一致，以防范监管套利。金融科技机构与传统金融机构在从事同样业务时，应该受到同等监管，否则会扭曲两者之间的公平竞争关系。第二，金融逻辑强调服务实体经济，注重安全稳健。技术逻辑则往往强调颠覆性、去中心化和快速迭代。两种逻辑并非天然兼容。技术领域的一些竞争策略开始向金融领域渗透，要注意这些策略对金融市场公平竞争、风险定价和机构自身发展等的扭曲。第三，应允许私人机构参与提供金融基础设施，既帮助政府部门分担压力，也发挥私人机构贴近市场和用户以及了解用户需求等优势。但应该坚持公共利益与私人利益的平衡。金融基础设施是社会公器，不能成为个别机构的谋利工具。

第一篇

金融科技发展趋势

金融科技是当前全球金融发展一个普遍且重要的趋势。金融科技主要是指由大数据、人工智能、区块链和云计算等新兴前沿技术带动，对金融市场和金融服务产生重大影响的新兴业务模式、新技术应用和新产品服务等。金融科技活动可分为五类：支付和清结算，存款、贷款和融资，保险，投资管理，以及市场支持。金融科技有望提高金融服务效率和降低金融服务成本，对主要金融业态产生深远影响，重塑金融市场结构，并成为未来金融稳定分析和管理中一个不容忽视的因素。

金融科技在全球兴起有多方面原因。一是用户偏好的改变。用户追求更加便捷、高效、友好并且低成本的金融服务。二是持续的技术创新。互联网、移动终端、大数据、人工智能和区块链等方面的技术不断推陈出新，并被应用到金融领域。三是金融监管规则的改变，推动了金融科技在金融领域的大规模应用。

金融科技将对金融市场结构产生深远影响。一是金融去中介化。金融科技减少了客户群对金融中介机构的需求。二是通过推动金融中介机构的合资、并购等，改变金融市场结构。三是改变金融市场的进入门槛。在银行领域，金融科技一方面可以帮助银行转型，另一方面通过技术迭代和创新，发展出银行无法提供的新产品和新服务。银行可以通过投资或合作，与新兴金融科技公司形成业务互补。

金融科技有助于促进金融稳定。一是去中心化和多样化的金融系统可以缓解某个或某类金融机构出现问题带来的冲击，不至于使整个金融系统陷入瘫痪。二是金融科技可以提高金融系统的运行效率。三是减少信息不对称，有助于更好的价格发现和风险管理。四是有助于金融系统向家庭部门和企业提供更加便捷的金融服务，支持经济的可持续发展，进而维护金融稳定。

金融科技为金融稳定带来益处的同时，也带来诸多不稳定因素。从微观层面看，包括期限错配风险、流动性风险和运营风险等。特别是，金融科技更易受到网络攻击。越来越多的金融科技建立在云服务上，当某些金融科技企业逐渐成为系统重要性机构后，金融系统的稳定性有可能受到更大的威胁。从宏观层面看，一是传染风险，由于金融科技带来的信息传递极为迅速，单个金融科技企业的风险会在与之相关的金融系统中迅速传染；二是顺周期性，这在智能投顾、程序交易相关的金融科技企业中更为明显。

目前，主要国家对金融科技的发展给予政策支持的同时，也积极探索对金融科技的监管，确保金融科技创新与监管协调发展，方向包括：一是对金融科技进行统一监管，消除监管套利；二是制定技术中性规则，鼓励各种技术、商业模式进行平等竞争；三是对所有的竞争者（金融科技企业和传统金融机构）一视同仁；四是充分保护消费者权益；五是推动金融科技网络安全；六是推动数据标准化和金融数据共享，使监管者与被监管机构之间的信息互联互通更加顺畅。面对金融科技给监管带来的新挑战，很多国家在试验监管沙箱、创新中心和创新加速器等新机制。

从我国实践看，我们对金融科技有以下方向性思考。第一，平衡看待金融与科技的关系，需要从纵向上把握历史规律。迄今为止，科技创新不是颠覆金融体系，而是经过实践检验后逐步融入金融体系。科技不能包打天下，金融科技要有金融本质属性，科技要服从于金融业务需求。新科技一旦运用在金融业，就要按照金融业的监管规则进行公平监管。

第二，金融基础设施可公私合作，民营机构或者大科技公司也可参与，但参与主体需要满足一些约束条件。比如，必须有不谋己利的承诺，要服务公共利益，以及具有公共精神。同时，监管也要跟得上，包括数据隐私保护、消费者保护、金融稳定和协调机制等。要设计正向激励机制，解决好政策博弈等问题，防止监管博弈或监管套利。

第三，对技术创新促成的新的金融商业模式、应用、流程和产品等，我们要有信心：只要用规范方法，就能穿透“技术面纱”，就能分析清楚它们对资金融通、风险转移以及相关参与方利益的影响，从而按功能监管理念建立合适的监管框架。不管业务主体和技术形式如何，只要从事同类业务，就应该做到财务标准一致，监管标准一致，以防范监管套利。金融科技机构与传统金融机构在从事同样业务时，应该受到同样监管，否则会扭曲两者之间的公平竞争关系。

第四，鉴于金融风险在传导中自我加强的可能性，对金融科技创新的监管要尽量提前，不能鼓励“简易起步，容忍差错，逐步合规，赚钱后才追求稳健”，更不能坐等相关风险从“小到不值得关注”演变成“大到不容忽视”甚至“大到不能倒”。

金融科技对金融领域的影响和监管

金融科技有望对主要金融业态产生深远影响，重塑金融市场结构，并成为未来金融稳定分析和管理中一个不容忽视的因素。各国对金融科技采取支持和监管并举的政策，采用新型技术手段的监管科技（Regtech）以及国际监管合作协调将是金融科技监管中的重要议题。

一、何为金融科技?

根据金融稳定理事会（2016）《金融科技的全景描述与分析框架报告》中的定义，金融科技主要是指由大数据、区块链、云计算、人工智能等新兴前沿技术带动，对金融市场和金融服务产生重大影响的新兴业务模式、新技术应用、新产品服务等。金融科技可以提高金融服务效率和降低金融服务成本，在借贷、财富管理、征信、众筹、支付、数字货币、互联网保险和零售银行等领域获得了广泛的应用。它一方面可以帮助传统金融机构转型，另一方面通过技术迭代和创新，发展出传统金融机构无法提供的新产品和新服务。传统金融机构可以通过投资或合作，与新兴金融科技公司形成业务互补。

传统上，金融科技的内涵是按照具体的业务形态进行划分的。基于金融稳定理事会金融创新网络和世界经济论坛（2015）的分类，金融科技活动可分为五类金融服务：支付和清结算；存款、贷款和融资；保险；投资管理；市场支持。所有这些类别的金融服务创新不断涌现，涉及零售（即家庭、中小企业）和批发（公司、非银行金融机构和银行间）两级。

这样划分并不能真正体现金融科技以金融业务流程为主线形成的产业链。按照艾瑞咨询（2017）的观点，金融科技的内涵可以按照产业链划分为：一是资产获取。使用大数据进行精准营销和信用评估，以获取高质量或目标质量范围的基础资产，包括消费金融和供应链金融。二是资产生成。在这一环节，金融科技企业可以与金融机构共享获取的各类资产，合作处理资产。三是资金对接。随着金融科技对金融行业更深入渗透，能够在投资领域将客户资金进行自动对接，进而形成智能金融，比如智能投顾、量化投资等。四是场景深入，包括生物识别、支付结算、互联技术、分布式技术和安全技术等。

世界经济论坛（2017）在《超越金融科技：对金融服务的颠覆潜力的务实评估》中指出，尽管目前金融科技已经对金融服务的架构、供给方式和消费习惯产生了显著影响，但金融科技自身尚未成为金融领域的支配力量。该报告指出了未来金融科技的施力方向：一是成本缩减。金融机构将会加速缩减运营成本，并将其作为竞争优势。在这方面，金融科技具有得天独厚的优势。二是利润再分配。金融科技会打破现有的金融价值链，作为中介的传统金融机构将会面临来自各方面的挑战与压力。三是流量即力量。左右市场的力量将会转移到那些拥有显著用户流量基础的平台类机构，金融企业不得不通过这些平台向客户提供金融服务与产品。四是数据将变得极为重要，对数据的深度利用将重塑金融服务和产品。五是人工智能科技的发展，不仅提供了新的金融产品和服务，也将改变传统金融机构的人员架构。六是金融企业将越来越依靠某些金融科技巨头提供的基础服务和设施。七是金融科技自身的灵活性，能够更好地适应国家和地区间在发展程度、监管规则和用户偏好之间的不同。而传统的金融机构在这方面进展缓慢。

推动金融科技不断发展创新的因素有很多。金融稳定理事会（2017）认为主要有以下三个方面：一是用户偏好的改变。用户追求更加便捷、高效、友好并且低成本的金融服务。二是持续的技术创新。互联网、大数据、移动终端和人工智能等方面的技术不断推陈出新，并被应用到金融领域。三是金融监管规则的改变，推动了金融科技在金融领域的大规模应用。易观咨询（2017）指出，我国面临着经济结构转型，有利于金融科技发展的外部环境逐渐形成：一是经济方面，居民可支配收入增加，居民理财需求持续增长。企业降低融资成本、提升资金利用效率的需求也极大促进了金融科技的发展。二是社会环境方面，国内互联网逐渐发展成熟，国内外交流加深，为深层次转型提供了有力契机。三是技术环境方面，各类数据中心、征信系统等基础设施的建设逐步完善，移动终端发展成熟，大数据、人工智能和区块链技术逐步应用到金融中，为整个金融体系带来了变革。

为了充分激发金融科技的持续创新，国际信息科技和创新基金会在《金融科技的政策原则》中提出了十条政策制定者应该遵循的原则（McQuinn et al.，2016）：一是对金融科技的发展给予政策支持。二是监管者和金融科技企业合作，确保金融科技创新与监管协调发展。三是监管机构之间应当相互协调，消除繁杂冗余的管制，合理减轻金融科技面临的监管压力和合规成本。四是在国家层面对金融科技进行统一监管，消除地区间的监管套利。五是充分保护消费者权益。六是制定技术中性的规则，鼓励各种技术、商业模式展开公平竞争。七是对所有的竞争者（金融科技企业和传统金融机构）一视同仁。八是推动金融科技网络安全。九是推动数据标准化和金融数据共享，使监管者与被监管机构之间的信息互联互通更加顺畅。十是推动国际监管合作。

二、金融科技对金融业的影响

（一）金融科技对银行业的影响及应对之道

国际清算银行（2018）认为，金融科技会给银行业带来众多新的风险和挑战：一是行业风险。如果在与金融科技企业的竞争中落于下风，银行业的利润将会受到很大影响，银行机构可能会从事更高风险的经营行为，恶化整个行业的稳定性。二是运营风险。从系统风险层面看，金融科技会使金融机构与金融基础设施之间的联系更加紧密，某一机构信息系统的崩溃将使风险迅速传染到整个金融系统。从个体层面看，金融科技的创新产品有可能增加银行机构运营的复杂性。同时，金融科技会使银行机构更多地与第三方机构合作，或者将服务外包给第三方机构，增加了数据安全、客户信息泄露和洗钱等方面的风险。三是增加了合规难度。金融科技企业的交易更加复杂，频率也更高，还可能涉及多个国家和地区。银行在处理金融科技企业的交易时，面临的合规难度也更大。四是网络风险。金融科技大量基于互联网，使银行面临的网络安全风险更为严重。五是流动性风险。金融科技使银行客户更加便捷地将资金在银行储蓄账户和基金账户之间转移，提高了银行资金的波动性，增加了流动性风险。

但国际清算银行（2018）同时指出，银行业既面临着金融科技的挑战，同时也可以充分利用其带来的机会。随着银行业更加深入地应用金融科技，传统风险将会得到极大的缓解，并由此带来很多新的机会：一是更加广泛的金融服务。金融科技可以帮助银行机构将业务扩展到偏远地区，同时显著降低业务拓展成本。二是提供更加优质的服务。银行对提供传统的金融产品和服务已经熟稔于心。在金融科技的加持下，银行可以对更加细分的客户群体提供更加精准的产品和服务。三是降低运营成本，同时提高运营效率。四是充分竞争有利于促进银行业的整体稳定性。五是提供高效合规工具。金融科技可以促进银行业的合规程度和合规效率。比如在反洗钱、制裁合规等方面，金融科技已经体现出强大的生命力。为了充分利用金融科技带来的机会，同时也更有效地应对金融科技带来的风险，银行需要对人工智能、分布式账本技术和云计算进行深入研究。这三类金融科技不仅自身是新的金融产品和服务，更是新产品和服务的“催化剂”。

金融科技一方面可以帮助银行转型，另一方面通过技术迭代和创新，发展出银行无法提供的新产品和新服务。银行可以通过投资或合作，与新兴金融科技公司形成业务互补。概括而言，金融科技企业与银行的融合主要有三种方式。一是金融科技企业在提供金融服务时，侧重于移动支付、网络贷款等领域，弥补银行在这些领域的不足。二是银行自行开发金融技术。三是金融科技公司与银行合作。银行仍然专注于自己的业务，但通过收购或付费服务引入金融科技，而金融科技企业依赖银行的账户、贷款和支付途径等为客户提供增值服务。双方利用自己的优势进行长期、双赢的合作，对现有银行服务存在的缺陷进行完善，提供更易触达、更好运营和更佳体验的金融服务。

表 1.1 以北欧国家为例，列示了金融科技企业与银行在应用领域的竞争与合作情况。竞争最激烈的是银行类服务和保险类金融服务领域，其次是区块链技术、跨境贷款和智能投顾等领域。金融科技与银行在个人理财、网络安全和欺诈检测方面的合作最多。

金融科技的发展，不可避免地会突破现有的监管范围。其他的公共政策目标也会受到影响，比如数据安全、网络安全、消费者保护和制裁合规等。同时，金融科技的跨境发展，也会使国际监管规则受到挑战。对此，国际清算银行（2018）指出，监管机构应该顺应金融科技的发展，完善现有监管框架：一是银行监管机构应该与立法机构、反垄断机构和网络管理机构等政府机构合作，针对金融

表 1.1　金融科技与传统银行的竞争与合作

领域	竞争	竞争与合作并存	合作
贷款、存款和融资（银行类服务）	>99%	<1%	<1%
保险类金融服务	>99%	<1%	<1%
区块链技术	67%	33%	<1%
外汇/跨境贷款	50%	<1%	50%
投资管理/智能投顾	44%	39%	17%
支付	13%	58%	29%
个人理财	<1%	45%	55%
网络安全和欺诈检测	<1%	<1%	>99%

资料来源：The Nordic Web。

科技制定全面的监管规则。二是加强国际合作，对金融科技的跨境活动进行国际监管合作。三是银行监管机构应当加强人员培训，使监管人员拥有足够的知识和技能来识别金融科技潜在的风险。四是监管机构应该尝试利用金融科技来完善监管效率。例如，用大数据技术来分析金融机构的潜在风险、识别可疑交易，利用人工智能技术来提高监管效率。五是持续关注新的金融科技应用，并评估现有的监管框架能否有效监管新的应用。监管机构不应仅仅关注那些向最终客户提供金融服务的金融科技企业或应用，也需要加强监管那些向银行提供服务的金融科技企业。六是应用新的监管模式，比如创新中心、创新加速器和监管沙箱等。

（二）金融科技改变市场结构

金融创新会通过影响市场集中度、竞争性增强和改变进入门槛等，对金融服务提供商的市场结构产生重大影响（He et al.，2017；Mori，2017），见图 1.1。

一是金融去中介化。金融科技减少了客户群对金融中介机构的需求。金融科技通过运用新技术和新工具，可以减少信息不对称

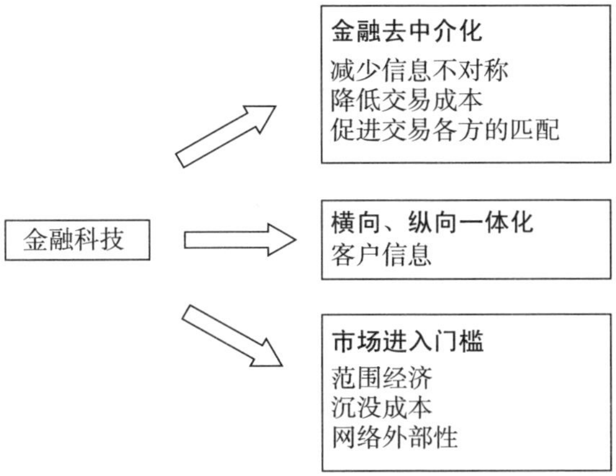

图 1.1 金融科技影响市场结构

（如自动信用评分）、降低交易成本（如在线支付）和促进交易各方的匹配（如匹配储户和借款人），从而削弱对金融中介机构的需求，加速金融脱媒。

二是通过推动金融中介机构的合资、并购等，改变金融市场结构。金融科技可能产生范围经济，例如可以根据用户行为信息交叉销售金融服务。这促使金融中介机构进行横向或纵向整合，向客户提供综合服务。换言之，金融科技会打破现有的金融价值链，数据、用户流量变得极为重要，对数据的深度利用将重塑金融服务和产品（世界经济论坛，2017）。这种变化导致金融科技巨头在提供基础服务和设施方面越来越重要。

三是改变金融市场的进入门槛。金融科技可以显著降低运营成本或网络外部性，从而降低市场的进入门槛。相比于传统金融机构，金融科技能够灵活地适应国家和地区间在发展程度、监管规则和用户偏好上的不同。此外，金融科技将移动设备、社交媒体和分布式账本系统等新技术和新方法应用于金融服务领域，并利用机器学习、人工智能和社交网络来预测市场动向，一定程度上改变了行业规则。

三、金融科技对金融稳定的影响

金融科技既可能促进金融稳定，也可能放大宏观金融风险。

（一）金融科技促进金融稳定

金融科技创新运用于金融服务，可以减少金融摩擦，促进经济增长和金融稳定。金融科技可以促进新服务的开发和运用，弥补现有体系的不足。例如，跨境支付速度慢、不透明和费用昂贵的部分原因在于技术上的限制，新技术的引入可以提升服务提供商和用户的利益。此外，金融产品的多样性和差异化可以满足客户群体对服务的不同偏好。表 1.2 归纳了金融科技促进金融稳定的相应作用途径。

表 1.2　金融科技促进金融稳定

方式	与金融稳定的联系	文献
去中心化、多样化	金融体系的去中心化和多样化可以削弱金融冲击的影响	韦勒和佐勒菲卡尔（Weller and Zulfiqar，2013）
提高效率	竞争导致的效率提升，促进金融机构形成稳定的商业模式，并有助于提高金融体系和实体经济的整体效率	鲍莫尔等（Baumol et al.，1982）
增加透明度	透明度的提高可以减少信息不对称，使风险能够得到更准确的评估和定价，进一步促进建立具有特定风险敞口的金融工具，完善市场，并提高市场参与者管理风险的能力	埃尔坦等（Ertan et al.，2017）
促进金融包容性和便利性	提升家庭和企业的金融服务可得性和金融包容性，对于支持经济可持续增长和实现投资风险多样化非常重要	金融稳定理事会（2017）

一是金融科技在诸多领域促进金融去中心化和产品多样化。去中心化和多样化的金融系统可以缓解某个或某类金融机构出现问题

带来的冲击，从而降低发生系统性风险的概率。在贷款方面，金融科技通过大数据处理和贷款发放自动化等方式，减少了进入壁垒。在智能投顾方面，由于相对较低的固定成本和进入门槛，金融科技促进了去中心化，使规模较小的公司也可以占用一定市场份额。不过，在具有较强网络外部性的领域比如支付和清结算中，金融去中心化不太明显。

二是金融科技创新可以提高金融服务的效率。人工智能可以通过改进金融机构和投资者使用的模型来促进决策的科学性和效率。使用算法来评估信用资质和投资回报，降低了金融平台的运作成本。结算速度加快可以较快释放抵押品和资金用于其他生产用途，促进金融体系效率和宏观经济发展。金融科技贷款平台可以降低搜索成本和交易成本，并实现更好的资源配置。分布式记账可以提高交易执行的效率和速度，通过减少结算时间来降低交易对手风险。

三是金融科技可以增加金融市场透明度。金融科技促进了数据的积累和使用，既可以减少金融领域的信息不对称，又有助于更好的价格发现和风险管理。

四是金融科技促进金融包容性和便利性。金融科技可以提升金融服务的可得性。移动银行业务使居民（尤其是传统金融欠发达地区）快速有效地获得信贷并进行消费。智能投顾通过降低投资门槛或费用，增加了居民的财富管理机会。保险科技可以扩大保险的客户覆盖面，增加面向特定客户的保险产品种类（IAIS，2017）。不断发展的支付系统可以提升非银机构进行批发支付的便利性（Faster Payments，2015）。

五是金融科技有利于弥补传统金融体系中难以解决的问题，如金融包容性、跨境支付等。金融包容性的概念主要包括了包容性增长、减少贫困、减少不平等、增加经济机会和促进繁荣等。布鲁金斯金融和数字包容性项目 2015 年专题调研的主要结论认为，数字金融服务的发展有利于促进金融包容性，且政策、法律和监管因素对金融包容性的影响较大（Villasenor et al.，2015）。

跨境支付通常集中在少数代理银行，导致金融脆弱性问题突出。这可能会通过金融服务成本升高、银行评级降低等渠道对本国产生负面影响。国际货币基金组织（2017）认为，金融科技和新的支付方式可以为跨境支付提供解决方案，并可能在长期内替代传统的代理银行业务。为了应对跨境支付中的反洗钱和反恐怖融资问题，政府需要为新的支付方法制定有效的监督框架，以保障公众信心和金融稳定（Khiaonarong，2014）。

（二）放大宏观金融风险

金融稳定理事会（2017）归纳了金融科技对金融稳定的正面和负面影响。从宏观层面看，金融科技创新可能会对金融体系稳定产生不利的系统性影响。金融风险的来源在很大程度上是相关的，取决于金融创新的类型和发展方式。某些金融科技创新可能产生宏观金融风险，放大对金融体系的冲击。

一是金融风险传染。首先，声誉风险传染是金融科技可能放大金融风险的潜在方式，特别是在直接面向居民和企业的业务模式中。例如，单一金融科技贷款平台上发生的重大和意外的损失可能被解读为整个行业的潜在损失。其次，随着金融科技公司寻求自动化和人工智能的使用，缺乏人工监督可能会带来新的风险。例如，交易策略的自动化、社交交易（金融交易平台和社交平台结合在一起）的快速发展，可能会导致金融市场中产生新的、不可预测的风险传染源。此外，交易权限、网络风险等薄弱环节的问题，也可能增加金融风险传染（Kirilenko and Lo，2013）。

二是增加顺周期性。首先，与传统的金融中介相比，金融科技贷款平台上投资者和借款人之间的互动可能会导致更大的市场情绪波动。比如，不良贷款的突然增加可能会导致资金的迅速枯竭；散户投资者的占比增大可能会进一步加剧市场波动；社交交易和智能投顾比传统的投资组合配置方式表现出更大的羊群效应。其次，金融科技应用中的金融风险模型可能由于依赖类似算法而高度相关，这会增加资产价格波动的幅度。最后，债务和股权融资的可得性提高而价格降低，可能使金融机构在竞争中低估风险，并因激励问题或网络效应而加剧。上述因素都可能增加金融的顺周期性，并在金融系统遇到冲击时进一步扩大冲击。

三是过度波动。首先，在竞争更激烈的环境中，金融服务便利性和金融服务提供商之间切换速度的提高，使得客户可以更便利地根据金融服务价格和相对表现的变化进行调整。这导致客户对冲击和新闻的敏感性提升，并进一步引发资产价格过度波动。金融科技促进了资金在银行系统中的快速流动，可能增加银行存款的波动性，从而影响银行的流动性状况。其次，金融科技显著提高了金融交易速度，可能加剧金融资产价格波动。

四是系统重要性。金融科技可能催生出具有系统重要性的金融实体，且可能以市场基础设施的形式出现。例如，分布式记账在包括证券清算和结算中发挥核心作用，可能会取代托管银行和中央对手方（CCPs）。数字货币可以取代传统的以银行为基础的支付系统，而聚合机构可能成为申请新的银行账户和贷款的主要方式。此外，在收集和使用客户信息方面，寡头垄断也可能出现。

从微观层面看，金融科技可能产生两类风险。一是期限错配风险。网络贷款是目前金融科技的主要业务之一，如果网络贷款公司大量使用证券化或者利用货币市场进行融资，极有可能加剧期限错配风险。二是流动性风险。部分第三方支付机构有可能将客户滞留在电子钱包中的资金投资于货币市场，带来流动性风险。三是运营风险。部分金融科技业务尚未受到相应的监管，随着其不断增长，金融体系的风险也越来越高。越来越多的金融科技建立在云服务之上，导致金融科技更易受到网络攻击。

四、金融科技发展和监管政策

金融稳定理事会（2017）建议各国监管当局结合本国金融市场的结构和发展程度，仔细权衡金融科技带来的益处和风险，制定相应的监管规则。以下重点讨论金融科技监管中的三个重要问题：监管科技、监管模式以及国际监管合作和协调。

（一）监管科技

监管科技，是指采用新型技术手段，以满足多样化的监管要求，并简化监管与合规流程。德勤（2015）归纳了监管科技的四个核心特点：一是敏捷性，即对错综复杂的数据组进行快速解耦和组合。二是速度，即能够及时生成报告与解决方案。三是集成，即共享多个监管机构的数据结构，并对多项规定的众多要求形成统一的合规标准。四是分析，监管科技使用分析工具以智能方式对数据进行挖掘，释放其潜力，同一数据可以实现多种用途。

阿尔纳等人（Arner et al.，2016）认为，监管科技不是静态的、滞后的应对型监管，而是与金融科技同步演进，保持高度的可预见力和前瞻性，是诱发金融科技和金融监管发生变革式转换的关键变量。监管科技不仅可以帮助金融机构无缝对接系统、嵌套监管政策，而且能及时自测与核查经营行为是否符合监管要求，提前预测并完成风险的主动识别与控制。

英格兰银行《2017—2018 年商业计划》明确指出，要充分认识到监管科技在生成金融监管报告、降低交易成本、实现普惠金融、增强金融领域反欺诈和反洗钱能力等领域所扮演的重要作用。

（二）监管模式

国际清算银行（2018）介绍了监管沙箱、创新中心和创新加速器三种金融科技监管模式。

一是监管沙箱：监管者在这种模式下，允许金融科技在特定的环境中进行金融创新实验。监管沙箱由监管部门在法律授权内，根据业务风险程度和影响面，按照适度简化的准入标准和流程，允许金融科技企业在有限业务牌照下，利用真实或模拟的市场环境开展业务测试。经测试表明适合全面推广，才可依照现行法律法规，进一步获得全牌照，并纳入正常监管范围。

二是创新中心：支持和引导金融机构（含被监管机构和不受监管的机构）理解金融监管框架，识别创新中的监管政策和法律事项，一般不涉及创新产品和服务的真实或虚拟测试。该模式已在英国、新加坡、澳大利亚、日本、以色列和中国香港等多个国家和地区得以实施。其中，既有一对一的辅导支持，也有面向更广泛受众的支持引导。该模式因可操作性较强，预计未来会有较多国家和地区推出类似的制度安排。

三是创新加速器：监管部门或政府部门与业界建立合作机制，通过提供资金扶持或政策扶持等方式，加快金融科技创新的发展和运用。一些国家的孵化器安排也属于这一模式。鉴于监管部门的职责所在，预计这一模式将更多地为政府部门而非监管部门所采用。

总之，监管沙箱、创新中心和创新加速器等模式，主要目的是加强监管当局与金融科技企业的沟通交流，提早介入并全程了解金融科技的信息和进行政策辅导。在监管部门和被监管机构之间，建立起可信赖、可持续和可执行的监管协议与合规性的评估机制，力避因强势或过度监管而压制金融创新，提高监管部门的监管效率，降低金融机构的合规成本。

（三）国际监管合作和协调

金融科技的跨境发展，使各国的监管规则受到挑战。金融稳定理事会（2017）通过比较 26 个国家和地区对金融科技的监管框架发现，各国对金融科技的监管存在较大差异。金融稳定理事会建议各国监管当局推进国际合作和协调。国际清算银行（2018）也指出，监管机构应该顺应金融科技的发展，完善现有的监管框架，加强国际合作，对金融科技的跨境活动进行国际监管合作。

自2016年3月以来，多国监管机构签署了合作协议，分享各自市场上的金融服务创新信息（包括新兴趋势和监管问题），并帮助其所在地区的金融科技公司在全球范围内扩张。表1.3列示了不同国家和地区监管机构之间正式合作协议的数量。

表1.3　金融科技的国际监管合作

国家和地区		与其他监管机构达成协议
阿布扎比	1	新加坡
澳大利亚	4	英国、新加坡、加拿大、肯尼亚
加拿大	2	澳大利亚、英国
中国	1	英国
法国	1	新加坡
中国香港	1	英国
印度	1	新加坡
日本	2	英国，新加坡
肯尼亚	1	澳大利亚
新加坡	8	英国、韩国、印度、瑞士、澳大利亚、阿布扎比、日本、法国
韩国	2	澳大利亚、英国
瑞士	1	新加坡
英国	7	中国、新加坡、韩国、澳大利亚、中国香港、加拿大、日本
日本	2	英国、新加坡

资料来源：德勤（截至2017年3月28日）。

金融稳定理事会（2017）指出金融科技国际监管合作的领域应优先包括：管理第三方服务提供商的运营风险，减少网络风险的保障措施，以及监控宏观金融风险。其他值得各国监管当局关注的问题包括：跨境法律问题和监管安排；大数据分析的治理和披露框架；评估监管范围并及时更新；在所需专业知识的新领域建立工作人员能力；研究数字货币的替代方案。

金融科技发展与政策响应的思维范式

早在2016年我负责筹建上海票据交易所的时候，时任中国人民银行行长周小川就提出，让我们（我和时任数字货币研究所筹备组组长姚前）尝试利用区块链技术创建数字票据交易平台。经过深入研究，我们就具体实施方案向他汇报。在现场，周行长提出了很多观点，包括区块链适合在票据、应收账款、跨境支付等领域发挥作用，不要迷信金融科技；能否有用要靠实践检验；作为全球第二大经济体的央行，中国人民银行员工的工资待遇尽管比不上那些高科技公司，但仍需要有一批人去跟踪了解最前沿的技术。现在回想起来，当时在很多人对这些新技术新领域不甚了解的情况下，周行长就已经对这些新事物有了一整套的想法，并做出了一系列精准的预判。

汇编近年来周小川演讲的新书《金融基础设施、科技创新与政策响应》问世，使得这些观点和想法能够更系统化、更充分地展现到大家面前。这本书读后余韵十足，令人掩卷深思，更在悄然间为我们打开了一扇窗——洞析金融科技发展与政策响应的思维分析范式之窗。

一、金融与科技的关系

本书开篇点明，金融业本质上是一种信息技术产业。基于这一

* 此文系徐忠应第一财经研究院的邀请，为《金融基础设施、科技创新与政策响应》写的评论，发表在2019年12月31日的《第一财经日报》上。

基本判断，就比较容易分析金融与科技的关系，以及信息科技和人工智能的作用。

第一，看待金融与科技的关系，需要从纵向上把握历史规律性。现代金融体系是经过几百年积累形成的，在金融体系的演进过程中实际上吸收了几百年间涌现出来的各种科技创新。然而，并没有任何一项新技术能够完全颠覆整个金融体系。事实上，如果某一种科技创新能通过提高效率或者节约成本来帮助改进现有金融体系，那么这一科技创新就会融入现有体系。因此，迄今为止，科技创新不是颠覆了金融体系，而是经过实践检验后逐步融入了金融体系。

中国人民银行推行的 DC/EP 研发计划，并不是将数字货币和电子支付对立起来，而是通过实践来达到支付体系的高效、安全和低成本，就是这一思路的具体体现。区块链也不例外。同时，区块链还有一些不太成熟的地方，有些事情也不能完全做到。有观点认为区块链要颠覆整个现代金融体系，实际上是不可能的事。当然，这中间可能在某些方面是有一些应用，不否认它，但是也不要夸大它，尤其不要过分迷信。

第二，如何客观认识信息科技问题。信息技术并不能解决所有问题。一是不能完全解决激励机制问题。如信息真实性核查作为“公共产品”存在“搭便车”问题，信息集中共享并不能保证信息的准确真实，从而违背激励相容和“真实显示原理”。二是不能完全实现资源配置优化问题。如“计算复杂性”原理已经从数学上证明，通过用特大规模计算和信息集中求解经济体的资源配置优化是不可行的。即便信息高度集中成为可能，共享成为可能，最终仍需要依靠市场体制去解决资源配置的优化问题。三是信息技术不能将成本降为零。如信息处理和网络的各项软硬件研发、投资、运行、维护成本、将大量非结构化数据转换成结构化数据的成本等。四是信息技术不能解决层级传导问题。如中国从中央、省、市、县、镇、村等层次体系中，如何实现有效的、激励相容的传导。五是其他方面。依靠大数据等新技术，不能完全解决银企关系、本地信息数据挖掘等问题。

第三，如何认识人工智能在金融体系中的作用。在支付上，人工智能会一定程度上推动放松身份鉴定的规定；在远程开户上，仍需谨慎；在智能投顾上，可能有些缺陷，即近期的、短期的数据深度学习而得到的结论有局限性，但基本面分析和认识不太容易实现，这些都有待进一步研究观察。

二、金融科技与政策响应的关系

本书通过大量案例，深入分析了金融科技和政策响应之间的关系，为我们未来思考此类问题提供了一个基本分析范式。

第一，不要迷信但要充分关注科技。科技不能包打天下，金融科技要有金融本质属性，科技是服从于金融业务需求的。本书全面理性剖析了区块链、分布式账本技术等新科技的长处和局限，也通过 P2P 网贷、电子支付、余额宝、数字货币、初始代币发行等诸多案例探讨了科技和金融需求相结合的新模式可能会引发的市场结构、金融稳定和相应的监管问题。从政策研究理论视角看，本书的分析范式属于“理性决策模式”，即决策者以问题为导向，设定目标并列举出所有可能的解决方案，运用一系列科学方法对这些方案进行评估，同时预测可能达到的结果以及产生的问题，在逐一对比后，选择最优方案。

这些分析背后充分体现出中国人民银行对科技创新的态度，即对新技术要敏锐，总体上支持，有所宽容。正是由于中国人民银行长期关注并支持科技的发展，无论在金融基础设施的发展，还是金融科技的应用，一直处于全球前列。比如大约五年前，中国人民银行经过数轮慎重讨论之后，决定研发央行数字货币，并将以前投在现钞上的研究力量转而投向对数字货币的研究，这也为中国在这一领域保持相对领先优势奠定了坚实基础。

但这些新科技一旦运用在金融业，就要按照金融业监管的规则进行公平监管。对所有进入金融服务业的金融科技公司、大科技公司和第三方支付公司和各种交易平台等，应建立一种公平竞争、优胜劣汰并能保护消费者的监管政策环境。这样我们就比较容易理解前期 P2P 网贷缺乏监管，问题不断，爆雷不断，后期加强监管，风险逐渐收敛，总体可控；相反，对第三方支付有监管，相对发展比较健康，在保持了金融稳定的前提下，中国拥有了全球范围内最为广泛运用的最先进的电子支付系统。同样，对初始代币发行和比特币的强监管，也是从投资者、消费者保护以及防止金融诈骗和避免过度投机出发的。

第二，科技选择路径要依靠市场竞争来优化趋同。从政策实现路径看，改革思路大致分为渐进式和激进式（又称“休克疗法”）。渐进式改革认为改革不可能一蹴而就，而是一个不断通过试错、纠错而优化趋同的过程，需要时间积聚改革动力，为进一步发展创造条件。激进式改革则截然相反，苏东经济转轨改革就属于这一种思路。目前，关于如何发展央行数字货币，有两种思路：一种属于较为激进的，认为可以通过区块链发展单层（零售型）央行数字货币，或者说央行直接对公众发行数字货币，这可能会导致金融脱媒，影响竞争性银行业务的作用，可能颠覆整个金融体系；另一种属于渐进式的，认为可以发展双层或多层数字货币，仍服从现有货币政策和货币政策传导框架。在具体实现方式上，技术的优化选择要依靠市场和民间的力量，可以让金融科技公司、大科技公司在内的科技公司和金融机构去竞争择优，让市场来决定。

本书特地从央行视角论述为何要审慎对待技术选择的不确定性，因为这关系到央行的声誉、货币政策的声誉。当新技术出现时，央行不宜充当“先知”，去替市场选择技术，而应该建立竞争性环境，让最优技术顺利凸显和发展。中国这样一个大国，在金融科技选择路径上一旦犯错，成本是巨大的。目前国际上提出监管沙箱，但说易行难，尤其在大国经济能否设计出货币试验的沙箱仍是一个挑战。

三、金融科技政策顶层设计的关键点

本书针对金融科技发展提出了一整套顶层设计的思维方式，例如充分利用市场力量推动金融基础设施建设，设计正向激励机制，解决好政策博弈问题等内容，都值得反复思考，并运用到政策设计中，从而更好地利用金融科技，推动金融基础设施发展、促进金融创新以及深化金融体系改革。

一是如何设计好激励机制问题。本书强调激励相容，认为政策设计需要重点防止金融科技盲目发展可能带来的一些扭曲。比如，要关注网络效应和“赢家通吃”，防止吃利差、自融、资本炒作、利益输送和交换、滥用普惠金融说法、数据出售和隐私泄露、暗网风险等。好的激励机制应该是一个连续政策，而不是二进制政策。政策设计者应当关注金融科技背后的真正动机，通过设立正向激励机制，鼓励正确的动机，将激励放在科技发展上，要靠新技术实现效率和竞争力，同时将不良动机降至最低。

二是如何避免政策博弈问题。要清醒认知科技公司推销贿赂、打舆论战以及政治游说的存在。在全球范围内，都存在这些情况，如推销者往往可能夸大自己科技产品的性能、必要性，以及产品可能产生的革命性、颠覆性变化等；试图通过媒体和舆论、政治游说对政策产生影响等。

同时，要防止监管博弈或监管套利影响公平竞争和金融稳定。大科技公司和金融科技公司作为金融服务业的新进入者，难免会存在一些既想做金融服务又不想接受监管的现象，这种进入者不但会对市场格局产生影响，也会对监管格局带来重大影响，需要重点防范其规避监管和监管套利行为。所以，对大科技公司和金融科技公司的监管，金融管理部门也要敢于说“不”；否则就容易被其科技属性误导，不进行有效监管，最终会扭曲市场，产生金融风险。

三是金融基础设施可公私合作，民营机构或者大科技公司也可参与，但需要约束条件。对于金融基础设施以及经济体系中其他的公共基础设施，参与建设的主体并不一定非得是公共机构，民营机构或者大科技公司都可以参与其中，可以是公私合作形式。但参与主体需要满足一些约束条件，即必须要有不谋己利的承诺以及服务公共利益的精神，同时监管方面也要跟得上，包括数据隐私、消费者保护、金融稳定、协调机制等要求，此外道德标准和伦理尺度都需要考虑到。实践中，也不乏成功的案例。如征信系统，大部分国家是央行在办，但美国等老牌国家是私人机构在办，由政府约束其行为。再如货币发行，中国香港发钞是外包给汇丰、渣打、中行三家发钞行，香港金管局对发钞技术环节和发钞行提出严格要求。从政策研究理论视角看，这种思维方式恰恰把握住了公共政策的核心要素，即兼顾效率和公平，这也是研究公共政策设计的基础。公共政策是政府依据特定时期的目标，通过对社会中各种利益进行选择与整合，在追求有效增进与公平分配社会利益的过程中制定的行为准则。当然，社会利益既包括公共利益，又包括私人利益，特别强调要去设计一系列服务于公共利益的约束条件，是为了防范出现利用公共基础设施的优势而去服务于私人利益。实际上，这种担忧普遍存在于全球政策制定者之中。当下席卷欧洲和美国的针对大科技公司的数据隐私和竞争政策的调查就是明证。

四、面对未来的全球货币和中国应对

本书解析和探讨了加密数字货币，尤其是 Libra（天秤币）这类“全球性稳定币”。在一位胸怀全球金融稳定、拥有改革情怀的中央银行家眼中，新型数字货币需要关注以下几个重要方面。

一是新型数字货币是否支持央行系统的货币政策及其对经济的

总量调控和传导机制？理解了央行的使命（维护币值稳定和价格稳定、缓解经济与就业的周期波动、防止非专业和短期动机的行政干预，以及维护金融体系稳定，并以稳定谋福祉等），就能理解货币政策和金融稳定的重要性。现有的货币政策传导机制提供了总量和控制通货膨胀、总量和控制资产泡沫之间的执行渠道。尽管这个框架目前面临挑战，但其改进应是连续函数。如果用新科技颠覆原有系统，又无法建立一个有效运转的新系统，全球经济和金融稳定可能就会出大问题。

二是如何实现消费者隐私保护？如何执行微观合规性和稳定性要求？例如就全球高度关注的数据隐私，如何运用、加工所获得的大数据？消费者是否知情？是否有拒绝或删除权？是否符合反洗钱、反恐怖融资的现行业务合规性要求？如何避免违约、无力清偿、跑路、套现出境等机构自身稳定性方面的问题，甚至赌博业、毒品交易等暗网业务？

三是准备金托管、测算，以及全球央行协调问题。对于100%准备金支持的稳定币而言，准备金如何托管？如若未来和Libra类似的某种数字货币成为全球普及的支付性货币，有现金（M0）以后，就会有狭义货币（M1，M0＋企业活期存款）和广义货币（M2，M1＋定期存款＋储蓄存款）。从金融稳定的角度计，准备金的测算以及一系列金融政策安排都需要央行介入。此外，全球货币的跨境支付需要有全球的协调机构进行协调，但现在并没有一家全球央行。尽管跨境支付、电子支付和数字货币能够在效率上大幅提升，但最终能否安全高效运行并且落实反洗钱、反恐怖融资的要求等，涉及是否有全球性的权威机构或者全球央行进行协调。

四是货币替代。如果Libra成功的话，对弱势货币、不可兑换货币、发展中国家货币将有替代作用。因为篮子里还是以美元为主，所以人们产生了对美元化的担忧。强势货币在全球化过程中会侵蚀弱势货币，这是一个必然现象。如果Libra之类冒出来且能够普及成功，就可能会大大加速这一过程。而这对人民币将是一个巨大挑战。要应对 Libra 的挑战，还是要加快资本项目可兑换，完善金融体系，让人民币成为强势货币的一份子，并免受侵蚀与替代；随着人民币国际化的发展及逐渐扩大在特别提款权（SDR）篮子中的比重，将涉及很重要的政策选择。

不久前，习近平总书记在中央政治局第十八次集体学习时强调，“要把区块链作为核心技术自主创新重要突破口，明确主攻方向，加大投入力度，着力攻克一批关键核心技术，加快推动区块链技术和产业创新发展”。目前，国内区块链大多集中在一些场景应用和加密货币上，在核心科技上存在很大的不足。认真研读《金融基础设施、科技创新与政策响应》一书关于观察金融科技、构建政策框架和顶层设计的思路，避免政策扭曲，有助于真正将社会的资源和创新从吃利差、政策套利等方面转移到鼓励核心技术自主创新。

金融与技术的平衡之道

作为周小川行长论著的忠实读者和“粉丝”，我第一时间研读了《金融基础设施、科技创新与政策响应》。这本书对理解金融科技发展和监管应对非常有启发意义，很多观点在全球范围内都是一流的。书中收录的讲话，尽管有部分我曾经学习过，但仍然有常读常新之感。特别是编者的精心剪裁，把周行长在不同时间关于同一主题的讲话汇编到一起，既让我看到他在一些重要问题上一以贯之的立场，更让我领会到他思考的演进过程。我从金融与技术的平衡之道谈几点粗浅的学习体会。

正如书中开宗明义指出的，金融业本质上是一种信息科技产业。金融与技术有紧密联系。金融在发展过程中不断吸收各种技术创新，比如印刷术，密码和防伪技术，以及以电报、电话和互联网代表的各种通信技术等。只要一项技术能提高资金流通、风险管理和金融资源配置的效率，就可能被金融吸收采用。事实上，金融是很多技术最早或最重要的应用领域。随着金融科技兴起，技术从金融的中后台逐渐走向前台，地位越来越重要，一些金融机构在人员和成本结构等方面越来越像科技公司。然而，我们更需看到金融和技术遵循不同的发展规律，把握金融与技术的平衡对金融科技的可持续健康发展非常重要。

---

* 此文系邹传伟应第一财经研究院的邀请，为《金融基础设施、科技创新与政策响应》写的评论，发表在2020年1月19日的《第一财经日报》上。

一、金融需求与技术供给的平衡

周行长指出，科技或互联网类公司作为供给方往往需要推销某些技术，会尽力宣传这些技术可能产生的颠覆性效果，希望金融业采用。这些技术供给方有时还占据创新的“道义高点”，能调动舆论力量甚至政治游说力量。针对这种局面，金融业一方面要深入了解技术特征和发展趋势，另一方面要对自身的技术需求有清醒认识。只有这样，在面临技术冲击时才不至于“自乱阵脚”，反而能更主动地吸收真正有价值的技术创新。而且从实际情况看，大部分技术发展是线性的。金融发展也有自身规律，迄今还没有一项技术创新对金融产生过颠覆性影响。周行长更进一步指出，互联网与大数据不应导致回归集中型计划经济。

应该理性客观评估技术的能与不能，比如人工智能在金融中的应用。人工智能领域2012年后广受关注的深度学习算法，本质上是模式识别，适合边界清晰和规则有限的问题。深度学习下围棋取得了举世瞩目的成功，但在自动驾驶上面临很多挑战，因为后者没有清晰边界，相关规则难以穷举。类似地，人工智能适合对人脸图片、用户偏好以及违约概率和遇险概率的高低进行分类，这些正是人脸识别、用户画像、信用评估和保险定价的核心问题，所以人工智能在支付身份验证、信贷审批和保险精算中有较好的应用前途。但即便如此，人工智能信贷审批可能引起信贷公平性方面的争议，应将相关模型或算法透明化，接受公众监督和评判，也应有监管部门来监督评判这种运用是否恰当。

人工智能应用于金融市场的难度则要大得多。市场交易形成的资产价格汇聚了各方面信息，在复杂度上远远超过模式识别范畴。第一，人工智能通常使用标准化模型处理高频交易，数据分析容易脱离基本面，而且分析的数据往往以近期数据为主，更早的数据没有保留或者没那么丰富，容易造成分析结果的顺周期性。这些模型彼此非常相似，会导致市场形成一致性预期，出现羊群效应，再加上交易频繁，会加剧资产价格波动幅度。第二，机器学习算法多用于处理历史静态数据，而金融数据（如股价）的变化频率远小于数据更新频度，这会造成交易频度错配，难以找到合适的对冲工具。毫秒级甚至是纳秒级的交易分析速度使得使用人员无法对机器的决策及时调整，而人工智能类似于黑箱的运作方式加剧了这一问题。第三，利用人工智能预测金融危机存在局限性。人工智能是利用历史数据预测未来的技术，然而金融领域风险事件规律性很难把握，肥尾效应造成的市场震荡数据较少，不利于深度学习。

技术选择充满不确定性，金融从业人员因为术业有专攻，不一定是最好的技术专家。周行长指出，只要建立竞争选优机制，让不同技术路线公平竞争，自然就能选出最适合金融应用的技术。中国人民银行在 DC/EP 发展中，不干涉银行研发选择何种技术路线，采取市场驱动的赛马机制，最终看哪种技术路线能胜出，就体现了周行长的上述方法论。

二、金融功能和技术演进的平衡

不管技术如何演进，金融功能都相对稳定，变化的主要是金融业务模式和组织形式。今天分析金融功能，仍没有超越博迪和默顿 20 世纪 90 年代中期的框架：支付清算；资金融通与股权细化；为实现经济资源的转移提供渠道；风险管理；信息提供；解决激励问题。技术也不会改变金融风险内涵和管理框架。市场风险、信用风险和流动性风险等的识别、计量、防范和处置方法，对金融科技仍然适用。技术风险对金融科技更为突出，需要在网络安全和数据隐私保护等方面加强研究。总的来说，对技术创新促成的新金融商业模式、应用、流程和产品等，我们要有信心：只要用规范方法，就能穿透“技术面纱”，分析清楚它们对资金融通、风险转移以及相关参与方利益的影响，从而按功能监管理念建立合适的监管框架。

中国人民银行在互联网金融风险专项整治中就特别强调“穿透式”监管方法。

这方面尤其要注意三个问题。第一，一些金融科技机构滥用普惠金融的说法为自身业务添加正当性。普惠金融并不意味着金融监管要网开一面，应该在综核名实的基础上一视同仁地加以监管。不仅如此，普惠金融的服务对象往往属于金融弱势群体，金融素养、金融风险识别和承担能力相对欠缺，是金融消费者保护的重点。普惠还意味着涉众，一旦出现风险，对社会的外溢影响更大，更需要从严监管。

第二，周行长一再强调，要关注金融科技机构的真正动机和激励机制。比如，第三方支付机构如果想通过提供高质量支付服务来获利，就不应该把盈利寄托在客户备付金的利息收入上。中国人民银行要求第三方支付机构将客户备付金全部集中存管在中国人民银行，并参照银行超额准备金付息，就是校正第三方支付机构的激励机制。对一些金融科技机构既想做金融业务，又不想拿金融牌照、接受相应监管的情况，要从源头禁止。鉴于金融风险在传导中自我加强的可能性，对金融科技创新的监管要尽量提前，不能鼓励“简易起步，容忍差错，逐步合规，赚钱后才追求稳健”，更不能坐等相关风险从“小到不值得关注”演变成“大到不容忽视”甚至“大到不能倒”。

第三，不管业务主体和技术形式如何，只要从事同类业务，就应该做到财务标准一致，监管标准一致，以防范监管套利。金融科技机构与传统金融机构在从事同样业务时，应该受到同样的监管，否则会扭曲两者之间的公平竞争关系。

三、金融逻辑与技术逻辑的平衡

金融逻辑强调服务实体经济，注重安全稳健，技术逻辑则强调颠覆性、去中心化和快速迭代。两个逻辑并非天然兼容。然而，一些技术具有的规模优势、网络效应以及由“先发者优势”

“赢家通吃”等促生的竞争策略，开始向金融渗透。一些金融科技机构为快速做大规模和抢占市场份额而不计成本，不惜采取“烧钱”和交叉补贴的方式，其中部分补贴资金来自风险投资或资本市场。

这样做会对市场造成三方面扭曲。第一，扭曲市场的公平竞争机制，造成没有补贴能力的机构拼不过有补贴能力的机构，受严格监管的持牌机构拼不过享有监管宽容的金融科技机构。尤其要注意大科技公司涉足金融业务时，因为拥有平台、技术、用户和数据等方面优势，可能造成垄断和不公平竞争问题。比如，大科技公司造成捕获性生态系统，锁定用户，使用户很难转换到有竞争关系的平台上；利用支配性市场力量和排他性条款，抑制甚至打压潜在竞争对手。

第二，扭曲市场风险定价。在我国电商和共享经济领域，细分领域的头部机构通过“价格战”打压竞争对手，获得支配性市场地位后再提高收费标准，是一个经常被使用的策略，也引起很多争议。“价格战”策略也延伸到金融科技领域。但与电商和共享经济不同，金融“价格战”意味着资金价格扭曲。比如，在我国互联网金融发展前期，一些机构曾通过补贴推高互联网理财产品收益率，以抢占市场份额。资金价格扭曲会显著影响资金流向，对资源配置效率和金融风险有很大影响。

第三，扭曲机构自身发展。金融是经营风险的行业。在风险业务快速增长时，很多金融科技机构的内部管理和风险控制跟不上。一旦风险暴露，金融科技机构对社会的外溢影响会远远超过一般实体经济机构。比如，共享单车企业在高速增长后倒闭，尽管会造成投资机构资金、单车产能和公共道路资源等的浪费，但只要不挪用用户押金，就不易造成涉众金融风险。这说明，技术演进不能降低金融风险管理要求；在技术快速迭代时，反而更应加强金融风险管理。

四、公共利益与私人利益的平衡

周行长多次表示，应允许私人机构参与提供公共基础设施。公共基础设施建设成本高，如果完全由政府提供，可能造成较大的公共财政压力，引入私人机构可以分担部分压力。在很多应用场景中，私人机构因为贴近市场和用户，更了解用户需求，有助于提高公共基础设施质量。比如，在我国支付清算体系中，政府提供主干支付网络，银行业金融机构是支付主力军，第三方支付机构主要为社会提供小额、快捷和便民的小微支付服务，也参加支付和市场基础设施建设。再比如，中国人民银行表态，DC/EP在做好技术标准和应用规范基础上，支付路径、支付条件以及之上的商业应用要尽可能交给市场来做，这也体现了公私合作思路。

私人机构参与提供公共基础设施，应该坚持公共利益与私人利益的平衡。公共基础设施是社会公器，不能成为个别机构的谋利工具。周行长强调，民营机构和金融科技机构参与公共基础设施，应该有公共精神，服从公共服务约束和规范，要通过竞争实现效率和先进，更要保护隐私。私营机构提供金融基础设施还应该遵循市场中立原则，不能扭曲或介入其他领域的竞争，否则容易紊乱市场竞争秩序。

我国开展市场化个人征信机构试点时就面临上述问题。从经济学角度分析，个人征信报告作为“有条件的公共产品”，其提供者既不应与信息提供者或信息使用者有直接的商业竞争关系，也不应介入或影响信息提供者和信息使用者在各自细分市场的竞争。反过来，如果信息提供者或信息使用者控制征信机构，就很难约束其不滥用征信数据，获得有利的竞争地位，或者损害个人征信权益。比如，假设一个由电商平台控制的个人征信机构，明示或暗示消费者只有在自己平台上消费才能提高自己的信用评分，或者鼓励年轻人靠借贷奢侈消费，谁的奢侈品买得越多，信用评分就越高。这样的个人征信机构就不是服务公共利益，而会影响征信报告的公正性和征信市场的竞争秩序，甚至在一定程度上沦为“设租”工具。为此，中国人民银行提出“独立第三方”原则，指导中国互联网金融协会与八家市场机构共同发起组建了百行征信。

近期以 Libra 为代表的全球稳定币备受关注，如何平衡公共利益与私人利益也是全球稳定币面临的核心问题之一。稳定币的“稳定”来自其锚定的法定货币，而法定货币价值稳定是中央银行向社会提供的最重要公共产品之一。私营机构发展稳定币时，有没有可能过度消费这种公共产品？从理论上分析，我觉得这种可能性是存在的，有三个可能渠道。一是违背 100% 法定货币储备原则，超发稳定币。二是偏离通过稳定币提供支付服务的目标，追求法定货币储备的投资收益，进行高风险、高收益投资。三是开展基于稳定币的存贷款活动，出现稳定币的多层次扩张（类似从现金到广义货币）。在这三个渠道下，稳定币一旦面临大额集中赎回，其储备资产中可能没有足够的流动性资产应对赎回需求，而稳定币不享有中央银行的最后贷款人支持，极端情况下可能出现储备资产折价出售、稳定币挤兑等现象，从而影响金融稳定。因此，需要研究稳定币对货币政策和货币政策传导机制的影响，对稳定币的储备资产需要准确测定、核算并建立托管和管理规则。最后，全球稳定币对弱势货币、不可兑换货币和发展中国家货币将有替代作用，会放大强势货币的货币政策的外溢影响。周行长指出，要加快资本项目可兑换，让人民币成为强势货币的一份子。

谨以这篇小文记录读书体会，难免如管中窥豹。最让我敬佩的是，周行长在繁忙公务之余，总能第一时间掌握国际上的前沿讨论和文献，并结合中国实践给出既有理论深度，又有丰富政策含义的“进阶”思考。期待从周行长接下来的论著中继续学习真知、新知。

第二篇

金融科技的基础设施与核心要素

金融科技的发展离不开一系列金融基础设施。首先是信息基础设施，包括信息记录与收集、数据分析方法和计算能力三个层次。征信是信息基础设施的重要组成部分。其次是支付和市场基础设施。这是金融系统的“管道”，位于不为大多数人所见的金融系统底层，却影响着资金如何融通，金融资源如何配置，金融风险如何转移，以及金融政策如何传导。最后是监管基础设施，包括传统意义上的金融监管（核心目标是促进金融稳定和保护金融消费者）、竞争监管（特别针对大科技公司的金融科技业务）和数据隐私监管。金融科技的不同商业模式、应用、流程和产品，本质上都是依托这些基础设施进行跨时空的经济资源配置。

信息基础设施是与金融科技有关的三类基础设施之一。数据要素和隐私保护越来越成为一个重要的政策问题，可能显著影响未来金融科技甚至互联网商业模式。要全面理解这些问题，必须引入数据要素的分析框架。数据有多种类型和不同特征，产生了四种不同的配置机制。第一，作为公共产品的数据，一般由政府部门利用税收收入提供。政府部门应该在不涉密的前提下，尽可能向社会和市场开放政府数据。第二，作为准公共产品的数据如果在所有权上较为清晰，并且具有排他性，可以采取俱乐部产品式的付费模式。第三，在互联网经济中，很大比例的个人数据的所有权很难界定清楚，现实中常见的 PIK 模式，本质上是用户用自己的注意力和个人数据换取资讯和社交服务，但 PIK 模式存在很多弊端。第四，很多数据因为有非排他性或非竞争性，不适合参与市场交易。换言之，市场化配置不等于市场交易模式。

数据产权界定是数据要素有效配置的基础。可验证计算、同态加密和安全多方计算等密码学技术支持数据确权，使得在不影响数据所有权的前提下交易数据使用权成为可能。但即便如此，基于密码学的数据要素市场也不同于传统市场，不会采取“对同一商品，多个买方竞价，价高者得”的要素配置模式。除了技术以外，数据产权还可以通过制度设计来界定。《通用数据保护条例》引入了数据产权的精细维度，包括被遗忘权、可携带权、有条件授权和最小化采集原则等，建立了数据管理的制度范式。这些做法被欧盟以外的很多国家和地区采纳。个人数据管理的核心问题是隐私保护。隐私保护不排斥共享个人数据，而要有效控制共享过程，在保护和共享个人数据之间做好平衡。

与数据要素市场有关的一个重要问题是开放银行。开放银行最早起源于欧洲，欧洲银行通过 API（应用程序界面）来共享客户数据。开放银行已成为一个在国内外都备受关注的趋势，体现了金融科技对金融活动组织形式的影响。一些之前垂直整合并由金融机构“一站式”提供的金融服务，“化整为零”到多家机构，由这些机构形成的市场分工网络进行，并演化出复杂的资金流通和风险分担模式。金融活动组织形式的这些变化趋势，对理解金融科技发展和监管非常重要。我们重点提出并讨论银行业务平台化概念。

银行业务平台化是银行业市场演化的自然趋势。银行业务平台化围绕货币创造、期限转化和受托监督等核心功能展开。银行的信贷供给和受托监督功能在一定程度上可以由非银行金融机构执行，这是银行业务平台化最活跃的方向之一。期限转化功能因为内在风险很高，没有哪类机构比银行更合适执行这个功能。尽管银行的货币创造功能无可替代，但很多机构能提供支付服务，这也是银行业务平台化最活跃的方向之一。在银行业务平台化中，银行向第三方机构开放资金、账户、客户、数据、技术、场景和声誉等核心要素，这些核心要素在银行内部和外部重新配置，在银行与第三方机构之间互通有无，形成市场化分工网络。

对银行业务平台化，要“穿透式”分析风险如何转移和分担，加强功能监管。银行业务平台化中的一个突出风险是银行与合作机构之间的利益不一致和激励不相容。机构监管也很重要，一方面要继续做好银行监管，另一方面也要监管银行与第三方机构的合作。

金融科技的基础设施

我们讨论如下问题：不考虑金融科技的具体形态，金融科技要健康发展，需要哪些基础设施？这个问题有很强的政策含义。图2.1总结了与金融科技有关的三类基础设施——信息基础设施，支付和市场基础设施，以及监管基础设施。

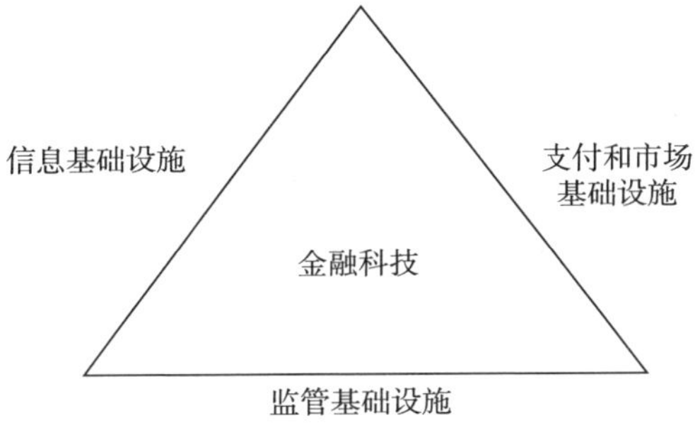

图2.1　与金融科技有关的三类基础设施

金融是经营风险的行业，风险评估、风险定价和风险监控的核心都是信息处理，都离不开信息基础设施。金融是货币资金融通的总称，而资金融通以及相伴随的风险转移和分担，是通过支付和市场基础设施进行的。金融风险无处不在并且有很强的外溢影响，技术会进一步放大金融风险的复杂性和传导的隐蔽性、急剧性。金融创新发展离不开坚实的监管基础设施。在我国，金融创新如果没有监管引导和约束，容易偏离服务实体经济的方向。

信息基础设施、支付和市场基础设施以及监管基础设施的划分，对传统金融领域也成立，但在金融科技领域呈现出一些不同于传统金融领域的特征。金融科技的不同商业模式、应用、流程和产品，本质上都是依托这些基础设施进行跨时空的经济资源配置。

一、信息基础设施

金融科技的信息基础设施分为三个层次：信息记录与收集、数据分析方法和计算能力。其中，征信是信息基础设施的重要组成部分。

（一）信息记录与收集

随着智能手机和智能硬件的普及，以及物联网和各种传感设备的发展，人类活动的数字化程度越来越高，越来越多的信息被记录下来。

数字化的人类活动一般依托各类账户进行，比如金融账户、社交网络账户、电子商务账户和其他应用程序账户。尽管不同账户的实名制有强弱之分，但账户总与身份识别相关联。人脸、指纹和虹膜等生物识别技术的广泛应用，会进一步加强账户与身份的关联，使得账户能有效记录账户所有者在社交和消费等不同场景的行为。

通过分析这些行为信息，可以对账户所有者进行画像，并推断账户所有者的偏好、信用和收入等重要特征，从而为金融精准营销和网络贷款等金融科技业态打下基础。

在信息记录与收集方面补充说明两点。首先，非金融数据（特别是场景化数据）在金融领域的价值。我国金融科技的实践已证明，电商数据可用于对商家和消费者的信用评估，社交媒体和搜索引擎数据有助于评估消费者偏好和精准营销。

其次，技术使得对软信息的收集和分析成为可能，这是电商和社交等领域大科技公司在线贷款业务的基础。软信息与硬信息相对应，指难以量化并且难以在不同人之间无失真传递的信息，比如一个小企业主在所在社区的声誉。软信息是关系型贷款的基础，是理解与小微企业信贷有关的银行业结构、银行内部分权和银企关系等问题的关键。技术的发展使得地方信息和私人信息公开化，只可意会的信息显性化，分散信息集中化。这些将对小微企业和个人信贷市场产生深远影响。

（二）数据分析方法

数据分析方法主要体现为大数据和人工智能技术。人工智能在人脸识别、用户画像、信用评估和保险定价等方面已显示出良好的应用价值，在资本市场和投资管理等方面的应用效果则难有定论。

数据分析方法应用于信贷领域有三个值得注意的问题。第一，一些变量尽管有助于信用评估，但据此放贷可能引起信贷公平性方面的争议，比如民族和肤色。第二，要辩证地看待大科技公司对外声称的内部信用评估模型的优越性。大科技公司的借款人可能因为平台锁定效应和高转换成本而不敢违约，这会高估内部信用评估模型的效力。第三，很多数据分析方法没有经过完整的金融周期检验。在国际金融危机期间，《巴塞尔协议Ⅱ》内部评级法就显示出顺周期性，会放大经济下行期的信贷紧缩，《巴塞尔协议Ⅲ》为此引入逆周期资本缓冲。数据分析方法是否也存在顺周期性问题？我们认为可能性很大。

（三）计算能力

随着云计算、5G（第五代通信网络技术）、专用芯片和边缘计算等技术的发展，计算能力的大宗商品化程度将进一步提升，会极大提升对复杂数据进行复杂分析的能力。

（四）征信作为信息基础设施

征信与数据/风险管理市场的区别是一个微妙问题，在我国开展个人征信试点时曾引发很多争议，有必要厘清。

征信报告是公共产品，在信息来源、信息使用和保护个人隐私等方面有严格的监管要求。第一，除依法公开的个人信息以外，采集个人信息应当经信息主体本人同意，未经同意不得采集。第二，向征信机构提供个人不良信息应当事先告知信息主体本人。第三，个人不良信息有保存期限。第四，查询征信报告需要事先获得信息主体授权。第五，禁止和限制采集某些个人信息，特别是与信用无关的隐私信息。第六，个人对本人信息享有查询、异议和投诉等权利。这些监管要求在数据隐私监管中得到了继承和发扬。

与征信不同，数据/风险管理市场（包括企业内部信用评估）的公共产品属性不强，适用监管框架不同，数据来源和分析方法可以灵活多样（表2.1）。

表2.1 征信与数据/风险管理市场的比较

征信	数据/风险管理市场
• 以“会员制”为基础，基于事先同意的治理结构；互惠原则	• 不是“会员制”，没有共享概念
• 主要在信贷机构间共享和汇总数据，主要用于（广义）信贷发放和监控的目的	• 数据用途更广泛，数据质量/相关性/及时性/完整性的要求低；存在大量非结构性数据；与金融稳定的相关性低
• 征信数据必须：相关、准确、及时和完整；作为监管机构的“第二套”数据源	• 向任何愿意付费的客户提供服务
• 数据模板和数据字典	• 数据来源多样，部分是可靠的/已知的数据源，部分是来源灰色的“替代数据”；采用各种手段获得数据，包括采集、买入、交换、挖掘和爬取等
• 数据报送机构是已知的和可靠的；强制/定期上传数据	• 没有强制报送的概念，没有“法定会员”
• 有限采集目的；有限使用；往往受监管的信贷机构必须成为“会员”	• 一些数据/风险管理公司是征信机构创建的独立子公司

续表

征信	数据/风险管理市场
• 消费者权益强，在投诉、数据更正/异议处理等方面有严格的规定	• 消费者权益较弱，投诉、更正/争议处理机制按个人数据保护规制的要求
• 有些国家对入网、价格、产品、管理层等方面的具体控制	• 监管当局的控制要求很低；但金融监管当局对被监管机构使用第三方数据/风险管理服务的会有要求

二、支付和市场基础设施

支付和市场基础设施是金融系统的“管道”。这些“管道”位于不为大多数人所见的金融系统底层，却影响着资金如何融通，金融资源如何配置，金融风险如何转移，以及金融政策如何传导。因篇幅所限，我们聚焦支付和市场基础设施的两个核心组件：法定货币的二级银行账户体系和金融交易后处理，重点讨论基础设施的账户范式和 Token 范式。

（一）账户范式

在法定货币的二级银行账户体系中，个人、企业和政府部门在银行开设存款账户，银行在中央银行开设存款准备金账户。法定货币存在于金融系统的负债方。基础货币是中央银行的负债。其中，现钞是中央银行对公众的负债，存款准备金是中央银行对银行的负债。存款是银行对个人、企业和政府部门的负债。在现代经济体中，现钞只占货币供给的很小比例，广义货币供给的大部分是存款。存款准备金和存款等货币形态都已经电子化。

转账和汇款涉及银行账户操作。跨行转账除了调整交易双方在各自开户银行的存款账户余额以外，还涉及两家开户银行之间的交易，而银行之间的交易需调整它们在中央银行的存款准备金账户余额。此外，我国的第三方支付，本质是基于支付账户的业务创新。

跨境支付涉及的银行账户操作更为复杂，需要通过代理银行的同业往来账户进行，还有货币兑换问题。

金融交易后结算主要由三个步骤组成：交易指令管理（包括交易验证）；清算，也就是计算交易双方的财务义务；结算，也就是最终的资产转移。中央证券登记机构（CSDs）在结算中发挥了关键作用，承担了三项主要功能，包括：认证，公正并受信任地维护已发行证券的记录；结算，将证券的所有权从卖方转给买方；账目维护，建立并更新证券的所有权记录。中央证券登记机构有时还承担证券托管、资产服务、融资、报告或证券出借等功能。

在金融交易后结算中，一笔交易涉及多个机构。每个机构使用各自系统来处理、发送和接收交易指令，核对数据以及管理差错等，并维护自己的交易记录。每个机构使用的数据标准也不统一。这些都会产生大量成本。

以上对法定货币的二级银行账户体系和金融交易后处理的介绍均属于账户范式。

（二）Token 范式

与账户范式对应的是 Token 范式。Token 范式以区块链为代表：Token、智能合约和共识算法都处于共识边界内，Token 与智能合约之间有密不可分的联系，共识算法确保了共识边界内的去信任环境。

Token 范式尽管与账户范式有很大差异，但也可以用来承载金融资产和交易，实质是基于法律法规，用区块链外的经济机制，使 Token 和某类储备资产的价值挂钩。这个过程离不开中心化受信任机构，并须遵循三个规则：1∶1 发行规则、1∶1 双向兑换规则和可信规则。

在这三个规则的约束下，1 单位 Token 代表了 1 单位储备资产的价值。在 Token 有二级市场交易时，Token 市场价格会偏离储备资产的价值，但市场套利机制会驱动价格向价值回归。标准化、产权明晰和交易流程简捷的资产最适合用 Token 承载，主要包括货币和金融证券。

账户范式和 Token 范式在交易场景表现、开放程度和隐私保护等方面有很大差异。特别是，账户是金融大数据的来源，但账户范式下对个人信息的收集和使用，容易演变成侵犯个人隐私。Token 则像“一层匿名的面纱”，但带来了“了解你的客户”、反洗钱和反恐怖融资等方面的困难。

账户范式和 Token 范式在很多应用场景中呈现了复杂的替代和互补关系。比如，稳定币与第三方支付在模式上同构，前者属于 Token 范式，后者属于账户范式；但为提高稳定币的使用效率，现实中出现了两种范式的互补使用。

Token 范式在法定货币领域的应用，包括央行数字货币、金融机构间结算币（比如摩根币）、稳定币（比如 USDC）以及近期备受关注的 Libra 项目。这些应用尽管在目标用户和发行主体上有很大差异，但在发行、转移和回笼等环节均遵循前面提到的三个规则。特别是，因为区块链运行在互联网上，Token 在区块链内不同地址之间的转移天然是跨国界的，这是区块链应用于跨境支付的基础。

区块链应用在金融交易后处理中，主要替代中央证券登记机构的结算和账目维护功能。优点包括：建立并维护共享的、同时化的账本，简化交易对账过程；缩短托管链；减小结算所需时间和风险敞口。但面临的挑战包括：（1）如何实现券款对付（DvP）和同步交收（PvP）？如何确保结算的最终性？很多区块链系统因为分叉可能性，只能在概率意义上确保结算的最终性。（2）交易匹配和差错管理。区块链不可篡改的特点增加了这方面的难度。（3）如何在多方参与验证的情况下，确保交易信息的保密性？

三、监管基础设施

国际清算银行2019年年报对金融科技提出了图2.2所示的监管框架：传统意义上的金融监管（核心目标是促进金融稳定和保护金融消费者）、竞争监管（特别针对大科技公司的金融科技业务）和数据隐私监管。这三方面监管之间存在复杂的交错和协同关系。与金融科技有关的监管问题还包括监管沙箱和监管科技。

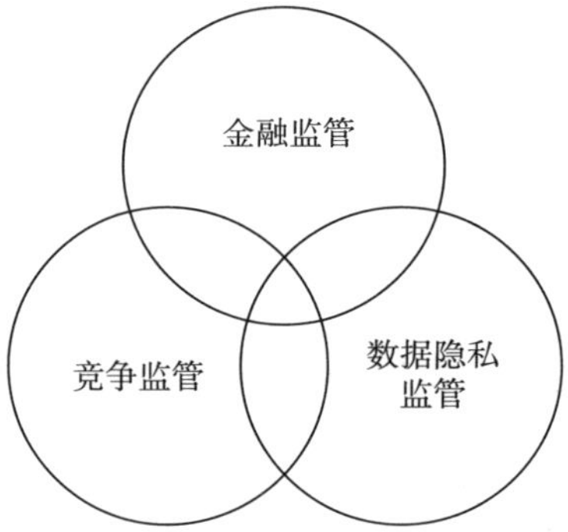

图2.2　金融科技的监管框架

（一）金融监管

金融科技会对金融活动的组织形式产生显著影响，一般称为金融脱媒或去中介化。严谨说法是，一些原本通过金融机构资产负债表进行的金融活动，“化整为零”到多家机构（不一定是金融机构），由这些机构形成的市场分工网络进行。这种情况为金融监管带来了很大挑战。如果金融活动通过金融机构资产负债表进行，可以相对容易地评估哪些金融机构承担了哪些风险以及规模大小，从而有针对性地引入资本充足率、流动性和杠杆率等方面的监管要求，以控制这些金融机构的风险承担行为。但在金融活动通过市场分工网络进行的情况下，风险承担和传导会变得隐蔽且复杂，机构监管不一定奏效。此时，应该突出功能监管，从“管机构”变成

“管活动”。功能监管的一个核心原则是，不管什么类型的机构，只要进行了同样的金融活动，承担了同样的金融风险，就应该接受同样的监管。

金融科技有四类特殊风险应该受到监管重视。第一，平台型技术公司运营失败或者发生网络安全事件可能引发系统性风险。第二，与金融科技有关的运营风险、技术风险以及模型和算法风险等。特别是，关键模型和算法应该透明、可解释和可追责。第三，模型、算法和经营模式之间的相似性会在金融科技机构之间造成同质化竞争，在极端情况下甚至造成顺周期性和羊群效应等问题。第四，金融科技领域的竞争策略带来的风险。与技术有关的领域往往有规模效应、网络效应、“先行者优势”和“赢家通吃”等特点，金融科技也不例外。一些金融科技机构为抢占市场份额不计成本地扩张，往往伴随着风险投资驱动和各种或明或暗的补贴。但这种扩张策略与金融机构应有的安全稳健是天然冲突的，而且会妨碍市场公平竞争。

金融科技领域的消费者保护有两个突出特点。第一，金融科技有很强的普惠色彩，能服务大量不被传统金融覆盖的“长尾”人群。然而，“长尾”人群一般属于金融领域的弱势群体，金融素养、金融风险识别和承担能力相对欠缺，更容易遭受误导和欺诈等不公正待遇。一旦金融科技出现风险，普惠性往往意味着风险涉众性更强。第二，大科技公司提供金融服务时，由于相对金融消费者的强势地位，可能侵犯消费者权益。比如，大科技公司可能过度采集消费者的隐私数据，并在未经消费者合理授权的情况下使用隐私数据，或将从甲业务中收集到的数据用于乙业务。

在金融消费者保护方面，第一，应要求金融科技机构加强信息披露，产品条款要简单透明，使金融消费者明白风险与收益的平衡关系；第二，应开通金融消费者维权渠道，包括赔偿和诉讼机制；第三，应利用金融消费者的投诉及时发现并修正监管漏洞。需要说明的是，有研究者将数据隐私保护纳入金融消费者保护范围。但鉴于数据隐私保护的重要性和专业性，我们倾向于将其单独讨论。

（二）竞争监管

竞争监管的目标是维护市场竞争秩序，在保护金融消费者的前提下确保优胜劣汰。金融科技领域的竞争监管主要体现在以下三个方面。

第一，根据功能监管理念，金融科技机构与传统金融机构在从事同样业务时，应该受到同样监管，否则会扭曲两者之间的公平竞争关系，甚至引发监管套利。但现实中，监管往往落后于金融创新，一些金融科技活动在发展早期可享受相当程度的监管宽容，这对传统金融机构不公平。

第二，私人机构提供金融基础设施时，应该遵循市场中立原则，不能扭曲或介入其他领域的竞争。金融基础设施不一定全部由公共部门提供，也可以采取公私合作方式。比如，美国的个人征信主要由益百利、艾可飞和美国环联这三家私人机构提供。再比如，在我国支付清算体系中，政府提供主干支付网络，但小额、零散支付渠道主要由第三方支付机构提供，这也属于私人部门提供金融基础设施。这些私人部门提供者如果违背市场中立原则，会扰乱市场竞争秩序。比如，假设一个由电商平台控制的个人征信机构，明示或暗示消费者只有在电商平台上消费才能提高自己的信用评级。此时，个人征信机构就不是为公共利益服务，而是沦为“设租”工具。

第三，大科技公司拥有平台、技术、用户和数据等方面的优势，在提供金融服务时可能有垄断和不公平竞争问题。国际清算银行（2019c）提出了大科技公司的DNA环概念（图2.3），其中D代表数据分析方法，N代表网络外部性（即网络效应），A代表相互缠绕的业务，DNA环这三个要素之间相互加强。

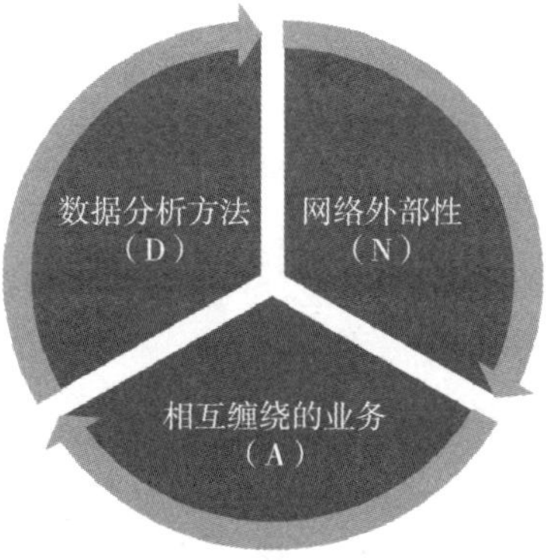

图 2.3　大科技公司的 DNA 环

DNA 环会造成四方面问题。第一，大科技公司造成捕获性生态系统（比如一站式服务、业务伙伴网络和评分体系等），以锁定用户，使用户很难转换到有竞争关系的平台上。特别是，企业用户的转换成本高于个人用户。第二，大科技公司利用支配性市场力量，通过排他性条款和价格战等方式，抑制甚至打压潜在竞争对手。三是产品捆绑销售和交叉补贴。比如，在我国互联网金融领域，一些机构曾通过补贴推高互联网理财产品收益率，以抢占市场份额。这些做法干扰了竞争秩序和市场定价。四是数据垄断。大科技公司事实上拥有用户数据的所有权。用户很难将自己的数据开放给或迁移到大科技公司的竞争对手。这就造成了数据的非竞争性使用。大科技公司由此可获得信息租金。

（三）数据隐私监管

前文介绍征信和大科技公司对市场竞争的影响时已涉及数据隐私监管。数据隐私在经济学上有很多特殊属性。第一，很多数据的所有权不明晰，难以被有效保护。数据容易在未经合理授权的情况下被收集、存储、复制、传播和使用。第二，数据的使用是非竞争性的。数据可以被重复使用，并且重复使用不会降低数据的质量或使其数量减少。第三，数据的使用是非排他性的。对同一份数据，不同的人可以同时使用。数据的这些特殊属性使得传统数据交易市场容易面临市场失灵问题。

数据隐私保护既是一个制度问题，也是一个技术问题，在全球有三种代表性做法。

第一，数据隐私立法，以 2018 年 5 月欧盟开始实施的《通用数据保护条例》为代表。《通用数据保护条例》给予数据主体广泛权力，包括：个人数据删除权（也称为被遗忘权），指数据主体有权要求数据控制者删除其个人数据，以避免个人数据被传播；可携带权，指数据主体有权向数据控制者索取本人数据并自主决定用途；数据主体在自愿、基于特定目的且在与数据控制者地位平衡等情况下，授权数据控制者处理个人数据，但授权在法律上不具备永久效力，可随时撤回；特殊类别的个人数据的处理条件，比如医疗数据。《通用数据保护条例》还提高了对数据控制者的要求，包括：企业作为数据控制者必须在事前数据采集和事后数据泄露两个环节履行明确的告知义务；数据采用与数据使用目标的一一对应原则，以及数据采集（范围、数量、时间、接触主体等）最小化原则；个人数据跨境传输条件。

第二，开放银行 API。银行通过 API 将用户数据开放给经授权的第三方机构，以促进用户数据的开发使用，实际上是部分实现用户数据的可携带性。其中，银行既限定哪些用户数据可开放，又限定向哪些机构开放。

第三，密码学技术，比如可验证计算、同态加密和安全多方计算等。对复杂的计算任务，可验证计算会生成一个简短证明。只要验证这个简短证明，就能判断计算任务是否被准确执行，不需要重复执行计算任务。同态加密和安全多方计算支持数据确权，使得在不影响数据所有权的前提下交易数据使用权成为可能。

（四）监管沙箱与监管科技

沙箱概念来自计算机领域，指在产品上线前为开发者提供开发和测试环境，帮助他们发现并修正程序开发中的问题。监管沙箱提出的背景是，监管机构不一定能在事前准确判断金融科技创新方向并识别潜在风险。如果金融科技创新在风险未被充分准确评估前就推向市场，容易造成合规问题甚至风险事件。鉴于金融风险在传导中自我加强的可能性，对金融科技创新的监管要尽量提前，不能鼓励“简易起步，容忍差错，逐步合规，赚钱后才追求稳健”，更不能坐等相关风险从“小到不值得关注”演变成“大到不容忽视”甚至“大到不能倒”。

监管沙箱通过政策法规和技术手段划定边界，与外界做到充分的风险隔离。监管沙箱提供一个有别于当前规则的可试验环境，金融科技创新在监管沙箱内测试。这些测试是受限、有监管、安全可控和可还原退出的。金融科技创新在风险充分揭示、确保模式可复制推广后，才正式对外推行。监管沙箱还有助于完善针对金融科技创新的监管措施。

技术驱动的金融创新为金融监管带来很多新挑战，金融监管的方法论和工具箱需要“升级”。2014 年，英格兰银行首席经济学家安德鲁·霍尔丹（Andrew Haldane）设想过一种应用技术来驱动监管的新型监管机制：像监视全球天气变化和监视全球互联网通信一样，有一系列监控器以接近实时的速度追踪全球资金流动，创建一个全球性资金流动图，并且告知哪里有资金溢出以及它们之间的相关性等。这是监管科技概念的由来。

监管科技尽管在全球广受关注，但其内涵和外延仍在演变中。监管科技既可指金融机构使用的、以更有效满足监管要求的新技术，也可指监管机构使用的、以更有效实施金融监管的新技术。有研究者认为监管科技属于金融科技，也有研究者认为监管沙箱属于监管科技。抛开这些概念争议不谈，监管科技对金融监管主要有四方面影响：一是提高非现场监管效率；二是帮助金融机构降低金融合规成本，特别在监管规则明确的情况下；三是提高金融监管机构和金融机构识别、计量和处置风险的效率；四是为宏观审慎监管提供良好的数据基础。

我国非常重视监管科技的发展。中国人民银行 2017 年 5 月成立金融科技委员会时，就明确提出“要强化监管科技，积极利用大数据、人工智能、云计算等技术丰富金融监管手段，提升跨行业、跨市场交叉性金融风险的甄别、防范和化解能力”。

如何建立合规有效的数据要素市场？

信息基础设施是与金融科技有关的三类基础设施之一。数据要素和隐私保护越来越成为一个重要的政策问题，可能显著影响未来金融科技甚至互联网商业模式。要全面理解这些问题，必须引入数据要素的分析框架。

2020 年 4 月 9 日，中共中央、国务院发布《关于构建更加完善的要素市场化配置体制机制的意见》，首次将数据与土地、劳动力、资本、技术等传统要素并列为要素之一，提出要加快培育数据要素市场，包括推进政府数据开放共享、提升社会数据资源价值以及加强数据资源整合和安全保护三方面工作。

数据作为要素是一个新命题，有大量前沿问题需要研究。在文献中，相关问题归属于数据经济范畴。数据经济指数据收集、组织、使用、分享、流转和管理等活动组成的经济生态。德勤和阿里研究院（2019）认为数据资产不完全符合会计准则中对于“资产”及“无形资产”的定义。剑桥大学研究报告《数据的价值》对数据经济的理论、实践和政策问题进行了全面综述（BIPP，2020）。李小加（2020）提出组建数据要素产业化联盟，梳理数据经济中八方面的重要问题。于施洋等人（2020）分析了我国深化数据要素市场化配置面临的挑战，提出搭建公共平台、完善市场条件、研究配套政策、推动协同联动、优化市场结构等方面的政策建议。从国内外研究看，数据经济是一个方兴未艾的领域，并且学术研究略显落后于行业和监管实践，有不少新概念、新问题和新机制值得梳理。

一、数据要素的技术和经济学特征

（一）数据的技术特征

什么是数据？与通常认为的不同，这是一个信息科学中基本但复杂的问题，没有显而易见的答案。对数据的理解离不开对信息和知识等相关概念的辨析。艾可夫（Ackoff，1989）提出了 DIKW 模型（图 2.4），其中 D 指数据（Data），I 指信息（Information），K 指知识（Knowledge），W 指智慧（Wisdom）。DIKW 模型在信息管理、信息系统和知识管理等领域有广泛使用，不同研究者从不同角度给出不同解释，罗利（Rowley，2007）进行了综述。

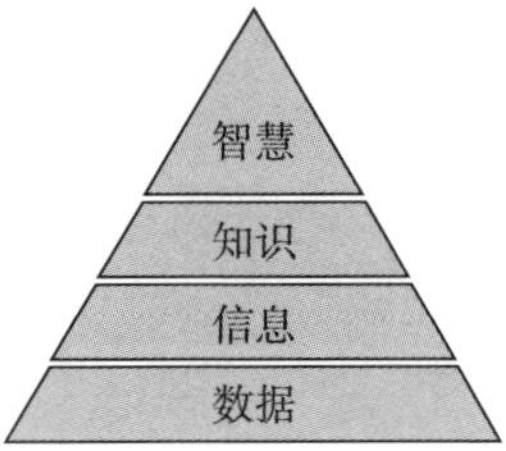

图 2.4　DIKW 模型

第一，智慧、知识、信息和数据之间依次存在从窄口径到宽口径的从属关系。从数据中可以提取信息，从信息中可以总结知识，从知识中可以升华智慧。这些提取、总结和升华都不是简单的机械过程，而需要依靠不同方法论和额外输入（比如应用场景和相关学科的背景知识）。因此，尽管信息、知识和智慧属于数据的范畴，却是更高阶的数据。

第二，数据是观察的产物。观察对象包括物体、个人、机构、事件以及它们所处的环境等。观察是基于一系列视角、方法和工具进行的，并伴随着相应的符号表达系统，如度量衡单位等。数据就是用这些符号表达系统记录的观察对象特征和行为的产物。数据可以采取文字、数字、图表、声音和视频等形式。在存在形态上，数据有数字化的，也有非数字化的（比如记录在纸上）。但随着信息和通信技术的发展，越来越多的数据被数字化。

第三，数据经过认知过程处理后得到信息，给出关于谁、什么、何时何地等问题的答案。信息是有组织和结构化的数据，与特定目标和情景有关，因此有价值和意义。比如，根据信息论，信息能削减用熵度量的不确定性。

第四，与数据和信息相比，知识和智慧更难被准确定义。知识是对数据和信息的应用，给出关于如何做的答案。智慧则有鲜明的价值判断意味，在很多场合与对未来的预测和价值取向有关。

一般而言，数据的技术特征主要包括以下维度：

- 数据涉及的样本分布、时间范围和变量类型等。
- 数据容量，比如样本数、变量数、时间序列长度和占用的存储空间等。
- 数据质量，比如样本是否有代表性，数据是否符合事先定义的规范和标准，观察的颗粒度、精度和误差，以及数据完整性（比如是否有数据缺失情况）等。
- 数据的时效性。鉴于观察对象的特征和行为可以随时间变化，数据是否还能反映观察对象的情况？
- 数据来源。有些数据来自第一手观察，有些数据由第一手观察者提供，还有些数据从其他数据推导而来。数据可以来自受控实验和抽样调查，也可以来自互联网、社交网络、物联网和工业互联网等。数据可以由人产生，也可以由机器产生。数据可以来自线上，也可以来自线下。
- 数据类型，包括数字化还是非数字化，结构化还是非结构化，以及存在形式（文字、数字、图表、声音和视频等）。
- 不同数据集之间的互操作性和可联接性，比如样本识别是否统一，变量定义是否一致，以及数据单位是否一致等。

- 是否为个人数据。个人数据在隐私保护上有很多特殊性，需要专门讨论。

（二）数据的经济学特征

与数据的技术特征相比，数据的经济学特征要复杂得多。数据可以产生价值，因此具有资产属性。数据的资产属性兼有商品和服务的特征。一方面，数据可存储、可转移，类似商品。数据可积累，在物理上不会消减或腐化。另一方面，很多数据是无形的，类似服务。

与此同时，数据作为资产具有很多特殊性，见表2.2。

表2.2　公共产品、准公共产品和私人产品的分类

	排他性的	非排他性的
竞争的	私人产品	公共资源
非竞争的	俱乐部产品	公共产品

非竞争性是指，当一个人消费某种产品时，不会减少或限制其他人对该产品的消费。比如，阳光和空气。换言之，该产品每增加一个消费者，所带来的边际成本约等于0。大部分数据可以被重复使用，并不会降低数据质量或容量，并且数据可以在同一时间被不同人使用，因此具有非竞争性。

非排他性是指，当某人在付费消费某种产品时，不能排除其他没有付费的人消费这一产品，或者排除的成本很高。很多数据是非排他性的，比如天气预报数据。但通过技术和制度设计，有些类型的数据有排他性。比如，一些媒体信息终端采取付费形式，只有付费会员才可以阅读。

根据表2.2，很多数据属于公共产品，可以由任何人为任何目的而自由使用、改造和分享。比如，政府发布的经济统计数据和天气预报数据。一些数据是俱乐部产品，比如前面提到的收费媒体信息终端。大部分数据是非竞争性的，因此属于私人产品和公共资源的数据较少。在表2.2中，公共资源和俱乐部产品也被合并称为准公共产品。数据一般作为公共产品或准公共产品存在。

数据的所有权不管在法律上还是在实践中都是一个复杂问题，特别是涉及个人数据时。数据容易在未经合理授权的情况下被收集、存储、复制、传播、汇集和加工。并且伴随着数据的汇集和加工，会产生新数据。这使得数据的所有权很难清晰界定，也很难被有效保护。在互联网经济中，互联网平台记录了用户的点击、浏览和购物历史等非常有价值的数据。尽管这些数据描述了用户的特征和行为，但不像用户个人身份信息那样由用户对外提供，很难说由用户所有。这些由互联网平台记录和存储的数据与用户的隐私和利益息息相关，又很难任由互联网平台在用户不知情的情况下使用和处置，所以互联网平台也不拥有完整产权。因此，在隐私保护中，需要精巧地界定用户作为数据主体以及互联网平台作为数据控制者的权利，密码学技术可以在权利界定中发挥重要作用。

很多文章把数据比喻成新经济的“石油”。这个比喻实际上不准确。“石油”是典型的私人产品，具有竞争性和排他性，产权可以清晰界定，并形成了现货市场和期货市场等复杂的交易模式。作为公共产品或准公共产品，很多数据难以清晰界定所有权，进而难以有效参与市场交易。因此，把数据比喻成阳光更为合适。

二、数据价值的内涵和计量

（一）数据价值的内涵

根据DIKW模型，从数据中提炼信息、知识和智慧，这隐含着数据价值链的概念。原始数据经过处理并与其他数据整合后，再经分析形成可行动的洞见，最终由行动产生价值。

数据价值可以从微观和宏观两个层面理解。在微观层面，信息、知识和智慧既可以满足使用者的好奇心，更可以提高使用者的认知，帮助他们更好地决策，最终效果都是提高他们的效用。数据对使用者效用的提高，就反映了数据价值。在宏观层面，信息、知识和智慧有助于提高全要素生产率，发挥乘数作用，这也是数据价值的体现。

微观层面的数据价值，有以下关键特征。

1. 同样的数据对不同人的价值大相径庭

第一，不同人的分析方法不同，从同样的数据中提炼的信息、知识和智慧可以相差很大。比如，在科学史上，很多科学家深入研究一些大众习以为常的现象并做出了重大发现。牛顿对重物落地的研究，富兰克林对闪电的研究，拉曼对海水颜色的研究，与普罗大众对自然现象的直观认识有很大差异。再比如，在经济学中，不同的经济学家对同样的经济数据经常做出不一样的解读。

第二，不同人所处的场景和面临的问题不一样，同一数据对他们起的作用也不一样。同一数据，对一些人可能没什么价值，对另一些人则可能是宝藏。比如，考古发现对历史研究者的价值很大，但对金融投资者则很可能没有价值。

另类数据包括个人产生数据、商业过程数据和传感器数据等。这些数据能帮助投资者做出投资决策，但对非金融投资者则没有太大价值。不同的人可以在不同时间维度上使用数据，比如有评估过去的，有分析当前的，有预测未来的，也有做回溯测试的。使用目的不同，对数据的要求不同，同一数据就意味着不同价值。

第三，不同制度和政策框架对数据使用的限定不一，也会影响数据价值。换言之，数据价值内生于制度和政策。比如，不同国家对个人数据的保护程度不一，个人数据被收集和使用的情况以及产生的价值在国家之间有很大差异。我国排名靠前的互联网平台基于用户行为数据推出了在线信贷产品，这在其他国家则不常见。互联网平台获得用户数据后，如果不恰当保护和使用，不尊重用户隐私，将会影响其品牌形象和用户信任，对数据价值和公司价值都会带来负面影响。2020 年 4 月，美国联邦法院批准脸书与美国联邦贸易委员会就剑桥分析丑闻的 50 亿美元和解协议。

2. 数据价值随时间变化

第一，数据有时效性。很多数据在经过一段时间后，因为不能很好地反映观察对象的当前情况，价值会下降。这种现象被称为数据折旧。数据折旧在金融市场中表现得非常明显。比如，一个新消息在刚发布时可以对证券价格产生很大影响，但等到证券价格反映这个消息后，它对金融投资的价值就急剧降到 0。在 DIKW 模型中，将数据提炼为信息、知识和智慧，并且提炼层次越高，就越能抵抗数据折旧。

第二，数据有期权价值。新机会和新技术会让已有数据产生新价值。在很多场合中，收集数据不仅是为了当下的需求，也有助于提升未来的福利。

3. 数据会产生外部性

第一，数据对个人的价值称为私人价值，数据对社会的价值称为公共价值。数据如果具有非排他性或非竞争性，就会产生外部性，并造成私人价值与公共价值之间的差异。这种外部性可正可负，没有定论。

第二，数据与数据结合的价值，可以不同于它们各自价值之和，是另一种外部性。但数据聚合是否增加价值，也没有定论。一方面，可能存在规模报酬递增情形，比如更多数据更好地揭示了隐含的规律和趋势。另一方面，可能存在规模报酬递减情形，比如更多数据引入更多噪声。但总的来说，数据容量越大，数据价值不一定越高，数据内容也很重要。比如，1 小时的视频监控数据，有价值的数据可能仅有 1 ~ 2 秒。

（二）数据价值的计量

1. 绝对估值

鉴于数据价值的三个关键特征，数据的绝对估值较为困难，目前还没有公认方法。目前行业实践中有几种主要方法，但都存在缺陷（BIPP，2020；德勤和阿里研究院，2019）。

第一，成本法，也就是将收集、存储和分析数据的成本作为数据估值基准。这些成本有软件和硬件方面的，也有知识产权和人力资源方面的，还有因安全事件、敏感信息丢失或名誉损失造成的或有成本。数据收集和分析一般具有高固定成本和低边际成本特征，从而具有规模效应。成本法尽管便于实施，但很难考虑同样数据对不同人、不同时点以及与其他数据组合时的价值差异。另外，德勤和阿里研究院（2019）指出，一些数据为企业生产经营的附加产物，获取成本通常难以从业务中划分出来，因而难以可靠计量。显然，数据价值不一定高于成本，说明不是所有数据都值得收集、存储和分析。

第二，收入法，也就是评估数据的社会和经济影响，预测由此产生的未来现金流，再将未来现金流折现到当前。收入法在逻辑上类似公司估值中的折现现金流法，能考虑到数据价值的三个关键特征，在理论上比较完善，但实施中则面临很多障碍。一是对数据的社会和经济影响建模难度很大。二是数据的期权价值如何评估。实物期权估值法是一个可选方法，但并不完美。

第三，市场法，也就是以数据的市场价格为基准，评估不在市场上流通的数据的价值。市场法类似股票市场的市盈率和市净率估值方法。市场法的不足在于，很多数据是非排他性或非竞争性的，很难参与市场交易。目前，数据要素市场有一些尝试，但市场厚度和流动性都不够，价格发现功能不健全。另外，一些公司兼并收购价格中包含着对数据的估值，但不易分离出来。

第四，问卷测试法。这个方法主要针对个人数据，通过问卷测试个人愿意出让或购买数据的期望价格，从而评估个人数据的价值。这个方法应用面非常窄，实施成本较高。

2. **相对估值**

数据相对估值的目标是，给定一组数据集以及一个共同的任务，评估每个数据集对完成该任务的贡献。与绝对估值相比，相对估值要简单一些，特别是针对定量的数据分析任务。

数据相对估值可以使用沙普利值。该指标于 1953 年由罗伊德 · 沙普利（Lloyd Shapley，2012 年诺贝尔经济学奖得主）在研究合作博弈时引入。此方法的主要不足是，随着数据集数量上升，计算量将指数上升。主要优点是符合直觉，容易计算，而且源自经济学的长期研究。有学者（Jia et al.，2019）讨论了如何优化使用沙普利值进行数据相对估值的计算过程。

数据相对估值说明，同一数据在用于不同任务，使用不同分析方法或与不同数据组合时，体现出的价值是不同的。特别是，偏离数据集合“主流”的数据，在相对估值上可能比靠近数据集合“主流”的数据高，这显示了“异常值”的价值。

三、数据要素的配置机制

在现实中，数据有多种类型和不同特征，相应产生了不同的配置机制。因为很多数据不适合参与市场交易，很多配置机制不属于市场交易模式。换言之，市场化配置不等于市场交易模式。

这些机制都致力于解决数据要素配置中的两个突出问题。第一，信息不对称。数据要素配置机制涉及多个利益不一致的参与方。比如，数据主体往往不清楚自己的数据在何时、因何目标或有何后果而被收集。数据生产者不清楚数据主体是否选择性披露数据，以及在知道自己的数据被收集时是否会有针对性地调整行为，也不清楚生产出的数据对不同数据使用者的价值。数据使用者在事前很难完全了解数据对自己的价值。比如，数据相对估值就是在事后进行的。

第二，非完全契约。数据要素配置机制都可以表示成一系列契约的组合。但数据应用有丰富场景，数据价值链有多个环节，数据价值缺乏客观计量标准，这些因素使数据要素配置机制很难在事前覆盖事后可能出现的所有情况。这既会影响数据主体分享数据以及数据生产者生产数据的激励，也会影响数据价值在数据价值链中不同贡献者之间的合理分配。

按照数据的经济学特征以及应用场景，对数据要素配置机制试论如下。

（一）作为公共产品的数据

作为公共产品时，数据由私人部门提供，会有投资不足和供给不足的问题，一般由政府部门利用税收收入提供。政府部门应该在不涉密的前提下，尽可能向社会和市场开放政府数据，这样才能最大化政府数据的公共价值。

2009 年，美国联邦政府推出数据开放门户网站 Data. gov，为之前分散在联邦政府不同机构网站上的数据统一提供托管平台。2019 年，美国《开放政府数据法案》要求，除涉及国家安全和其他特殊原因的数据以外，联邦政府应该在线发布它们拥有的数据，并且采取标准化、机器可读的形式公开这些数据。

2016 年以来，我国颁布《政务信息资源共享管理暂行办法》《公共信息资源开放试点工作方案》等一系列文件，开启政务数据共享开放进程。《关于构建更加完善的要素市场化配置体制机制的意见》提出的第一个工作方向就是推进政府数据开放共享。

（二）作为准公共产品的数据

如果作为准公共产品的数据在所有权上较为清晰，并且具有排他性，有以下三种主要的配置机制。第一，作为俱乐部产品的数据，可以采取付费订购模式，比如收费媒体信息终端。

第二，开放银行模式。银行通过 API 将用户数据开放给经授权的第三方机构，以促进用户数据的开发使用。银行既限定哪些用户数据可开放，也限定向哪些机构开放。这实际上是部分实现用户数据的可携带性。

第三，数据信托模式。根据本尼特公正政策研究所（2020）的介绍，数据信托保管多个委托人收集并持有的数据，按委托人事先确定目标使用和分享数据。欧盟计划在 2022 年前，通过数据信托机制建立一个泛欧个人数据市场，为需要使用个人数据的商业机构和政府部门提供一站式服务。跨国技术公司将不被允许存储或传输欧盟的个人数据，而必须通过数据信托来使用这些个人数据。欧盟居民将从该市场获得“数据红利”。

（三）互联网平台的 PIK 模式

前面已提到，在互联网经济中，如果个人数据不是由用户对外提供，而是来自互联网平台对用户特征和行为的观察和记录，那么所有权就很难界定清楚。现实中，互联网平台经常为用户提供免费资讯和社交服务，目标是扩大用户量，并获得用户的注意力和个人数据（比如用户喜好、消费特征和社会联系等）。在这个模式中，可以认为是用户用自己的注意力和个人数据换取资讯和社交服务，因此被称为 PIK 模式（图 2. 5）。互联网平台一方面是通过广告收入变现用户流量，另一方面基于用户个人数据进行精准营销和开发信贷产品等。

PIK 模式主要有三个弊端：第一，互联网平台与用户之间地位不平等。平台容易在未经用户授权的情况下收集用户数据，或过度收集用户数据，或把从甲业务中收集到的个人数据用于乙业务，从而造成隐私侵犯和数据滥用问题。第二，互联网平台如果形成捕获

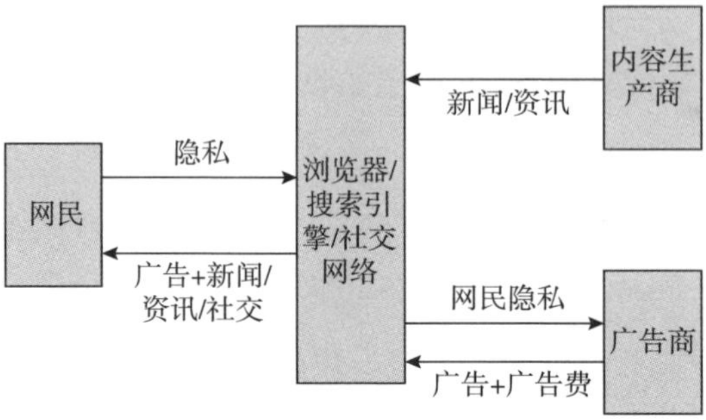

图 2.5　互联网平台的 PIK 模式

性生态，会锁定用户，并在事实上控制用户数据。用户很难将自己的数据开放给或迁移到互联网平台的竞争对手。互联网平台通过数据垄断对竞争者构成不公平竞争。第三，难以保证用户提供个人数据后获得了合理报酬。比如，用户是否为不太有价值的资讯而揭示了重要个人信息？互联网平台与用户之间的地位不平等，以及 PIK 模式中不存在市场定价机制，使得用户权益很难被有效保护。

在 PIK 模式下，数据控制者（互联网平台）相对数据主体（用户）处于主导地位，在数据产权上有很多模糊不清之处。如何纠正 PIK 模式的弊端，是个人数据管理中的一个核心问题。

（四）数据要素市场

很多数据因为有非排他性或非竞争性，参与市场交易时都面临限制。另一方面，非排他性或非竞争性造成的外部性，使数据的私人价值与公共价值之间具有差异，市场交易不一定能实现数据的最大社会价值。

在现实中，由于数据类型和特征的多样性，以及数据价值缺乏客观计量标准等原因，目前并不存在一个集中化、流动性好的数据要素市场。但数据的点对点交易（类似场外交易）一直在发生，比如另类数据市场。这个市场中存在大量的另类数据提供商。它们对数据的处理程度从浅到深大致可分为原始数据提供者、轻处理数据提供者和信号提供者。另类数据市场已发展出咨询中介、数据聚合商和技术支持中介等，作为连接数据买方（主要是投资基金）和数据提供方之间的桥梁。其中，咨询中介为买方提供关于另类数据购买、处理及相关法律事宜的咨询，以及数据供应商信息。数据聚合商提供集成服务，买方只需和它们协商即可，无须进入市场与分散的数据提供商打交道。技术支持中介为买方提供技术咨询，包括数据库和建模等。可见，另类数据市场发展已形成了丰富的分工合作关系，但仍然很不透明且非标准化。这是目前数据交易面临的普遍问题。更不容忽视的是非法数据交易，比如交易个人隐私数据的"数据黑市"和"数据黑产"。2019 年以来，我国对"数据黑产"展开了集中整顿。

如何建立合规有效的数据要素市场？一个可行选项是使用密码学技术，包括可验证计算、同态加密和安全多方计算等（PlatON，2018）。对复杂的计算任务，可验证计算会生成一个简短证明。只要验证这个简短证明，不需要重复执行计算任务，就能判断计算任务是否被准确执行。在同态加密和安全多方计算下，对外提供数据时，采取密文而非明文形式，从而使数据具备排他性。这些密码学技术支持数据确权，使在不影响数据所有权的前提下交易数据使用权成为可能，并影响数据主体和数据控制者的经济利益关系。区块链技术用于数据存证和使用授权，也在数据产权界定中发挥重大作用。除了技术以外，数据产权界定也可以通过制度设计来实施。

但即便如此，基于密码学的数据要素市场也不同于传统市场。首先，同一数据在加密后可以同时向多方提供，因此仍然是非竞争性的，除非数据使用者与数据控制者之间签署保密协议，要求后者不得再将数据提供给其他人使用，或者数据有很强时效性，一经使用后很快失去价值。换言之，数据很难成为私人产品，从而很难像私人产品那样参与市场交易。其次，同一数据对不同人的价值可能差别很大。这使得在基于密码学的数据使用权交易中，应用场景对数据价值的影响，可能超过了数据本身特征和内容的影响，从而很难从数据交易价格中提炼出有价值的定价信息。因此，基于密码学的数据要素市场不会采取“对同一商品，多个买方竞价，价高者得”的要素配置模式。

需要说明的是，数据要素市场不一定是简单的撮合买卖模式，可以存在其他复杂模式。比如，很多金融科技机构拥有大量用户数据，用户数据是它们的核心商业秘密。因为同一用户可以与多家金融科技机构有业务联系，金融科技机构共享用户数据，有助于对用户进行完整画像并管理风险。但金融科技机构之间有竞争关系，彼此之间很难共享用户数据。可以由多家金融科技机构成立合资公司，按数据贡献比例分配合资公司的股权。金融科技机构将用户数据共享给合资公司后，合资公司整合成数据产品对外销售，比如用户信用分析和不良用户黑名单等。这样，金融科技机构不用担心竞争对手获得自己的用户数据，既通过合资公司获得了完整用户信息，也作为股东分享合资公司利润。这个模式通过股权的利益绑定功能以及数据整合的“1 +1 >2”效应，解决了数据共享中的激励相容问题。我国个人征信市场的百行征信公司是这个模式的代表。

（五）数据产权界定

从前面介绍的数据要素配置机制可以看出，数据产权界定是数据要素有效配置的基础。数据产权主要分为所有权、使用权和控制权。数据控制权包括谁能使用数据，如何使用数据，以及能否进一步对外分享数据等。在公司治理中，所有权和控制权是统一的——股东拥有公司，股东大会是公司的最高权力机关。但数据的所有权和控制权可以分离，特别是对所有权不清晰的个人数据。数据产权可以通过技术来界定，比如可验证计算、同态加密和安全多方计算等密码学技术。数据产权还可以通过制度设计来界定。

2018 年 5 月，欧盟开始实施《通用数据保护条例》。《通用数据保护条例》引入了数据产权的精细维度，包括被遗忘权、可携带权、有条件授权和最小化采集原则等，建立了数据管理的制度范式。这些做法被欧盟以外的很多国家和地区所采纳。2019 年 5 月，我国网信办发布《数据安全管理办法（征求意见稿）》。2019 年 12 月，国家网信办、工信部、公安部和市场监管总局四部门联合印发《App 违法违规收集使用个人信息行为认定方法》。2020 年 1 月，美国加州开始实施《消费者隐私法案》。2020 年 7 月和 10 月，全国人大分别就《数据安全法（草案）》和《个人信息保护法（草案）》向社会征求意见。

个人数据管理的核心是隐私保护。隐私涉及个人与他人、私有与公开的边界，是个人尊严、自主和自由的重要方面（Acquisti et al.，2016）。隐私不排斥共享个人信息，而是要有效控制共享过程，在保护和共享个人数据之间做好平衡。

从开放银行看银行业务平台化

开放银行近期在国内外备受关注。开放银行最早起源于欧洲，欧洲银行通过 API 来共享客户数据。我国对开放银行的探索聚焦于业务、产品和技术的开放，2018 年浦发银行明确提出“API 无界开放银行”概念。一些市场机构还在开放银行的基础上提出了“银行即服务”概念（Bank-as-a-Service）。如何理解开放银行趋势及其对银行业的影响？它与之前的银行脱媒或去中介化概念有什么关系？

我们提出银行业务平台化概念，提出应该在银行业务平台化框架下理解开放银行。内容共分四部分：第一部分讨论开放银行趋势。第二部分讨论银行核心功能与业务平台化，也就是银行业务平台化围绕银行的哪些核心功能展开，有哪些边界难以突破。第三部分讨论银行业务平台化的核心要素，涉及资金、账户、客户、数据、技术、场景和声誉等方面。第四部分讨论银行业务平台化的风险与监管。

一、如何理解开放银行趋势?

在全球银行业，开放银行是一个方兴未艾的重要趋势。根据巴塞尔委员会定义（BCBS，2019），开放银行指银行在客户允许的情况下将客户数据共享给第三方机构，以开发应用和服务，包括实时支付以及帮客户更好地管理金融账户、市场营销和交叉销售机会等。开放银行允许客户在其他服务场景中（比如金融科技场景）使用银行服务，从而创新性地将银行功能模块和非银行功能模块融合在一起。银行与客户之间关系在开放银行下将发生根本变化，从“拥有客户”变为“共享客户”。

开放银行与 API 密不可分，大部分开放银行活动通过 API 进行。根据欧洲银行管理局（EBA，2016），API 来自计算机领域，指（来自同一机构或不同机构的）不同软件应用程序之间的界面。API 使软件应用程序之间的沟通成为可能。应用程序通过 API 可以调用其他应用程序的功能。API 具有可拓展、可复用、安全和开发者可自助等特征。API 通常包含数据传输、数据交换、数据访问和 API 设计等技术标准。API 按可访问特征，可以分为私有 API、合伙 API、成员 API、熟人 API 和公共 API 等不同类型。

开放银行的发展与个人数据和隐私保护方面的监管有紧密关系。代表性监管文件包括欧盟《支付服务法案》、《通用数据保护条例》、英国《开放银行标准》以及我国 2020 年 7 月发布的《数据安全法（草案）》。开放银行强调客户对自己数据的所有权。银行应在客户授权的前提下，通过 API 将客户数据提供给第三方乃至第四方机构。开放银行的主要参与方包括：客户（数据所有者）、银行（数据生产者）、API（数据分发者）和数据聚合者。

在开放银行下，银行通过 API 将自己的产品“解耦”成服务、功能模块甚至原始数据并对外分发。第三方机构再将这些服务、功能模块和数据整合进自己业务中提供给客户。比如，财务管理 App 将客户在不同金融机构的账户信息聚合成一张总表，无缝支付连接不同银行账户。

我们认为，开放银行的兴起有以下三方面原因。

第一，这体现了客户第一，以客户为中心构建产品和服务，以及客户拥有自己数据所有权等原则。客户可以在多家银行开设账户并办理“存贷汇”业务。站在客户的角度，他们需要一个跨越不同银行的统一应用界面。开放银行和 API 使得这种跨银行的业务整合成为可能，能显著改善用户体验。客户在银行的数据归自己所有并有可携带性，通过 API 整合后，就能打通“数据孤岛”，维护客户利益完整性。

第二，客户在各种服务场景中，根据自己的需求通过 API 自主调用银行功能模块，掌握金融服务的主动权，提高金融服务的可自助性。相比银行被动响应客户需求的情形，开放银行能深度渗透应用场景和贴近用户需求，提供个性化、场景化的金融产品和服务。对客户而言，银行将不再是一个“黑箱”，而是成为一个可以随时、随地和随需调用的工具箱。

第三，银行业务平台化的趋势。一些之前垂直整合并由银行“一站式”提供给客户的金融服务，在“解耦”并重新组合后由银行与第三方机构形成的市场分工网络提供。这些第三方机构有连接不同银行的中立地位，对应用场景和客户需求有深入了解，以及对前沿技术的敏感，在这个市场分工网络中发挥了不可替代的功能。

开放银行兴起的这三方面因素，我们重点讨论银行业务平台化。如果没有这个因素，仅靠客户数据主权原则以及金融服务可自助化，开放银行不会产生这么大的影响。

银行业务平台化代表了银行业市场演化的自然趋势，在开放银行兴起前就在发生。尽管银行的核心业务模式是“存贷汇”，并从银行诞生之日起就变化不大，但银行业务的具体形态随着科技和监管环境变化一直在演进。从历史发展看，不断有人和机构提出银行脱媒或去中介化、去中心化，乃至颠覆银行等概念。从影子银行（以货币市场基金为代表）和金融科技等的实践看，很多曾经全属于银行的业务，变为通过市场分工网络进行，但银行仍发挥核心作用。开放银行代表了这方面的最新趋势。银行业务平台化不是去中心化。银行仍执行一些不可替代的核心功能，但把一些辅助功能“解耦”“外包”出去，并通过市场分工网络整合起来。这种平台化也不同于以共享经济为代表的双边市场平台，因为在后者中，平台只是为供需双方匹配提供便利。

二、银行核心功能与业务平台化

银行的货币创造、期限转化和受托监督等核心功能，不可能通过市场分工网络以去中心化的方式来“复制”，必须由银行自己执行。这一点不管在理论上还是在实践中都有充分证明。接下来讨论了这三项核心功能被平台化的情况和遇到的困难，以识别银行业务平台化的内核，也划定了银行业务平台化的边界。

银行的核心功能是调剂资金余缺，将资金从储蓄者（资金供给者）转移到有投资和消费计划的人或机构（资金需求者）手中。资金需求者一般需要长期稳定资金来实施投资和消费计划，而资金供给者因为要应对随时都可能发生的流动性冲击，一般只愿意借出短期资金并保留一定灵活性。银行能解决资金供需双方之间的期限不匹配问题。根据大数定理，银行在吸收存款后，只需将一部分资金以高流动性资产的形式存放，就能应付正常情况下存款者的提现要求，其余资金可以用来发放长期贷款。这就是银行的期限转化功能，同时伴随着流动性转化。

银行在贷款信用评估上具有专门技术和规模经济，适合受存款者的委托来监督贷款者对资金的运用。这是银行的受托监督功能。值得注意的是，除了银行以外，一些非银行金融机构也有发放贷款的功能，比如小贷公司和私募债券基金等。这些机构也能评估贷款申请者信用并对贷款定价，所以这些能力尽管是银行的专长，但不是银行专属的。这些非银行金融机构也会监督贷款资金运用，但在广度和深度上与银行有显著差异。

银行通过发放贷款和购买债券而创造存款货币，这是银行承担的重要社会职能。在信用货币制度下，银行对个人和机构放贷时（银行购买债券的影响类似），资产方增加一笔贷款，负债方增加一笔存款。在部分存款准备金制度下，这个过程不断持续下去，就形成了存款的多倍扩张机制。尽管一些非银行金融机构也可以放贷，但只有银行放贷才伴随着负债（存款）增长，而在私人部门机构中，只有银行的负债才能行使货币功能。银行存款价值稳定并能等额兑换为中央银行货币，对经济和金融体系的平稳运行至关重要。

银行在执行这三项核心功能时，承担了不容忽视的风险，并受到相应监管。银行“借短贷长”的商业模式不可避免会产生流动性风险。银行的杠杆率很高，资产方小幅度减值就会损害银行的清偿能力。而存款者不掌握银行资产方的充分信息，一旦担忧存款安全，都会抢在其他存款者之前发出提现要求，从而造成银行挤兑。银行一旦遇到挤兑，因为资产方的流动性较差，不可能在短时间内无损失地变现，很难满足存款者的提现要求。在这种情况下，即使资产负债表健康的银行也不得不关门歇业。为此，银行一方面要受到以资本充足率、流动性和杠杆率等方面监管为代表的审慎监管（即《巴塞尔协议》），这些监管措施通过在事前控制银行的风险承担行为来保障银行安全稳健，另一方面享有金融安全网支持，包括中央银行的最后贷款人支持以及存款保险制度。

从银行业务平台化的角度看，银行这三项核心功能面临很不一样的局面。第一，银行的信贷供给和受托监督功能在一定程度上可以由非银行金融机构来执行。这是银行业务平台化最活跃的方向之一。

第二，期限转化功能因为内在风险很高，没有哪类机构比银行更合适执行这个功能。因为资金供需双方之间的期限不匹配问题是根深蒂固且普遍存在的，期限转化属于“刚需”，很多机构试图“复制”银行这一功能。比如，以货币市场基金为代表的影子银行。货币市场基金的份额随时可赎回，但资金投向有期限限制。货币市场基金模式还被复制到以 Libra 为代表的稳定币中。稳定币也是可以随时赎回，但储备资产投资有期限限制。再比如，我国 P2P 网贷领域之所以系统性出问题，就是因为很多 P2P 网贷平台为满足期限转化需求走向了“资金池”模式，而不是坚持点对点撮合的信息中介模式。此外，我国一些信托公司也采取“资金池”模式，也是在“复制”银行的期限转化功能。

但银行是在审慎监管和金融安全网支持下执行期限转化功能的。实践已反复证明，在没有审慎监管和金融安全网支持的情况下进行期限转化，出风险只是时间问题。因此，涉及期限转化的机构均需接受类似银行的监管。比如，Libra 2.0 单一货币稳定币对储备资产的风险管理措施：储备资产至少 80% 是高信用等级的短期政府债券，其余不足 20% 的储备资产是现金及现金等价物；极端情况下对稳定币赎回的限制；一个规模适度、用于吸收损失的资本缓冲。

这方面值得一提的是我国曾经流行的“互联网小贷公司 + 资产证券化”模式。互联网小贷公司可以跨区域放贷，但资金来源和杠杆率受到限制。互联网小贷公司通过资产证券化把贷款转移出资产负债表，能盘活资金，在一定程度上绕开资金来源和杠杆率限制。这个模式还利用了资产证券化的期限转化功能，在一定程度上“复制”了银行的商业模式。但即便如此，这两个模式也有本质差别。“互联网小贷公司 + 资产证券化”模式依赖批发性融资，在资金来源的稳定性上不如银行，一旦资产证券化发不出去，就会遭遇瓶颈。

第三，银行的货币创造功能无可替代。比如，“互联网小贷公司 + 资产证券化”模式就不伴随货币创造。一些学者提倡狭义银行模式，反而要削弱银行的货币创造功能。狭义银行尽管引发了很多讨论，有很多支持者，但目前只是设想而已。

尽管没有其他机构能进行货币创造，但很多机构能提供支付服务，这也是银行业务平台化最活跃的方向之一。这方面的典型代表是第三方支付。第三方支付机构为客户开立支付账户。支付账户所反映的余额，本质上是预付价值，类似于预付费卡中的余额，可以用于小额、快捷、便民的小微支付。

三、银行业务平台化的核心要素

银行业务平台化有三方面背景。第一，国际金融危机后，金融机构在强监管下收缩供给，将部分业务外包。第二，技术的发展，模糊了金融市场（直接融资）、金融中介（间接融资）和其他金融服务提供者之间的边界。这也可以从新制度经济学关于企业与市场之间边界的角度理解。第三，监管标准不一致造成了监管套利问题，一些金融活动或其中的部分环节转移到监管相对薄弱的环境中进行。

银行业务平台化，是在第二部分指出的内核和边界的约束下，向第三方机构开放资金、账户、客户、数据、技术、场景和声誉等核心要素。这些核心要素在银行内部和外部重新配置，在银行与第三方机构之间互通有无，形成市场化分工网络。在一些核心要素上，银行可以是需求者，比如场景要素。这些核心要素之间并非相互独立，而是有不少交集，而且很多银行业务平台化模式涉及多种核心要素。为行文方便，接下来按这七类核心要素依次展开讨论。

（一）资金

银行是经营货币和信贷业务的特殊企业。在银行业务平台化中（特别是贷款业务），银行可以让合作机构负责信息处理，银行提供资金并承担主要风险。比如，一些互联网平台有流量、客户和信用评估能力，但没有放贷资质或资金。一些中小银行有可贷资金，但没有优质客户资源。它们可以形成互联网贷款方面的合作，互联网平台负责营销获客、尽职调查和逾期清收等，中小银行提供贷款资金。总的来说，银行将贷前、贷中和贷后的一些环节（包括营销、调查、授信、签约、放款、支付、跟踪和收回等）外包给合作机构，并与它们分担风险和收益，是一个值得关注的方向，也带来了监管挑战。

（二）账户

银行账户分为银行结算账户和非银行结算账户。银行结算账户用来办理支付结算，账户状态比较活跃，有收有付，账户余额经常发生变动。其中，个人银行结算账户分为Ⅰ类银行账户、Ⅱ类银行账户、Ⅲ类银行账户和信用卡账户。非银行结算账户是存款人与银行之间的一种存款合约，账户余额一般只在存入、计息和支取时才发生变化，账户余额相对静止。

在法定货币的二级银行账户体系下，大部分货币由银行创造，并存在于银行账户中。银行账户对客户身份信息的要求和审查，是反洗钱、反恐怖融资、反逃税等风险评估体系的基础。银行账户记录个人和机构借贷活动，是征信活动的基础。银行账户是理解支付和清结算的关键。不管是境内的同行和跨行转账，还是跨境支付，资金流通本质上都体现为针对一系列银行账户的借记和贷记操作。

支付结算领域创新离不开对银行账户的使用。比如，支付账户从诞生起便一直采用非面对面、远程的方式开立，面临的被冒用、盗用风险较高。绑定银行账户是开立支付账户时进行身份信息审查的重要手段之一。在“断直连”前，第三方支付机构可以绕监管直连银行，往往在多个银行开立备付金账户，实质上开展跨行清算工作。“断直连”本质上就是账户体系改革：撤销第三方支付机构在银行的备付金账户，在第三方支付机构与银行之间引入网联（即非银行支付机构网络支付清算平台），并将第三方支付备付金100%集中存管在中国人民银行。

账户体系与Token体系的区别，是理解央行数字货币的关键。账户分等级，包括中央银行存款准备金账户、银行存款账户和支付账户等。每级账户在开立时都需审批，是高度选择性的。账户等级对应支付清算等级。资金流动采取记账清算。资金从付款者到收款者，中间可能要经过多家机构的账户，均体现为相应账户余额的调整。如果看账户体系的拓扑结构，应该远非互联互通状态，而是存在不少“孤点”“断头路”“梗阻”“迂回路”等。主流的央行数字货币方案均使用 Token 体系。Token 体系无等级。地址并无上下高低之分，理论上都是平等。任何人，只要通过非对称加密技术生成一对公钥和私钥，就可以参与 Token 体系，但要做好 Token 体系开放性与“了解你的客户”要求之间的平衡。Token 交易即结算，没有结算风险。Token 体系是点对点的拓扑结构，任何两个地址之间都可以直接交易。Token 体系这些不同于账户体系的特征，正是央行数字货币促进金融普惠和改善跨境支付的关键。

（三）客户

客户是银行的核心资源，银行之间的竞争在很大程度上体现为对客户资源的争夺。银行为客户提供“一站式”金融服务和开展交叉销售，都离不开对客户需求的挖掘。

银行与客户之间的关系是理解银行贷款技术和贷款供给行为的关键。银行贷款技术主要分为交易型贷款和关系型贷款两类。交易型贷款使用贷款客户的财务报表和信用评分等硬信息。在交易型贷款下，银行与贷款客户之间的关系较为松散。关系型贷款使用银行在与贷款客户的长期和多渠道的接触中积累的软信息，比如贷款客户的声誉和口碑等定性信息。关系型贷款要求银行与贷款客户之间有较为长期且紧密的关系，较不易受经济周期波动的影响。

银行与客户之间关系正在经历两个深刻变化。第一，在开放银行模式下，数据所有权由客户掌握并有可携带性，使得银行从“拥有客户”走向“共享客户”。第二，随着人类社会的“数字化迁徙”，客户越来越多的活动走向线上。银行需要升级营销获客手段，并向互联网公司学习如何更好地挖掘客户需求。

在“断直连”前，一些互联网平台（主要是电商平台）通过自己旗下的第三方支付阻断了银行与线上客户之间的联系。作为应对，一些银行成立自己的电商平台，以重建与客户的联系，但效果并不理想。“断直连”为银行提供了重建与线上客户之间关系的机会。银行通过 API 嵌入互联网平台的应用场景，一方面能改善互联网平台客户的体验，另一方面有助于银行获得新客户。这也体现了专业分工原则，优于银行自建电商模式和互联网平台打造封闭式生态的模式。

（四）数据

在开放银行下，银行持有客户数据，并在客户授权下通过 API 对外共享；不同银行的客户数据不同，但对同一客户的数据可以通过 API 汇总。不同银行介入个人数据市场的程度和管理能力不同，个人数据在银行之间通过 API 流动，在市场机制的作用下最终流向能最大化数据价值并保证数据安全的银行。这些银行将在开放银行生态中居于枢纽地位——从其他银行、金融机构和互联网平台等处汇集个人数据，并对外提供数据产品。这些银行在经营货币和信贷以外，也将可能经营数据，但其合作机构必须遵守个人数据和隐私保护方面的监管。比如，银保监会《商业银行互联网贷款管理暂行办法（征求意见稿）》规定：银行如果需要从合作机构获取借款人风险数据，应通过适当方式确认合作机构的数据来源合法合规和真实有效，并已获得信息主体的明确授权；银行不得与违规收集和使用个人信息的第三方开展数据合作。

（五）技术

随着金融科技兴起，技术从金融的中后台逐渐走向前台，地位越来越重要，一些金融机构在人员和成本结构等方面越来越像技术公司。在这种情况下，金融机构的技术部门除了服务自身外，还有能力对外输出。比如，我国很多大中银行设立金融科技子公司，就体现了这个趋势。金融科技子公司除了输出信息技术能力以外，也可以输出风险管理能力。实际上，我国很多银行的开放银行战略主要就是技术开放。

（六）场景

场景是一个从互联网领域被引入金融领域的概念。金融领域之前没有场景概念，最接近的可能是情景概念，但仍有很大差异。比如，金融风险管理和金融监管中有情景分析方法：假设金融市场可能出现的情景（也可以使用历史上曾发生过的情景），分析这些情景下金融机构可能遭遇的损失以及应对措施。

至今尚无文献严格定义金融领域的场景概念。我们认为，场景代表一组边界清楚的经济和社会活动，引入金融服务可以显著提高这些活动的效率和用户体验，因此这些活动可以向金融活动转化。比如，第三方支付随着电子商务的发展而产生，最初主要功能是“担保支付”。在消费者购买商品或服务后、实际收到商品或服务前，暂时冻结资金，以增加网上消费过程中买卖双方之间的互信。如果没有第三方支付的“担保支付”功能，我国的电子商务肯定发展不到今天的规模。

对金融机构而言，一是要开发场景，新场景意味着新业务和新客户，二是要把金融服务嵌入场景中，提高从场景中经济和社会活动向金融活动的“转化率”。金融机构自身能提供的场景比较单一，应该通过 API 等技术将金融服务嵌入互联网公司的场景中，这也体现了金融服务实体经济的原则。

（七）声誉

银行受到严格监管，并有金融安全网支持，有很强的特许经营权价值。金融活动中如果有银行参与，能在一定程度上起到增信作用。因此，银行基于自身声誉对外提供背书，也是银行业务平台化的一个重要方向。比如，Libra 要求储备资产由一个在地理上分散、资本充足的托管银行网络持有。

银行基于自身声誉对外提供背书时，要做好尽职调查并厘清风险责任，不能变成对外提供隐性担保，以免承担不必要的风险责任。比如，我国银行业在利用自己的客户资源和线下服务渠道代销理财产品时，就出现过这方面的风险事件。

四、银行业务平台化的风险与监管

银行业务平台化为银行监管带来了很大挑战。在金融服务以整合形式由银行“一站式”提供给客户时，相关风险均在银行的资产负债表内，可以较为容易地评估银行承担了哪些风险以及规模大小，从而有针对性地引入资本充足率、流动性和杠杆率等方面的监管要求。

但在金融活动通过市场分工网络进行的情况下，风险承担和传导会变得隐蔽且复杂，机构监管不一定奏效。此时，应该突出功能监管，从“管机构”变成“管活动”。要使用穿透式分析方法，分析在银行业务平台化中，风险如何转移和分担，切实管好风险。功能监管的一个核心原则是，不管什么类型的机构，只要进行了同样的金融活动，承担了同样的金融风险，就应该接受同样的监管。

加强功能监管不意味着机构监管不重要。一方面要继续做好银行监管，另一方面也要监管银行与第三方机构的合作。比如，银保监会《商业银行互联网贷款管理暂行办法（征求意见稿）》规定，银行应当建立覆盖各类贷款合作机构的全行统一的准入机制，明确相应标准和程序，并实行名单制管理。

银行业务平台化中的一个突出风险是银行与合作机构之间的利益不一致和激励不相容。比如，银行在与合作机构开展互联网贷款业务时，如果合作机构推荐贷款对象并按照贷款成交量收费，合作机构就有动力放松贷款标准。当贷款风险暴露时，银行承担全部损失，而合作机构不会遭受损失。为此，银保监会《商业银行互联网贷款管理暂行办法（征求意见稿）》规定，银行必须独立有效开展授信审批、合同签订等核心风控环节。

银行业务平台化涉及个人数据和隐私保护方面的监管，第一部分讨论开放银行时已涉及。API 涉及运营风险和网络安全方面的问题，包括数据泄露、滥用、伪造、DoS（拒绝服务）攻击和非加密登录等（巴塞尔委员会，2019）。

第三篇

辩证地理解金融科技与普惠金融

近年来，科技和全球化拉大了发达国家之间的“贫富差距”，但是发展中国家通过得当使用科技能够消除“贫富差距”。不仅如此，科技应用于金融领域，也有助于促进普惠金融。随着各国国内阶层分化和收入不平等加剧，普惠金融也从早期主要适用于落后国家的专属药方，发展为当前各国都重视的一般性社会经济发展政策。普惠金融有利于增强经济社会发展包容性，特别是其在促进创业就业、消除社会贫困、推进共享发展和实现公平正义上的重要意义，受到国际社会的普遍重视。

数字金融和移动互联的低成本，以及借助于大数据风险控制的金融服务拓展方式，为普惠金融问题的解决提供了前所未有的重大机遇：一是拓宽传统金融的服务对象和服务范围；二是缩小金融服务差距，促进贫困地区金融发展，更好地实现包容性金融发展；三是改变传统的信贷风险管理模式。同时，需要平衡好创新和监管的关系，引导普惠金融规范发展：一是重视改善数字普惠金融可能带来的“数字鸿沟”问题；二是坚决打击披着数字普惠金融外衣的非法金融活动；三是加强大数据背景下的数据安全和个人隐私保护；四是建立负责任的投资者适当性管理和消费者保护制度；五是加强基础监管制度建设，补齐监管短板。

金融科技与普惠金融结合的一个重要方向是以网络贷款和互联网消费金融为代表的金融科技信贷。我国在这方面有很多探索，取得了不少成绩，但也走了一些弯路，相关教训值得反思：一是早期监管缺失，没有及时纠正监管套利的情况，为现金贷等高风险活动提供了可乘之机；二是金融“防火墙”不牢，持牌金融机构为现金贷业务快速发展提供了资金支持，易造成风险交叉传染；三是高利息覆盖高风险的经营模式不可持续，如果监管不介入，风险只会不断累积。此外，互联网消费金融乱象还折射出金融价值观扭曲：一是互联网消费金融乱象强化了消费主义的弊端，侵蚀了“种瓜得瓜、种豆得豆”和勤奋节俭等价值信念；二是“去价值化”和滥用道德批判的现象并存，割裂了金融活动中经济价值和社会价值的辩证统一关系；三是部分互联网金融企业缺乏职业道德和诚信，严重侵害金融消费者权益的行为时有发生。随着中国人民银行对P2P网贷和现金贷的全面整顿，有必要借鉴消费信贷监管的国际经验，不断推进和完善消费信贷监管的规则和立法，强调行业自律，并强化金融消费者保护。国外与现金贷最具可比性的是美国的发薪日贷款，美国对发薪日贷款的监管值得借鉴。

要辩证地理解金融科技与普惠金融之间的关系。一些金融科技机构滥用普惠金融说法为自身业务添加正当性。普惠金融并不意味着金融监管要网开一面，应该在综核名实的基础上一视同仁地加以监管。不仅如此，普惠金融的服务对象往往属于金融弱势群体，金融素养、金融风险识别和承担能力相对欠缺，是金融消费者保护的重点。普惠还意味着涉众，一旦出现风险，对社会的外溢影响更大，更需要从严监管。

打造科技金融扶贫“软件”

近年来，科技和全球化拉大了发达国家之间的“贫富差距”，但是发展中国家通过得当使用科技能够消除“贫富差距”。中国作为最大的发展中国家很有必要利用科技实现普惠金融。

一般而言，普惠金融原来指小额信贷、微型金融，现在包括支付、储蓄、保险、理财、信贷等方面。要实行普惠金融，从客户的角度来说，价格要低廉、要可承受；从机构的角度来说，应该采取可持续方式。但是，普惠金融面对的客户是小微企业、农户，交易量小、风险大，收益不确定性高。

一、政府发展普惠金融的路径选择

政府发展普惠金融有两条路可以选择：一是传统的方式，比如通过财政补贴支持农村金融机构发展，以及成立民营银行、村镇银行和正在推动实施的两权抵押贷款等。二是以科技金融的方式更好地实现金融扶贫。前一段时间互联网金融很时髦，现在互联网金融成了“过街老鼠”。互联网金融本身不是问题，关键是政府应该制定一个很好的金融监管框架，可以使互联网金融健康发展，在服务贫困地区的农户和小微企业方面大有作为。事实上，以科技金融的方式介入扶贫，普惠金融可以做到事半功倍，因为科技金融具有以下优势。

第一，科技金融发展有助于拓宽传统金融的服务对象和服务范围，有助于缩小金融服务的差距，促进贫困地区的金融发展，更好地实现包容性金融发展。手机银行就是一个典型例子，长期以来受制于运营成本和交通条件等因素，贫困地区的金融机构商业可持续性较差、金融基础设施有限，但是移动数据和宽带技术的创新使得金融服务不再依赖于银行网点。2007 年肯尼亚推出了以“移动钱包”（M – Pesa）为代表的短信转移资金的新业务，带动了非洲金融业的变革。目前，肯尼亚已经有超过三分之一的居民在使用手机银行，手机银行业务将更多的民众纳入金融体系，缩小了有银行设施和没有银行设施之间的金融服务差距，使得贫困人群也可以享有获得金融服务的权利。

手机还有一些能够广泛应用到金融服务的功能。比如，生物识别、历史通话记录、摄像机、通过短信和消息进行沟通、通过声音进行沟通、图形界面、互联网接入、位置标识、无线通信、远程监控、触碰式屏幕、唯一的用户标识、允许客户和服务供应商之间的信息双向交换（交互式菜单）等。这些功能可以用来研发新型的金融产品、服务和工具。使用手机不同的功能组合可以产生独特的“数字化属性”，并应用于金融服务。数字化属性在提高金融素养及建立正式的金融记录等方面解决了一系列发展普惠金融的障碍。而手机操作界面设计也可以适应发展中国家的环境。发展中国家往往中低收入群体较多，缺乏金融知识，但是可以通过一些设计使用户点击一个图标就可以完成金融服务。比如，用户每个星期会收到一个是或否的菜单，是否将两美元存入电子钱包，只需要持续三个月就可以购买一头牛。

第二，科技金融改变了传统的信贷风险管理模式。信用风险一直是银行面临的最主要风险，传统意义上金融机构是采用抵押品、担保等方式管理信用风险，但是小微企业、三农等领域却难以提供相应的担保品，导致小微企业、三农融资难。现在金融企业可以利用用户商业活动形成的大数据进行分析，如销售终端（POS）机上的数据会帮助金融机构利用历史数据，通过统计的方法对借款人进行精细化分析和判断，能够精确地实现对同一类借款人的信用测量及定价。而在传统的信贷风险管理方式中往往是根据历史的小样本信贷数据来计算小微企业贷款的不良率，然后据此确定适当的利率，使得利率能够覆盖成本、风险和合理的利润。在现在大数据时代，尤其是在电商下乡兴起以来产生的大数据，可以更好地模拟消费者的行为，更好地测量不良率和定价，设计出更好的产品。

第三，数字货币的开发和应用有利于更好地精准扶贫。不少国家都在研发数字货币，包括我国。数字货币基于密码学，采用集中分布相对均衡的系统，应用大数据分析，用户身份认证采用前台自愿、后台实名。数字货币是可追踪的，使用数字货币有助于解决贫困地区假币问题。再比如，现在我国政府有大量财政补贴通过各种渠道发放，这些资金是不是真正到农户手里了？按照现在的方式，核实成本非常高，如果使用数字货币，就能够很容易地知道资金有没有真正发放到需要补贴的农民手里。此外，还可以通过数字货币来跟踪农民是如何使用扶贫资金的，从而帮助我们设计出更好的扶贫政策。

二、如何完善科技金融扶贫“软件”

科技金融在中国还是大有可为，目前中国还有 8 亿农民，有 1 500多个金融空白乡镇。正规金融机构不愿意去这些地方，目前设立的村镇银行又未到这些地方，这些地区可以通过科技金融的方式进行覆盖。在中国发展科技金融解决普惠金融有很多硬件优势。从物理条件看，我国手机银行发展的硬件已经成熟，移动电话普及率达到 95%，手机网银规模超过 5 亿户，三大运营商全面采用 4G（第四代移动通信系统）牌照，所以我国采用科技金融扶贫的条件已经具备了。但是在软件方面，当前还需要再完善以下方面。

一是需要有效的监管框架。监管框架对推动科技金融发展，保护消费者利益至关重要。比如，可以允许个人通过移动支付、存款账户赚取利息，允许银行接收图像、文档作为实时了解客户信息的步骤，强制规定识别系统，例如肯尼亚的实践。或者可以建立一个全国性的生物识别数据库，比如印度的有关实践。再比如可以允许初创企业参与金融服务等。这些都可以促进数字金融的发展。

二是在推动科技金融发展过程中要保护好消费者权益。监管者可以要求在进行数据收集的时候，要明确获得客户的授权，要明确规定搜集到的不准确数据要根据客户实际进行调整。同时要有存储客户数据的最小数据管理框架，透明使用用户数据，以维护客户资金安全。这些规定可以为新产品开发和消费者保护营造良好的政策环境。

三是要缩小农民和农村金融机构的“数字鸿沟”。在贫困地区还有一个很大的问题就是金融消费者的教育普及，这也是政府需要推动的事情。只有消除农村金融机构本身存在的“数字鸿沟”，才能更好地推动科技金融助力普惠金融发展。

普惠金融“真”未来

2008年爆发了百年一遇的全球金融危机之后，国际经济社会发展思潮发生了很大变化，从早期美国“占领华尔街”运动，到近年来美欧多国民粹主义、保护主义抬头。其背后深层次的原因是，全球化在带来国家间共同繁荣的同时，在不同阶层间积累越来越多的不平等问题。随着各国国内阶层分化和收入不平等加剧，普惠金融也从早期主要适用于落后国家的专属药方，发展为当前各国都重视的一般性社会经济发展政策，有利于增强经济社会发展包容性，特别是对于促进创业就业、消除社会贫困、推进共享发展、实现公平正义的重要意义，受到国际社会的普遍重视。

中国政府一贯重视普惠金融发展，鉴于共享发展和共同富裕的特殊意义，中国政府多年来通过实施差异化的财政、货币和监管政策，落实扶贫贴息贷款政策，促进农村信用社改革，发展小额信贷机构，引导金融机构设立“三农”金融事业部，普惠金融获得了长足发展并取得了显著成效，“三农”和小微企业金融服务不断改善，相关制度建设和技术创新都积累了不少宝贵经验。

当前和今后一个时期，普惠金融发展面临着新挑战和新机遇。一是从普惠金融肩负的社会发展使命和潜在需求看，仍然任重道远。根据世界银行的估算，2014年全球仍有约20亿成年人无法享受最基础的金融服务。二是随着金融科技在我国率先获得迅猛发展，更多更好的信用信息处理技术和低成本金融服务拓展方式不断涌现，数字技术为普惠金融的传统难题提供了充满潜力的全新解决方案，但也存在不少悬而未解的问题，许多新的问题亟须进行深入的实践归纳和理论总结。

一、我国普惠金融发展取得明显成效

中国政府历来高度重视“三农”、小微企业等薄弱环节的普惠金融服务，专门制订了普惠金融发展五年国家规划。回顾近一时期特别是近五年来的普惠金融发展，中国的基本经验是“政府引导和市场主导”相结合。一方面，政府在加强征信支付等金融基础设施建设的同时，也采取一些激励性政策措施引导普惠金融发展，如中国人民银行综合使用差别存款准备金率、支农支小和扶贫再贷款、再贴现等货币政策工具，财税和监管部门出台一系列财税奖补和差异化监管政策。另一方面，也深知政府支持政策不能包打天下，强调普惠金融要走市场化、可持续发展道路，金融机构等市场主体应该在普惠金融发展中发挥主导作用，近年来通过推动金融机构改革，涉农金融机构在财务可持续和服务广覆盖、深覆盖方面同时取得进展。

经过各方面共同的创新努力，中国普惠金融在账户普及率、储蓄普及率、小额支付和信贷等方面都取得了明显成效。一是多层次广覆盖的普惠金融机构和普惠金融产品体系基本形成。农村信用社改革持续推进，法人稳定在县域的同时，支农支小的效率不断提高；大型金融机构普惠金融工作力度不断加大，“三农”金融事业部在支农支小方面发挥了越来越大的作用；借助电子商务的兴起，银行、保险、支付、财富管理等各类金融机构协同运用互联网、移动通信等新型信息技术，为社会公众提供快捷便民的零售支付、小额存取款、小额信贷和小额保险等金融服务，综合性、场景化金融产品和金融服务不断创新。二是支付结算等基本账户服务基本覆盖全民和全域。世界银行的随机抽样调查显示，中国成年人拥有银行账户的比例已超过79%。截至2016年末，全国共开立个人银行结算账户 83.53 亿户，银行卡在用发卡数量为 61.25 亿张，全国人均持有银行卡 4.47 张。在农村地区，人均持卡量为 2.8 张，助农取款服务点近 100 万个，覆盖行政村超过 50 万个，覆盖率超过 90%，基本实现了“人人有卡、家家有账户、补贴能到户”。网上支付、移动支付规模增长迅速。三是城乡信用体系建设支持融资可得性得以显著提升。全国累计为 1.72 亿农户建立信用档案，帮助近 9 248 万农户获得银行贷款，贷款余额 2.7 万亿元。基于电子商务的快速发展和大数据征信技术的应用，小微企业“融资难、融资贵”的问题也有所改善。

数字普惠金融的发展具有巨大潜力。数字金融涵盖了传统金融的数字化、移动化以及新兴的互联网金融等领域。数字金融在解决普惠金融传统问题，即小额涉农金融服务的高风险、高成本问题过程中具有天然优势。2016 年，G20（二十国集团）杭州峰会正式通过《G20 数字普惠金融高级原则》。《推进普惠金融发展规划（2016—2020 年）》明确提出：“积极引导各类普惠金融服务主体借助互联网等现代信息技术手段，降低金融交易成本，延伸服务半径，拓展普惠金融服务的广度和深度。”近年来中国数字普惠金融的发展成绩有目共睹，从存取款、转账支付等基本金融服务，到贷款融资、保险保障、投资理财等综合金融服务，从小额分散的个体金融服务到相对大额集中的全产业链授信，从前端的信用评估、客户获取到中后端的风险控制管理，数字技术对产品研发、业务模式以及风险控制的渗透正不断深入，应用前景和发展潜力不断拓展：非现金支付方式和数据征信驱动的业务模式，使金融机构能够更准确地识别和管理风险；同时，借助产业链、价值链、商圈、物流等信息系统的支撑，数字普惠金融在极大程度上有效解决了小额涉农贷款中天然存在的高风险、高成本的传统难题，同时在结合线下投资者适当性管理前提下还能够提供保险、衍生品、货币汇兑等组合式服务。

二、我国发展普惠金融面临的新任务和新机遇

共同富裕要求和共享发展理念为普惠金融发展提出了更高要求。2015 年中国共产党十八届五中全会强调了全面实现小康社会的战略目标，明确提出包含共享发展在内的新发展理念。习近平总书记在第五次全国金融工作会议上，再次提出“建设普惠金融体系，加强对小微企业、三农和偏远地区的金融服务”，对普惠金融的发展提出了更高要求。从“三农”发展和扶贫战略要求看，我国还有 8 亿农民，有 1 500 多个金融空白乡镇，在全面脱贫解困的要求下，普惠金融需要填补的空间还很大；从小微企业融资问题看，在传统技术条件和现行金融体制下，我国小微企业融资难、融资贵的问题虽经多年持续的政策努力有所改善，但尚未获得全局性、系统性解决；从社会经济改革发展角度看，随着“三农”不断发展，农民转身为市民可能带来更加多元化的金融服务需求，农民收入提高或一次获得征地补偿款，会产生巨大的储蓄理财服务需求，农业产业化（如龙头企业和生产基地）以及小微企业产业链的形成，都会引发全面综合和更加高效的金融服务需求，农村基础设施的改善和农村土地制度改革，也为普惠金融发展带来新需求和新机遇。

数字金融和移动互联的低成本，以及借助于大数据风险控制的金融服务拓展方式，为传统普惠金融问题的彻底解决提供了前所未有的重大机遇。目前我国已建成全球最大的 4G 网络，中国大部分农村都具备手机 3G/4G 上网的条件，移动电话普及率达到 95%，网民规模达到 7.1 亿，互联网普及率达到 51.7%，超过全球平均水平 3.1 个百分点，超过亚洲平均水平 8.1 个百分点，手机网银规模超过 5 亿户，总体上我国数字金融发展的“硬件”条件优势明显，数字普惠金融已经处于飞跃式发展的起飞阶段，“三农”和小微企业包括“存贷汇”以及理财投资在内的各类金融服务有望获得进一步改善。例如，在支持农业产业结构转型方面，银行借助数字技

术，将产业链上的企业之间的赊销关系转为担保关系，提供了规模更大，手段、产品更为综合，介入程度更深的金融服务。类似的金融服务可以将众多分散的个体农户组织起来，更有效地引入大资本、大生产、大市场、大流通，提升农业产业化水平和农产品供给质量。在工业结构转型升级过程中，依托“互联网 +”模式，金融服务正在融入智能制造，将为消费者提供更具有个性化、技术含量更高的产品和服务。新型城镇化除了在基础设施建设方面存在巨大的融资需求，更多的新市民也迫切需要拓宽理财投资渠道。在这一背景下，借助数字技术和互联网的普及应用，金融机构的获客渠道将大幅拓宽，获客成本将大幅下降，风险控制可能做到实时、精准。当然，金融科技和数字普惠要发挥其最大潜力，光是“硬件”好还不够，还需要有好的“软件”，如创新友好、风控有效的监管制度，这也正是我们需要努力的方面。

三、平衡好创新和监管关系，引导普惠金融规范发展

普惠理念和数字技术都不会改变金融的本质。不管是互联网企业涉足普惠金融业务，还是传统金融利用“互联网 +”扩大服务半径，金融行业传统的信用风险、流动性风险、操作风险等依然存在。并且，引入数字技术背景下，金融风险更具隐蔽性，传播速度更快、传播范围更广更深，增加了金融系统性风险，产生了诸如系统安全、信息泄露、投资欺诈等众多与技术及传播范围有关的风险。从当前看，数字普惠金融为社会经济发展带来更多福利，也带来资本的竞相追逐，但大量普通金融消费者的自我保护能力和意识还比较薄弱，还存在监管空白或薄弱环节，跟不上形势发展的需要，要求普惠金融的推动者、监管者、消费者和提供者倍加关注，引导数字普惠金融健康发展。

一是重视改善数字普惠金融可能带来的“数字鸿沟”问题。普惠金融服务对象主要是弱势群体，由于受教育程度低、收入低、年

龄大，对数字技术的理解能力低、互联网金融应用水平低、承担风险能力弱，需要金融部门加以特别关注。所谓金融“数字鸿沟”的实质，是技术进步给大多数人带来福利的同时，可能使少数弱势群体由于数字技术使用主观能力不足，利益反而受到一定影响。这在历史上屡见不鲜，也是自然规律使然。需要从供给侧推进金融机构改革，鼓励金融机构开发针对弱势群体的互联网金融产品和服务。注重普惠金融发展形式的多样化，线上线下相结合，传统金融、数字金融相结合，不搞千篇一律。同时政府加强普通消费者能力教育。

二是坚决打击披着数字普惠金融外衣的非法金融活动。数字技术是中性的，数字普惠也是中性的，先进技术在促进普惠金融乃至整个金融业发展的同时，也有可能被不法分子利用，诈骗者打着普惠金融的旗号，披着互联网金融的外衣，提供虚假收益的理财产品，消费者以为获取了高息，其实被“收割”了本金。近两年来互联网金融领域已经出现了多起“跑路”事件。地方政府和相关监管部门应采取断然措施，依照《刑法》和有关司法解释有效识别这些伪金融创新，区分创新与犯罪，打早打小打准，依法惩处非法金融活动。要规范数字普惠金融机构的信息披露，严厉打击虚假违法宣传，落实投资者适当性管理，强调“卖者有责”。

三是加强大数据背景下的数据安全和个人隐私保护。当前，全球都面临着技术发展迅速而数据保护不足的问题，个人信息泄露重大案件频发。使数据主体获得尊重和安全感，推动数据市场的有序发展，成为提升金融创新和服务能力的重大课题。要利用数字技术发展普惠金融，首先要能保障数据主体的保密权，以及获取、利用、支配其信息的权利，允许或者不允许他人获悉或者使用自己信息的权利。在中国，立法机构已经明确要求金融机构收集信息应当遵循合法、正当、必要的原则，并承担征得用户同意的义务、明示收集使用规则的义务、保护数据安全的义务。在智能金融快速发展的态势下，还要确保给予或剥夺消费者权益的最终决定由人类而不是机器做出；要强化信息主体的可携带权和被遗忘权，前者指数据主体可以无障碍地以通用的电子格式将其数据从一个服务提供者转移到另一个服务提供者，后者指数据主体有权要求数据控制者删除某些信息，限制数据控制者利用数据进行自动化特征分析。

四是建立负责任的投资者适当性管理的消费者保护制度。针对数字普惠金融服务大量“长尾人群”的特征，要特别注重保护消费者权益，建立负责任的投资者适当性管理和消费者保护制度。不适合普通投资者的金融产品，只有与线下投资者适当性管理结合才能在线上销售。在分业监管背景下，各数字金融业态的归口监管部门，应负责建立各自消费者投诉、受理、处置机制，落实服务标准规范。下一步，还要积极探索综合性的消费者保护机制，建立多元的金融消费纠纷解决机制。动员社会各方力量共同普及数字普惠金融知识，提高公众金融素养，加强风险提示与教育，引导树立“买者自负”的投资理念，构建金融消费者教育的长效机制。

五是加强基础监管制度建设，补齐监管短板。要针对数字金融风险传播速度快、范围广、隐蔽性强等特点，在流动性风险、信用风险、操作风险防范上，加快健全有效的基础监管制度，加强综合监管、协调监管、功能监管。同时加大监管科技创新力度，充分运用大数据技术丰富监管信息，完善监管手段、改善监管方式，努力提升数字金融监管的有效性。

技术的进步和金融的发展，最终目标都是促进社会和谐进步与更加美好。尽管还面临诸多挑战，但在日新月异的技术进步以及全球范围内日益形成共识的公平共享、可持续发展理念引领下，普惠金融发展正面临着前所未有的重大机遇，正逐渐成为缓解收入差距、创造发展机会、促进经济转型升级以及推动社会公平正义的重要力量。我相信，只要我们创新的是“真”金融，数字条件下的金融风险能够“真”管好，普惠金融必有“真”未来。

互联网消费金融乱象与金融价值观

互联网消费金融，指依托互联网技术发展起来的新型消费金融模式，即借助网络进行线上的审核、放款、消费、还款等业务流程。传统消费金融专注于大额信贷产品，且用户大部分为净值较高的人群，而互联网消费金融则是作为传统消费金融的补充存在的。传统金融坚信“二八”法则，即20%的高净值用户可以带来80%的利润，从而忽视了剩余80%的普通客户。而互联网消费金融则抓住了这部分长尾用户，使他们能享受到真正的消费信贷服务。传统金融造成的缺口正是互联网消费金融崛起的主要原因。

但互联网消费金融的本质还是金融，是金融必然存在风险。加上互联网消费金融平台门槛较低，市场繁荣的同时也产生了诸多乱象，定价不准、操作不规范、产品创新失败等屡见不鲜。特别是以现金贷为代表的部分互联网消费金融机构，普遍利用了网络小额贷款公司监管尚不明确的漏洞，开展业务过程中介入灰色地带，“高利贷”“暴力催收”“滥用个人信息”“监管套利”等诸多问题频发，造成了较大负面影响。

一、当前互联网消费金融领域的问题和风险

（一）监管缺失和监管套利为现金贷等提供可乘之机

网络小贷公司是现金贷业务开展依托的主体。在网络小额贷款公司制度规则尚未明确之前，各地已批设网络小贷公司近三百家，

存在较大风险隐患。一是允许小贷公司通过互联网在全国范围内经营，但配套监管手段缺失，风险防控难度加大。互联网金融的本质依然是金融，既具有传统金融行业的风险，又因借助互联网等信息化技术，使得跨行业跨地域活动变得更加便利，同时也使得风险变得更具隐蔽性、传染性、广泛性和突发性。一些从业机构注册地与业务经营地往往不一致，资金端和资产端来源地也不一致，对“属地监管、属地处置”形成挑战。再加上这些非法集资活动往往披着普惠金融的“外衣”，受害对象通常是不具有金融专业知识和识别能力的社会公众，社会影响更为恶劣。二是部分省市已突破小贷公司外源融资不超过实收资本 50% 的规定，小贷公司还通过资产转让、资产证券化等方式进一步加杠杆，但大部分产品未能实现“出表”，实际上仍是小贷公司的负债。如阿里小贷资本金 18 亿元，其资产证券化产品 2016 年发行量 335 亿元，2017 年发行量 1 279 亿元，存量 1 538 亿元，杠杆达 85 倍。此外，还有一些机构无牌经营，涉嫌非法放贷，导致劣币驱逐良币，进一步恶化了行业生态。此外，互联网金融很难区分审慎监管与行为监管，对于守住系统性金融风险底线提出了新的挑战。一些互联网金融机构设立之初是小贷公司，而针对小贷公司主要实施行为监管。但问题是近年来，一些小贷公司借助互联网技术变相吸收公众存款，业务范围迅速覆盖到全国，一旦爆发风险，很可能是系统性的。

（二）持牌金融机构为现金贷提供资金支持

一些持牌金融机构与互联网企业合作，互联网企业以“金融科技”助贷为名，将自己掌握的客户资源推荐给持牌金融机构，由持牌金融机构提供放贷资金，但风险识别、防控和承担责任主体不明确，一旦基础资产违约，不仅容易造成推诿、扯皮情况，而且风险极易传染至持牌金融机构，从信贷市场传染至资本市场和货币市场。

（三）高利息覆盖高风险的经营模式不可持续

为快速扩张业务，现金贷业务风控往往流于形式，用高利率抵补高风险，部分产品的年化借贷利率远超36%的法律红线。高利率又带来用户逆向选择问题，目标客户群体的信用资质不断下降，潜在违约率不断攀升，表面上的低坏账率主要靠做大贷款余额、多头借贷和重复借贷，一旦市场整体增长放缓，风险将迅速放大。

二、互联网消费金融乱象折射的金融价值观扭曲

互联网消费金融领域出现的种种乱象，已经超出了单纯的经济活动本身，更多地与社会价值、职业道德、消费伦理等道德难题交织在一起，而这些道德难题又是影响金融稳定和金融生态的更深层次的原因。

金融活动与金融价值观的辩证关系，长期以来都是理论和实践讨论的重点问题。早在亚当·斯密的《道德情操论》中就已有大量关于价值观念对于国民财富重要影响的论述。习近平总书记在十九大报告中强调，要培育和践行社会主义核心价值观，金融活动也不例外。所有金融活动都必须在社会主义核心价值观的指引下，符合特定的伦理规则和价值准则。一般而言，金融价值观体现在以下几个方面：倡导“种瓜得瓜、种豆得豆”的价值信念，反对不劳而获、过度借贷、超前消费的享乐主义；倡导公开、公平、公正的竞争环境，反对恶性竞争甚至金融欺诈；倡导诚实守信的行为规范，反对弄虚作假；倡导经济价值和社会价值的统一，反对为了经济价值而牺牲社会价值。而当前互联网消费金融领域出现的种种乱象，正是对金融价值观不同程度的扭曲，既是其因，也是其果。

（一）互联网消费金融乱象强化了消费主义的弊端

针对20世纪二三十年代的经济大萧条困境，凯恩斯提出了

“节约悖论”理论，他认为经济危机的主要根源是因消费和投资不足导致的有效需求不足，药方就是鼓励消费和增加投资。随着凯恩斯主义成为当代国家普遍信奉的经济理论，刺激消费的方法被广泛地应用于经济政策的制定中，使得一般意义上的消费被异化，并结合古已有之的享乐主义迅速上升为消费主义，波及所有的现代国家。对商品无止境追求的消费主义实质上是一种拜物主义、占有主义、享乐主义和个人主义。

以现金贷为代表的部分互联网消费金融产品及其相关业务活动，将我国部分领域存在的消费主义倾向暴露甚至诱发。互联网金融协会统计的样本机构数据显示，截至2016年末，互联网消费金融用户年龄在20—30岁（含）的占比为59.4%，30—40岁（含）的占比为21.1%，18—20岁（含）的占比为13.1%，40岁以上的占比为6.4%。这些“80后”“90后”主体客户群实际上收入低、还款能力弱，却又偏好通过借贷实现超前消费，或者寄希望于家长来还钱、甘做“啃老族”。一旦无力偿还债务，只能借东墙补西墙，依靠借新还旧维系资金链。而部分现金贷平台从经营理念到产品设计，例如“复借与逾期户反而更受欢迎”的逻辑等，均在强化上述扭曲。在这样的背景下，取之有道、用之有度的意识被削弱，勤俭节约、适度合理消费的理念被抛弃，积极创造财富、“种瓜得瓜、种豆得豆”的价值观被侵蚀。

（二）金融活动中经济价值和社会价值的辩证统一关系被扭曲

追求经济效益最大化，是市场经济中所有经济主体的首要定位，金融业同样如此。但是，金融业历来就是特许经营行业，存在很大程度的“制度性利差”，而金融业又存在极大的外溢效应，经营失败的恶果或多或少会由全社会来承担。因此，相对于一般行业而言，金融业对社会责任的关注更加突出，追求经济价值和社会价值统一的效用函数更加明显。

而互联网消费金融领域出现了两种极端。一是金融伦理研究中一直批评的“去价值化”倾向。经济人偏好以经济利润最大化追求，成为金融活动的唯一目标，其表现就是当下的时髦说法：“大数据算法没有道德观”。由此所产生的以高利息覆盖高风险、暴力催收、滥用个人信息等乱象，也就不足为奇了。二是滥用道德批判。尤其是在一些普惠金融领域，不顾金融机构和金融行为的财务可持续性，忽视项目评估和风险防范，把金融资源配置到低效甚至无效领域，也在很大程度上导致了财政风险金融化。事实上，2008年由美国次贷危机所引发的全球金融危机，正是举着“居者有其屋”的道德批判大旗，向那些仅有次级信用等级的主体发放贷款，“用别人的钱”把别人置于风险之中。最后的结果证明，这既不公平，也不道德。

（三）部分互联网金融企业职业道德缺乏、诚信缺失

为快速做大业务，一些互联网企业采取欺诈手段诱导客户过度借款，加上高利率、高手续费、高逾期费，借款人往往陷入反复借贷的死循环中。暴力催收现象频发，给借款人造成了严重的身体或精神伤害，社会影响恶劣。采集、使用所谓大数据信息的合法性存疑，公民隐私信息被随意交易。在倒闭的互联网金融平台中，无论是“e租宝”还是“泛亚”，其员工均存在诸多违背职业道德、欺瞒欺诈行为。

三、消费信贷监管的国际经验

消费信贷在国外发展已有多年历史，在发展模式、立法保障、风险管理、审慎监管、行为监管等方面积累了不少有益经验和成功做法，对我国消费信贷监管，包括互联网消费金融的监管都具有一定的借鉴意义。

（一）不断推进和完善消费信贷监管的规则和立法

为适应美国消费信贷市场的快速发展，消费信贷相关领域的立法不断推进，力求促进金融市场规范发展（见表3.1）。美国联邦消费信贷领域的法律主要从信息披露、诚实信贷、禁止歧视、直接保护金融消费者权益等方面对消费信贷进行引导与管理。

表3.1　二战以来美国联邦消费金融领域主要法律一览表

年份	法律名称	对消费金融的影响
1968	《诚实信贷法》	信息披露方面最著名的法律，要求向消费者准确披露贷款条件和成本
1968	《公平住房法》	禁止在住房销售和租赁及与房屋有关的信用交易的任何环节中存在的种族、肤色、宗教信仰、原籍国的歧视
1968	《住房和城镇开发法》	拆分房利美为两部分：新房利美和吉利美，新房利美是政府提供隐性担保的私有股份制公司，吉利美为抵押支持债券（MBS）产品提供政府担保
1970	《公平信贷报告法》	监管消费信用报告机构收集、传播、使用消费者信息行为
1970	《紧急住房融资法案》	创建了第二个政府支持的企业——房地美，扩大住房按揭二级市场规模
1974	《平等信贷机会法》	禁止以性别、婚姻状况、种族、宗教、国籍、年龄原因为借口否决消费者的信贷申请
1974	《公平信贷结账法》	为非担保账户（如信用卡）的账单错误提供救济机制
1974	《房地产过户程序法》	要求清楚披露住房按揭贷款和购买成本；禁止放贷人和服务商之间的回扣
1975	《住房按揭贷款信息披露法》	要求放贷人披露住房按揭数据，帮助公众了解金融机构是否服务于其所在地区的住房信贷需要，识别可能的歧视

续表

年份	法律名称	对消费金融的影响
1976	《消费者租赁法》	确保消费者在订立租赁个人财产合同之前，得到有效及准确的租赁条款披露，帮助消费者比较租赁成本与信贷购买成本，或现金支付的机会成本，限制在租赁期届满时使用期末整付还款
1976	《平等信贷机会法》修正案	禁止信贷机构基于种族、宗教信仰、年龄、国籍的歧视，禁止对公共救济接收者歧视
1977	《公平债务催收法》	禁止滥用、欺骗和不公平的债务催收行为，同时保护声誉良好的债务催收者，免受不公平竞争的侵害，并且鼓励各州采取一致行动，以保护消费者免受催收权滥用的侵害
1977	《社区再投资法》	要求每个联邦金融检查部门应评估相关存款类机构的业务记录，在安全、稳健地开展业务的同时，是否满足了整个社区包括中低收入群体的信贷等金融服务需求
1978	《金融隐私权法》	禁止联邦机构在没有客户授权、行政传唤、司法传唤或搜查令的情况下查阅金融机构客户的财务记录
1978	《电子资金转账法》	明确电子资金转账参与者的权利、义务、职责
1982	《可选择按揭贷款交易平价法案》	规定放贷人发放按揭贷款可采用浮动利率放贷和气球式支付方式
1984	《加强二级抵押贷款市场法案》	确保所有已评级的抵押贷款支持证券对成为可投资标的拓展按揭贷款的资金来源
1986	《税收改革法》	取消了对消费信贷利息的所得税扣减，但保留了按揭贷款的利息扣减
1991	《诚实储蓄法》	帮助消费者通过一致的信息披露，对其在存款类机构的账户管理做出合理决策
1994	《家庭住房权益保护法》	将一些特定的住房抵押贷款归为“高成本”贷款，并要求特定披露，并禁止一些指定的不公平条款
1996	《信用修复机构法》	没有正面规定信用修复该如何进行，而是从反面规定了信用修复机构在活动中禁止实施的行为以及相关消费者保护义务

续表

年份	法律名称	对消费金融的影响
1998	《住房所有者保护法》	减少住房抵押贷款保险中的不公平现象，规定住房抵押贷款保险的自动终止条件，即一般不迟于原贷款期限的一半，且借款人还款正常
1999	《金融服务现代化法案》	规定了金融机构如何处理消费者的非公开个人信息，禁止金融机构向非关联的第三方披露消费者的非公开个人信息
2003	《公正和准确信用交易法》	建立金融扫盲和教育委员会，提升消费者金融教育，打击窃取他人个人信息以使用其银行账户行为
2005	《防止破产滥用及消费者保护法》	规定了更加严格的个人破产条件与破产程序，增设信用辅导与债务人教育程序
2008	《安全和公平执行按揭许可证法案》	要求各州建立按揭贷款发起人的标准和许可条件，以保护消费者利益
2008	《住房和经济恢复法案》	废除了联邦住房金融委员会，成立了联邦住房金融局，监管“两房”并成为联邦住房贷款银行监管者
2009	《信用卡问责、责任和信息披露法》	限制发卡机构随意上调利率、提高费用，规定了信用卡利率下调机制
2010	《多德－弗兰克华尔街改革与消费者保护法》	在美联储内建立金融消费者保护专门机构，将住房抵押贷款利率内容作为认定合格抵押贷款的标准之一，强化住房抵押贷款利率信息披露要求，界定高成本抵押贷款范畴，并对其设定专门的保护措施

此外，美国在税法中还制定了对消费信贷的支持配套政策，即公民可以从个人所得税应税额中提前扣除需要支付的分期付款利息，在一定程度上减轻消费者的还款压力，从而促进当地消费的增长。完善的相关法律为美国消费金融公司的健康有序发展创造了良好的制度环境。

（二）强调行业自律

行业自律在英国金融监管体系中发挥着重要作用。英国的金融公司种类庞杂、彼此之间的主营业务和市场分工不同，因此由不同的行业协会进行自律监管，例如英国银行和消费金融公司都有相应的行业协会。以英国银行行业的《银行业守则》为例，基于自愿原则，各银行和住房抵押贷款互助协会均遵守《银行业守则》。行业协会对成员进行自律性监管，向成员提供法规变更通知服务，充当其成员与客户群、政府部门和其他金融组织联系的桥梁。此外，《银行业守则》还用于指导银行的经营活动，有权公开谴责银行，对于不遵守《银行业守则》的机构，将在行业协会相关年报中将该机构的违规情况进行公布。对于细分的消费金融子领域，如专业提供短期消费者信贷（主要是发薪日小额贷款）的金融公司，也有若干消费金融协会，对行业内消费金融机构进行自律管理。

（三）强化金融消费者保护

国际金融危机爆发后，美国更加重视金融消费者保护，逐渐将审慎监管目标和消费者保护目标分离开来。2008 年 3 月发布的《现代化金融监管架构蓝皮书》提出了监管改革建议，突出消费者保护在金融体系中的地位。2009 年 6 月，美国提出《金融监管改革——新基础：重建金融监管的改革方案》①，明确提出国际金融危机的一个重要原因是对消费者权益保护不力，并提出了改革措施，如加强金融产品和服务的透明性、公开性、简单性和可得性，成立专门保护消费者权益的机构美国金融消费者保护局（CFPB）以加大对投资者的保护力度。

① 此文件的政策建议后被吸收到《多德 – 弗兰克法案》。该法案全称是《多德 – 弗兰克华尔街改革和消费者保护法》，于 2010 年 7 月 21 日由美国时任总统奥巴马签署生效。它是自 20 世纪 30 年代以来美国一项最全面的金融监管改革法案，明确旨在限制系统性风险，为大型金融机构可能遭遇的极端风险提供安全解决方案，将存在风险的非银行机构置于更加严格的审查监管范围下，同时针对衍生产品交易进行改革。

美国金融消费者保护局直接监管的机构包括：资产规模在100亿美金以上的银行、储蓄银行、信用合作社等存款性金融机构；无论规模大小，消费金融领域提供产品和服务的其他非银机构，也都由美国金融消费者保护局监管，主要包括抵押贷款放贷人和服务提供商、发薪日小额贷款人和私人学生贷款人等。美国金融消费者保护局着力加强了对消费金融领域非银机构的规则制定，内容涉及非银机构的债务催收、消费者征信、私人学生贷款、汽车消费贷款和国际汇款等各个方面。

英国于2012年通过了《金融服务法案》，对监管体制进行彻底改革。基于目标监管理念设立监管部门和划分监管权限，撤销了金融服务署（FSA）并将其职能分拆，形成了具有英国特色的双峰监管模式：一是在英格兰银行理事会内部设立金融政策委员会（FPC），负责宏观审慎监管。二是设立了审慎监管局（PRA），作为英格兰银行的附属机构，负责约1 500家存款机构、保险机构和大型投资机构的审慎管理，以提升受监管机构的安全性和稳健性为目标。三是设立金融行为监管局（FCA），一方面承担保护金融消费者的职能，根据法案制定零售和批发市场行为准则及相关规章，[①]对市场行为进行引导，负责逾56 000家金融业零售类和批发类机构的行为监管；另一方面对约18 000家非存款类的中小金融机构进行审慎监管。进一步，金融行为监管局建立从业者委员会和消费者委员会，分别代表金融行业和消费者的利益。具体而言，英国金融消费者保护监管改革的措施主要体现在以下四个方面：一是强化对银行消费者的利益保护，具体体现在对支付、信贷、存款账户以及利率的调整上。银行必须充分披露产品或服务的相关信息，当关键条款发生变化时及时提前通知消费者。二是对消费者利益的保护纳入

① 金融行为监管局既负责零售业务的行为监管（一般意义上的金融消费者保护），也负责批发业务的行为监管（如对操纵伦敦同业拆借利率的处罚）。

金融机构的评价体系，为有效保护消费者权益，监管部门要求零售金融产品以平等对待客户（TCF）为监管导向，平等对待客户于2009年被纳入监管框架下的ARROW评级内容。三是完善事后处置信息披露机制和消费者补偿机制，要求银行、保险机构和养老金等机构完善消费者投诉处理办法；对于半年内投诉次数达到500的企业，要求投诉数、处理数，以及两个月内处理的比例等信息，每两年要进行一次披露；完善银行破产金融服务赔偿计划，简化赔偿程序，一旦银行破产要对存款人全额赔偿。四是强化事后追责并实施合理惩处。对于给多数消费者带来损失的金融产品和服务，消费者有权要求给出赔偿；对于不公平对待消费者的金融机构，将进行惩处或要求关闭；同时加强证券市场上的消费者警示或案件处置力度，防止金融交易中的欺诈行为。

最后，国外与现金贷最具可比性的是美国的发薪日贷款，美国对发薪日贷款的监管值得借鉴。因为这个问题的复杂性，接下来用附录形式介绍。

附录：美国对发薪日贷款的监管

本附录先介绍美国发薪日贷款的概况，再介绍州政府层面对发薪日贷款的监管，最后介绍联邦政府对发薪日贷款的监管。

（一）美国发薪日贷款概况

1. 发薪日贷款简介

在美国开展发薪日贷款业务需要有州政府发放的执照。发薪日贷款机构可以是社区银行、信用合作社和非银行机构等。发薪日贷款属于小额信用贷款，不需要抵押。贷款到期日一般是借款人的下一个发薪日或者其他收入到账日，期限较短，一般是两周，也可以是一周或一个月。发薪日贷款的利息和费用在借款时扣除，到期后一次性偿还本金。[①] 例如，假设某借款人借 100 美元，为期两周，利息和费用为 15 美元，那么该借款人拿到手的是 85 美元，两周后贷款到期时，借款人要还款 100 美元。

发薪日贷款有线上和线下两种模式，目前线下模式占主导，按贷款笔数约占 2/3。在线下模式中，借款人在线下门店申请贷款。[②] 借款人获得贷款后，给发薪日贷款机构预先开好还款所用支票，或者授权发薪日贷款机构从他的存款账户中以电子方式扣款。在线上模式中，借款人在线上申请贷款。在借款人获得贷款后，发薪日贷款机构将钱直接打到借款人的银行账户上；同时，借款人授权发薪日贷款机构从他的银行账户中以电子方式扣款，也可以采取银行转账方式还款。

2. 发薪日贷款引起的争议问题

发薪日贷款在美国学术界和监管界引起了许多争议，主要围绕三个问题。一是发薪日贷款对社会有无价值？很多研究者认可发薪日的快捷性，认为它服务了没有信用卡的人群。但是，发薪日贷款的高利率一直是争议焦点。比如，100 美元本金，14 天借款利息 15 美元，相当于年化利率 391%。有些学者认为高利率是为了覆盖借款人的高风险以及发薪日贷款业务的高成本。尽管年化利率的百分比数值较高，但从利息金额看并不高。也有些学者认为发薪日贷款属于高利贷或掠夺性贷款。

二是发薪日贷款针对的是借款人的临时性支出需求，还是经常性支出需求？如果是前者，发薪日贷款能起到平滑消费、提高借款人福利的作用。如果是后者，发薪日贷款可能使借款人落入“债务陷阱”——长期无法偿还本金，从而背上较重的贷款费用和利息负担。很多实证研究支持“债务陷阱”的存在，这正是目前美国对发

① 这就是所谓的气球贷款，指借款人在贷款期间只支付利息，不偿还本金，直至到期日才一次还清本金。

② 据统计，2014 年全美有两万家发薪日贷款门店，超过了麦当劳或星巴克的门店数。

薪日贷款监管的重点。

三是发薪日贷款是否涉及掠夺性放贷？尽管发薪日贷款的年化利率较高，但是美国各州对利率有着明确监管。很多实证研究指向发薪日贷款在贷款催收过程中存在着不规范行为。

3. 发薪日贷款的基本事实

这一节引用的数据均来自美国金融消费保护局和皮尤慈善信托基金 2012 年以来对发薪日贷款的系列研究。

在美国，大约有 1 200 万人使用发薪日贷款，只占美国人口的很小比例，其中大部分是白人女性，年龄在 25 岁到 44 岁之间。在这些借款人中，74% 的借款人的年收入在 1 万到 4 万美元，属于美国中低收入人群。

在贷款特征方面，单笔贷款平均金额为 392 美元，平均期限为 18. 3 天，每 100 美元贷款的平均费用是 14. 4 美元，平均年化利率是 339% 。每位借款人一年中平均发生 10. 7 笔借款，平均支付利息和费用 574 美元。尽管只有大约 1/3（按贷款笔数）的发薪日贷款发生在线上，但业界普遍认为线上模式将在规模上超过线下模式。线上发薪日贷款的利率和违约率都高于线下模式。

实证研究支持了“债务陷阱”的存在。16% 的借款人第一次找发薪日贷款是针对临时性支出需求。69% 的借款人是针对经常性支出需求，包括房租、日用品等。58% 的借款人在超过一半的时间内难以应付月度支出。只有 14% 的借款人能从月度预算中省出 400 美元来偿还借款。51% 的借款人需要现金缓冲来偿还借款，比如从亲朋处借款、出售或典当个人物品以及寻求新贷款等。80% 的借款被展期，或在其偿还后 14 天内发生续借，从而形成“贷款序列”。其中，22% 的“贷款序列”长度超过 7 个，15% 的“贷款序列”长度超过 10 个。在“贷款序列”上，贷款本金很少下降。每位借款人一年中平均有 196 天处于负债状态。81% 的借款人表示，如果没有发薪日贷款，他们倾向于削减开支。

线上发薪日贷款的问题更为突出。1/3 的线上发薪日贷款在到期日，会在不降低本金的情况下被自动续期。30% 的线上借款人受到了贷款机构或贷款催收机构的威胁。威胁内容包括告知借款人的家属、朋友、雇主或者被警方逮捕。很多威胁违背了联邦政府关于贷款催收的法律。相比而言，线下借款人被威胁的比例要低得多。39% 的线上借款人的个人或财务信息在其不知情的情况下被售卖给第三方。32% 的线上借款人的银行账户在未经授权的情况下被扣款。22% 的线上借款人的银行账户因为线上发薪日贷款被银行关闭。跨州经营也是一个普遍问题，即未获得州执照而向该州居民发放线上发薪日贷款。

（二）美国州政府对发薪日贷款的监管

考夫曼（Kaufman，2013）梳理了美国 26 个州政府对发薪日贷款的监管（见附表 1）。

一是对贷款利率的限制，一般用利息金额上限表示。大部分州政府对每 300 美元的贷款利息上限设置在 50 美元左右，也有少数州政府对此没有任何限制。

二是对单笔贷款本金的限制。最严格的州政府对单笔贷款本金上限设置为 255 美元，大部分州政府将其设置在 500 美元左右，还有些州政府将单笔贷款本金上限与借款人月收入挂钩。

附表 1　美国州政府对发薪日贷款监管细则

州	每 300 美元借款的利息上限（美元）	贷款本金上限（美元）	最短期限（天）	最长期限（天）	最多同时借款笔数	在同一机构最多同时借款笔数	最多展期次数	冷静期（天）	是否可延期
亚拉巴马州	52.5	500	10	31	1	1	1	1	是

续表

州	每300美元借款的利息上限（美元）	贷款本金上限（美元）	最短期限（天）	最长期限（天）	最多同时借款笔数	在同一机构最多同时借款笔数	最多展期次数	冷静期（天）	是否可延期
加利福尼亚州	52.94	255	0	31	无	1	0	0	是
特拉华州	无	500	0	59	无	无	4	0	否
佛罗里达州	35	500	7	31	1	1	0	1	是
艾奥瓦州	38.75	445	0	31	无	2	0	1	是
爱达荷州	无	1000	0	无	无	无	3	0	否
印第安纳州	44	550	14	无	1	1	0	7	是
堪萨斯州	45	500	7	30	无	2	0	0	否
肯塔基州	53.94	500	14	60	1	1	0	0	否
路易斯安那州	50	350	0	30	无	无	N. A.	0	否
密歇根州	42.45	600	0	31	2	1	0	0	是
密苏里州	无	500	14	31	无	2	6次，如果部分偿还本金	0	否
密西西比州	65.85	414	28	30	无	无	0	0	否
内布拉斯加州	52.9	425	0	34	无	2	0	0	否
内华达州	无	625	0	35	无	1	5	0	是

续表

州	每300美元借款的利息上限（美元）	贷款本金上限（美元）	最短期限（天）	最长期限（天）	最多同时借款笔数	在同一机构最多同时借款笔数	最多展期次数	冷静期（天）	是否可延期
俄亥俄州	28.53	无	0	无	无	无	无	0	否
俄克拉荷马州	45.46	500	12	45	2	2	0	2	是
罗得岛州	30	500	13	无	无	3	1	0	否
南卡罗来纳州	45.4	550	0	31	1	1	0	1	是
南达科他州	无	500	0	无	无	无	4次，如果部分偿还本金	0	否
田内西州	52.94	425	0	31	无	1	0	0	否
犹他州	无	无	0	无	无	无	5	0	是
弗吉尼亚州	73.52	500	2	无	1	1	0	1	是
华盛顿州	45	700	1	45	无	无	0	N. A.	是
威斯康辛州	无	875	0	无	1	1	1	1	是
怀俄明州	30	无	0	31	无	无	0	0	否

三是对借款期限的限制，既限制借款的最短期限以防止借款人频繁借款，也限制借款的最长期限以防止过高的利息负担。因为发薪日贷款的年化利率很高，贷款期限一般限定在60天以内。

四是对同时借款的笔数的限制。有些州政府限定了给定时点上借款人从所有发薪日贷款机构借款的数量，有些州政府则限定给定时点上借款人从同一发薪日贷款机构借款的数量。

五是对贷款展期次数的限制。如果贷款到期后借款人不能偿还，有些州政府对可展期次数有限制，还有些州政府完全不接受展期。

六是设置冷静期。冷静期可能被一年中发生的总借款笔数或连续借款次数触发。在冷静期内，借款人不能申请借款，贷款机构也不能给处在冷静期的借款人发放贷款。不同的州政府设置的冷静期不同，一般来说，冷静期在 1～10 天。

七是要求提供延期选项。很多州政府要求在一些情况下（比如贷款展期达到一定次数），发薪日贷款机构应允许贷款延期、分期还款，而非坚持贷款到期后一次性偿清。这样能缓解借款人的还款压力。

（三）美国联邦政府对发薪日贷款的监管

在美国联邦政府层面，金融消费者保护局从 2013 年开始介入发薪日贷款的监管，依据是《多德－弗兰克法案》的如下条款：一是 1024 条款，“监管某些非银行的金融服务提供商”；二是 1031 条款，“识别并防止不公平、欺诈性和不当的行为”；三是 1032 条款，“对某些消费金融产品或服务的成本、收益和风险的披露要求”。

美国金融消费者保护局对发薪日贷款的监管历程如下：2013 年 4 月，发布报告《发薪日贷款和存款预支产品》；2014 年 3 月，发布报告《发薪日贷款有关数据》；2015 年 3 月，发布对发薪日贷款的监管建议，关注如何终止“债务陷阱”；2016 年 4 月，发布报告《在线发薪日贷款支付》；2016 年 9 月，发布对发薪日贷款的监管规则的征求意见稿；2017 年 10 月，发布最终监管规则，该规则将在发布 21 个月后（即 2019 年 7 月）生效。

接下来主要介绍美国金融消费者保护局 2016 年征求意见稿和 2017 年最终规则的核心条款。2016 年征求意见稿中对短期贷款和长期贷款都提出了与“债务陷阱”有关的“防范要求”和“保护要求”，有三个核心条款（附表2）。

一是明确要求贷款机构评估借款人能否在不违约或者续借的条件下还款。对每笔贷款，贷款机构应核实借款人的收入、主要财务义务、借款历史等，以评估借款人在满足主要财务义务和生活支出后是否有余钱还款。

二是明确限制贷款展期或续借次数。对一般借款人，贷款展期次数一般不超过两次。在借款者申请再次融资或续借时，如果是短期贷款，借款人应提供相关的证明材料证明自己的财务状况能够负担借款。如果是长期借款，贷款机构应评估其能否还款。如果借款人还款有困难，除非有材料证明借款人的财务状况足够改善，贷款机构不得以类似条款提供再融资。

三是保护借款人基本的银行账户。如果贷款机构要从借款人银行账户里扣款需要提前通知借款人，如果连续两次扣款不成功，借款人账户里边的钱不足以还款时，贷款机构不得再尝试扣款，以保护借款人的账户。

附表2　美国金融消费者保护局2016年征求意见稿的核心条款

	“债务陷阱”防范要求	“债务陷阱”保护要求
短期贷款（期限 <45 天）	•要求贷款机构评估借款人能否在不违约或者续借的条件下还款 •对每笔贷款，贷款机构应核实借款人的收入、主要财务义务、借款历史等以评估借款人在满足主要财务义务和生活支出后是否有余钱来还款 •借款人遵守60天“冷静期” •借款人如果在两个月发生第2笔或第3笔借款，贷款机构要有材料证明借款人的财务状况足够改善 •在借款人发生3笔借款后，所有贷款机构在60天内均不得给他发放新贷款	•在一年内，贷款机构不得让借款人处于负债状态超过90天 •贷款只能展期2～3次，之后是60天的“冷静期”，并且发放第2笔和第3笔贷款的前提是贷款机构为借款人提供其可承担的还款方案

续表

	"债务陷阱"防范要求	"债务陷阱"保护要求
长期贷款（期限 >45 天）	•（前两点要求同上） •在借款人每次申请再融资或续借时，贷款机构应评估其能否还款 •如果借款人还款有困难，贷款机构不得在有材料证明借款人的财务状况足够改善的情况下，以类似条款提供再融资	•要求贷款期限在 45 ~ 60 天 •此外，要么要求贷款利率低于 28%、申请费低于 20 美元，要么要求每月还款金额低于借款人月收入的 5%

美国金融消费者保护局 2017 年最终监管规则相对 2016 年征求意见稿有所缓和。首先，在坚持发薪日贷款机构评估借款人还款能力的原则下，引入了"完全偿付能力测试""特定短期贷款的本金偿还选项""低风险贷款选项"三个不同的等级。其中，"完全偿付能力测试"要求贷款机构应评估在贷款存续期间或者还款高峰后 30 天内，借款人能否在满足主要财务义务和生活支出后有余钱还钱。此外，连续的短期贷款不得超过三笔，并且贷款机构在第三笔贷款后要遵守的"冷静期"由之前的 60 天变为 30 天。"特定短期贷款的本金偿还选项"规定，如果贷款机构允许借款人逐步偿还本金，那么借款人可以在不接受"完全偿付能力测试"的情况下申请不超过 500 美元的短期贷款。"低风险贷款选项"规定如果贷款机构一年内发放的短期或"气球贷款"不超过 2 500 笔并且该类贷款产生的收入占比低于 10%，那么可以不受"完全偿付能力测试"或"特定短期贷款的本金偿还选项"的限制。

其次，贷款机构要使用在美国金融消费者保护局注册的信用报告系统来获取在"完全偿付能力测试"和"特定短期贷款的本金偿还选项"下发生的贷款信息。这些"信用报告系统"相当于贷款登记系统，实际上起到了征信作用。

最后，保护借款人基本的银行账户。这一点与 2016 年征求意见稿的表述是相同的。

第四篇

区块链：金融科技的核心议题

区块链是金融科技中最复杂也最具争议的问题之一。要全面理解金融科技，必须深入理解区块链。

尽管区块链在技术上有多种形式且仍在不断进化之中，但区块链在经济学上都可以归纳为“Token 范式”。Token 是区块链内定义的状态变量，具有若干类似现金但又超越现金的特征。区块链内 Token 交易无须依靠受信任的第三方机构，但区块链内这种去信任环境不能延伸到区块链外。智能合约是运行在区块链内、主要对 Token 进行复杂操作的计算机代码。但目前区块链内有限的运行环境，使得这类代码远没达到智能阶段。共识算法针对与 Token 的状态和交易等有关的信息，并保证了这类信息的真实准确。但区块链内与 Token 的状态或交易等无关的信息基本不属于共识的范围。特别是，区块链外信息写入区块链内，只意味着这些信息全网公开且不可篡改，并不能提升这些信息在源头的真实准确性。

根据是否以及如何使用 Token 为标准，区块链应用可以分成两类。第一类不用 Token，发挥区块链作为信息互联网的功能，用共享账本来记录商品、药品、食品和资金等的流向，让上下游、不同环节相互校验，穿透信息“孤岛”，让全流程可管理。第二类使用 Token 进行产权或风险的转移，发挥区块链作为价值互联网的功能。但区块链本身不创造价值，价值来自现实世界资产，并通过经济机制与区块链挂钩。以经济挂钩机制的不同为标准，这类应用可以细分为三种：一是区块链作为金融基础设施，承载现实世界的资产及其交易，包括央行数字货币、稳定币以及金融交易后处理等。二是加密货币或加密资产，有支付型、功能型和证券型之分。这种应用面临很多监管上的争议和挑战。三是基于央行数字货币的可编程性构造金融资产。

区块链应用于金融领域，既可以是信息互联网方向，也可以是价值互联网方向，但主要是后者，也就是区块链作为金融基础设施承载资金、证券及相关交易，这既涉及货币和支付场景，也涉及金融交易场景。金融基础设施有两种范式，一种是目前占主导地位的账户范式，另一种是区块链 Token 范式。两种范式在应用场景中出现了复杂的既相互替代又相互补充的关系。

资金和证券 Token 化在经济学上并不复杂，离不开中心化受信任机构，并须遵循三个规则：1∶1 发行规则、1∶1 双向兑换规则和可信规则。但法律问题复杂得多，包括 Token 持有者的法律权利，以及 Token 持有者、Token 发行者与 Token 的储备资产之间的关系。

区块链有望显著改变证券托管、交易和清结算体系，为证券市场带来革命性影响。全球主要证券交易所均在积极探索区块链应用。特别是，在证券的间接持有模式中引入区块链，有助于缩短托管链条，降低对中介机构的依赖，简化对账工作量，从而缩短结算流程并提高结算效率。但也需要看到，对账户范式下的金融交易后处理，已有长期探索和研究，建立了一系列风险缓释和管理机制，而 Token 化证券的法律基础仍有待研究。

尽管区块链应用场景广阔，但技术不是万能的，区块链也不例外。比如，区块链能缓解信息不对称和创造信任，但这离不开特定场景和前提，只用技术来替代制度和信任是非常困难的。应该根据场景需要，评估是否用以及如何用区块链，而非"拿着锤子找钉子"或"削足适履"。但也要看到，我国的一些国情提供了实践区块链的机会，比如中国人民银行的数字票据交易平台有助于缓解我国票据市场分散化的问题。数据票据交易平台试验还说明，证券 Token 化后，必须配合资金 Token 化，才能发挥区块链在金融交易后处理中的潜力。因此，区块链应用于金融交易后处理，央行数字货币是一个不能回避的问题。

区块链的能与不能

区块链最早作为比特币的底层技术由中本聪（Nakamoto，2008）提出。但比特币的脚本语言缺乏图灵完备性,[①] 使用的 UTXO（未花费交易输出）模型难以支持复杂的状态操作。为此，布特林（Buterin，2013）提出了以太坊。以太坊是一个基于余额模型的区块链系统，脚本语言具有图灵完备性，目标是实现萨博（Szabo，1994）提出的智能合约并支持分布式应用（DApp）。随着 2014 年美国 R3 公司创立和 2015 年 Linux 基金会发起超级账本（Hyperledger）项目，区块链受到了越来越多主流机构的重视。比如，高盛公司（Goldman Sachs，2016）讨论了区块链在共享经济、智能电网、房地产保险、股票市场、回购市场、杠杆贷款交易以及反洗钱和“了解你的客户”中的应用。中国区块链技术和产业发展论坛 2016 年 10 月发布的《中国区块链技术和应用发展白皮书（2016）》讨论了区块链在金融服务、供应链管理、文化娱乐、智能制造、社会公益和教育就业等领域的应用场景。

2009 年 1 月，比特币网络上线标志着区块链应用落地。时至今日 11 年时间里，区块链的大规模应用仍局限于加密货币发行和交易。截至 2020 年 7 月 10 日，CoinMarketCap 网站统计了全球范围内的 5 709 个加密货币和 22 839 个加密货币交易所，全体加密货币的

① 图灵完备性指一系列操作数据的规则（如指令集、编程语言、细胞自动机）可以用来模拟图灵机，详见 https：//en. wikipedia. org/wiki/Turing_completeness。

市值约 2 707 亿美元（其中比特币市值占比为 63%），过去 24 小时交易量约 596 亿美元；DappRadar 网站统计了以以太坊为代表的主流公有链上的 3 415 个分布式应用，发现只有 20 个分布式应用的 24 小时活跃用户数超过 1 000 人，而且比较活跃的分布式应用集中在游戏、博彩和加密资产交易等与实体经济关系不大的领域。普华永道会计师事务所 2018 年 8 月对 15 个国家的 600 名公司高管的调查发现，有 84% 的公司对区块链感兴趣，但 52% 的公司的区块链项目处于研发状态，10% 的公司有区块链试点项目，只有 15% 的公司有正在运行的区块链项目。①

区块链没能大规模应用的一个重要原因是物理性能不高（特别对公有链）。比如，比特币每秒钟最多支持 6 笔交易，而贝宝（Paypal）平均每秒钟能支持 193 笔交易，维萨（Visa）平均每秒钟能支持 1 667 笔交易。② 很多从业者和研究者讨论如何提高区块链的物理性能，方案包括中继网络、分片、增加区块大小、隔离见证、有向无环图结构、跨链、侧链、状态通道（以比特币闪电网络为代表）以及压缩交易信息的技术（比如 Mimblewimble）等。袁煜明和刘洋（2018）对这些方向做了全面介绍。提高区块链物理性能的另一个重要方向是改进共识算法，特别是从工作量证明（PoW）转向权益证明（PoS）。袁勇等（2018）综述了常见的区块链共识算法。在一些应用场景中使用联盟链或私有链而非公有链，也是绕开区块链物理性能瓶颈的重要方面。

我们从经济学角度研究了区块链的功能。首先，在给出区块链技术的经济学解释的基础上，归纳出目前主流区块链系统采取的"Token 范式"，厘清与区块链有关的共识和去信任这两个基础概

---

① https：//www. pwc. com/gx/en/issues/blockchain/blockchain – in – business. html.

② http：//www. altcointoday. com/bitcoin – ethereum – vs – visa – paypal – transactions – per – second/.

念，并梳理智能合约的功能。其次，根据对区块链内 Token 的使用情况，梳理了目前区块链的主要应用方向——作为信息互联网的应用和作为价值互联网的应用，再讨论区块链的治理功能以及区块链系统的性能和安全性等问题。即使将来区块链的物理性能瓶颈得以缓解，我们研究的经济学问题仍将存在。

一、区块链的经济学解释

区块链涉及计算机技术和经济学。本部分给出区块链的经济学解释（相当于用经济学语言“翻译”区块链技术），辨析在与区块链有关的共识、去信任和智能合约等方面的常见误解。

（一）区块链的 Token 范式

目前的主流区块链系统，不管采取以比特币为代表的 UTXO 模型，还是以以太坊为代表的余额模型，[①] 不管脚本语言是否具有图灵完备性或是否支持智能合约，都具有三个关键特征，可以归纳为 Token 范式。

第一，共识算法针对区块链内的 Token。Token 本质上是区块链内定义的状态变量，Token 可以在区块链内不同地址之间转让，转让过程中 Token 总量不变（也就是在转出地址减少一个 Token 的同时，转入地址增加一个 Token）。有些区块链系统限定了 Token 总量上限，比特币属于这种情况。

Token 在区块链内不同地址之间转让时，Token 的状态（指区块链内各地址内有多少 Token）更新和交易确认同步发生。比如，爱丽丝向鲍勃转了一笔比特币，这笔比特币交易被记入区块链的同时（也就是交易被打包进某一区块并接入区块链），爱丽丝和

---

① 以太坊尽管把自己称为余额模型，本质上仍属于 Token 范式，与下文将讨论的以银行存款账户为代表的账户范式有很大差异。

鲍勃对应公钥的 UTXO（可以理解为比特币区块链内的资金余额）同时更新。因此，Token 被交易时，交易即结算，不会形成结算风险。[①]

第二，Token 与智能合约之间有密不可分的联系。Token 本身是智能合约的体现。比如，以以太坊 ERC20 为代表的 Token 合约规定 Token 的总量、发行规则、转让规则和销毁规则等一系列逻辑。Token 合约管理着一系列状态，记录哪些地址有多少 Token 等账本信息。在 Token 合约的基础上，可以构建对 Token 执行复杂操作的智能合约。这些智能合约执行的结果主要是，Token 的状态发生变更。本部分第三小节将分析智能合约的功能。

第三，按照是否与 Token 的状态和交易有关，区块链内的信息分成两类——有关系的和没有关系的，这两类信息在共识算法下有完全不一样的地位。节点在运行共识算法时，重点检验第一类信息是否符合预先定义的算法规则。比如，比特币节点会检验随机数（Nonce）是“挖矿”问题的解，[②] 以及区块链中的交易在数据结构、语法规范性、输入输出和数字签名等方面符合预先定义的标准。

对与 Token 及其交易无关的信息（比如比特币创世区块中的“The Times 03/Jan/2009 Chancellor on brink of second bailout for banks”），[③] 验证节点作为机器，不会也没有能力检验这类信息的真实准确性。机器没有语义分析能力，这在信息科学领域有很深渊

---

① 但区块链不一定能做到实时结算：一笔交易从被发布在分布式网络上，到被打包进一个区块并接入区块链，需要时间；公有链的分叉问题会延迟区块链内交易的确认时间，比如一笔比特币交易需要连续得到 6 个区块的确认；因为分叉问题，很多公有链（比如比特币）只能在概率意义上确保结算的最终性。

② 哈希函数（上一区块后所有交易 + 前一区块哈希值 + Nonce） < 特定的数值。寻找符合这个条件的 Nonce 是非常困难的，但验证给定 Nonce 是否符合这个条件则要容易得多。

③ 这是 2009 年 1 月 3 日《泰晤士报》的头版文章标题，据信由中本聪写入区块。

源。1948 年，香农在《通信的数学原理》提出信息论的基本论点之一形式化假说——通信的任务只是在接收端把发送端发出的消息从形式上复制出来，消息的语义、语用是接收者自己的事，与传送消息的通信系统无关。形式化假说对区块链也适用。区块链只是保证了，第二类信息一旦写入区块链，就全网可见、不可篡改。而且不管分布式账本如何传播和存储，信息复制中都不会出现差错。但信息本身的真实准确性，是一个与区块链无关的问题。

区分这两类信息是理解区块链共识范围的关键。区块链共识针对与 Token 的状态和交易等有关的信息。比如，比特币共识决定了截至某一区块，各地址对应的 UTXO 数量以及地址之间转让比特币的记录。而区块链内与 Token 的状态或交易等无关的信息基本不属于共识的范围。特别是，区块链外信息写入区块链内的机制，一般被称为预言机。如果区块链外信息在源头和写入环节不能保证真实准确，写入区块链内只意味着信息不可篡改，没有提升信息的真实准确性。

（二）区块链内的共识和去信任

共识和去信任是区块链两个非常重要的基础概念。这两个概念脱胎于计算机领域，很难在经济学上予以严格定义，却很容易被误解。比如，将共识等同于消除了信息不对称或实现了共同信念，将去信任等同于没有信用风险。

1. 共识的界定

目前对区块链共识的讨论，涉及三种不同语境下的共识概念——机器共识、治理共识和市场共识，其中治理共识和市场共识可以称为“人的共识”。很多误解就源于混淆了这三类共识，或者泛化了共识的范围和性质。

第一，机器共识。机器共识属于分布式计算领域的问题，目标是在存在各种差错、恶意攻击以及可能不同步的分布式网络中，并且在没有中央协调的情况下，确保分布式账本在不同网络节点上的备份文本是一致的（不是语义一致）。

分布式网络的节点（特别是负责生成和验证区块的节点）有诚实节点和恶意节点之分。诚实节点遵守预先定义的算法规则（主要是共识算法），能完美地发送和接收消息，但其行为完全是机械性的。恶意用户可以任意偏离算法规则。在一定限制条件下（比如比特币要求50%以上算力由诚实节点掌握），算法规则保证了机器共识的可行性、稳定性和安全性。机器共识的范围限于区块链内与Token的状态和交易等有关的信息。

第二，治理共识，指在群体治理中，群体成员发展并同意某一个对群体最有利的决策。比如，比特币社区关于“扩容”和分叉的讨论可以在治理共识框架下理解。治理共识的要素包括：不同的利益群体；一定治理结构和议事规则；相互冲突的利益或意见之间的调和折中；对成员有普遍约束的群体决策。袁勇等人（2018）指出，治理共识涉及人的主观价值判断，处理的是主观的多值共识，治理共识的参与者通过群体间协调和协作过程收敛到唯一意见，而此过程如果不收敛，就意味着治理共识失败。

治理共识失败经常体现为加密货币分叉（Fork）。2016年4—5月，以太坊上的The DAO融资项目被攻击后，The DAO融资项目的组织者选择放弃这个项目，由此造成以太坊区块链的第一次分叉。按照原先设想，分叉后形成的两条区块链中，只有一条才代表以太坊社区的共识，另外一条应该被废弃掉，但部分以太坊支持者继续使用后一条链，这就产生了“以太坊经典”。2017年8月，比特币分叉出了比特币现金。此后，各种分叉币层出不穷。分叉币通常有一个数量上限，一部分由创始人“预挖”，一部分赠予原有币的持有人，还有一部分会留起来用于分叉币的社区发展，这相当于分叉币的一级市场。在二级市场上，分叉币独立于原有币进行交易。

第三，市场共识。Token参与交易时（不管是不同Token之间交易，还是 Token 与区块链外资产或权利交易），就涉及市场共识。市场共识体现在市场交易形成的均衡价格中。

三类共识之间存在紧密而复杂的关系。机器共识是分布式网络的节点运行算法规则的产物，治理共识反映由人（包括网络节点的拥有者或控制者）来制定或修改算法规则的过程。市场共识受机器共识和治理共识的影响。比如，如果分布式账本的安全性没有保障（即机器共识失效），比特币的市场价格将受到毁灭性冲击。再比如，2017 年比特币社区对基于纽约共识的比特币升级方案“SegWit2x”的讨论（即引入隔离见证并将单个区块的大小从 1M 提升到 2M），对当时比特币价格走势有明显的影响，体现了治理共识对算法共识的影响。下文如无特别说明，讨论的均是机器共识。

2. 去信任含义的辨析

去信任源于 Token 被交易时，Token 的状态变更和交易确认同步发生这一安排。设想爱丽丝以比特币向鲍勃买入某一货物。爱丽丝向鲍勃支付比特币这一过程无须两人之间有任何了解，也无须受信任的第三方机构，就可以在区块链内有保障地进行。这是去信任的真正含义。但在交易的另一端，爱丽丝如何确保鲍勃会按时向她交付合格的货物？只要做不到一手交比特币、一手交货，就存在不容忽视的交易对手信用风险。只有准确识别、评估信用风险并引入风险防范措施，很多交易才能进行。比如，在暗网交易中，交易平台通常设立第三方托管账户。买方先将比特币打入第三方托管账户，等收到商品并确认后，才通知交易平台将比特币转给卖方。如果没有第三方托管账目这个增信手段，比特币忠实拥趸之间的交易也会大幅减少。

因此，区块链内的去信任环境，不能简单外推到区块链外。一旦脱离 Token 交易等场景，区块链要解决现实中的信任问题，往往需要引入区块链外的可信中心机制予以辅助。

（三）智能合约的功能

智能合约是运行在区块链内、主要对 Token 进行复杂操作的计算机代码。目前区块链内有限的运行环境，使得这类代码远没有达到智能阶段。甚至可以说，目前的智能合约，既不智能，也不是合约。这一小节针对“在一定触发条件下从 A 地址往 B 地址转 X 数量的 Token”这一基本操作总结智能合约的功能。

第一，产权层面的功能。地址中的 Token 具有产权含义。比如，如果 A 地址属于发行地址，那就对应着 Token 的产生；如果 B 地址属于销毁地址（即类似 0x0000..0000 的不对应着私钥的特殊地址），那就对应着 Token 的销毁；两个地址之间的 Token 转移，就对应着产权变更。

第二，流程层面的功能。一笔 Token 转让要有效，转让发起者必须拥有对 A 地址中 X 数量的 Token 的操作权限，并且智能合约的触发条件被满足。发起者将转让信息传播到分布式网络后，其他节点验证以下问题：发起者是否拥有 A 地址的操作权限、智能合约触发条件是否被满足以及 A 地址中的 Token 数量是否超过 X。其中，对 A 地址的操作权限体现为相关签名操作，触发条件取决于区块链内外信息（其中区块链外信息需先写入区块链内），转让数量 X 既可以由人工来决定，也可以由公式来决定，从而实现比较复杂的支付条件。智能合约的执行只有“成功”“失败”两种情形，不存在中间情形。特别是，如果转让发起者不能确保 A 地址中的 Token 数量超过 X，智能合约的执行就会失败。

第三，经济社会层面的功能。投票，往某一地址转 Token 可以理解为投票；抵押，先将一定数量的 Token 转给某一智能合约，约定在未来时点并满足一定条件时，Token 可被返还；冻结和解冻，冻结是将一定数量的 Token 用时间锁锁定，从而暂时放弃 Token 的流动性，到期才解冻。基于投票、抵押以及冻结和解冻等基础功能，智能合约可以支持比较复杂的治理功能。

然而，智能合约的功能短板不容忽视。第一，在智能合约的触发条件取决于区块链外信息时，这些信息需先写入区块链内，但至今没有普遍适用的去中心化预言机方案。目前讨论得比较多的预言机有两类。一是依赖某一中心化信息源（比如彭博、路透），但这与区块链的去中心化宗旨背道而驰。二是将区块链外信息离散化后用经济激励和投票写入区块链。这类机制依靠群体智慧，根据投票结果奖惩投票人，投票越接近全体投票的平均值、中位数或其他样本统计量的投票人越有可能得到奖励，反之就越有可能被惩罚，以此来激励投票人认真投票。隐含假设是，参与投票的群体在投票时不存在系统性偏差。但这一假设在现实中不一定成立。

第二，智能合约难以保证区块链内债务履约。考虑某一债务合约：某一时点从 A 地址往 B 地址转 X 数量的 Token，一段时间后从 B 地址往 A 地址转 Y 数量的 Token（一般 $Y>X$）。在后一时点，智能合约没法保障 B 地址的 Token 数量超过 Y，这样债务就无法履约。因此，只靠智能合约没法消除信用风险。这是根据智能合约构建区块链内贷款、债券和衍生品等面临的共同问题。一个解决方法是对还款地址设置超额抵押，但超额抵押会造成 Token 资源的闲置和浪费。对衍生品，因为其风险敞口可能大幅变动，更难事先确定超额抵押的规模。

第三，智能合约难以处理不完全契约。人是有限理性的，不可能预见到未来所有可能的情况，即便预见到也没法写进契约里，因此契约注定是不完全的。这就是现实中，法律合同存在例外情形以及发生争端时需要司法仲裁的原因。智能合约作为计算机协议，很难处理不完全契约。

图 4.1 概括了以上对 Token 范式的讨论。其中，Token、智能合约和共识算法都处于共识边界内，Token 与智能合约之间有密不可分的联系，共识算法确保了共识边界内的去信任环境。我们说区块

链是“信任建立在数学上”，就是指这个去信任环境本质上是由数学规则造就的。区块链内与 Token 的状态或交易等无关的信息处于共识边界以外、区块链边界以内。区块链内外存在两类交互：一是区块链外信息写入区块链内（即预言机）；二是 Token 与区块链外的资产或权利之间的相互交易或相互对应（区块链作为金融基础设施是后者的代表）。

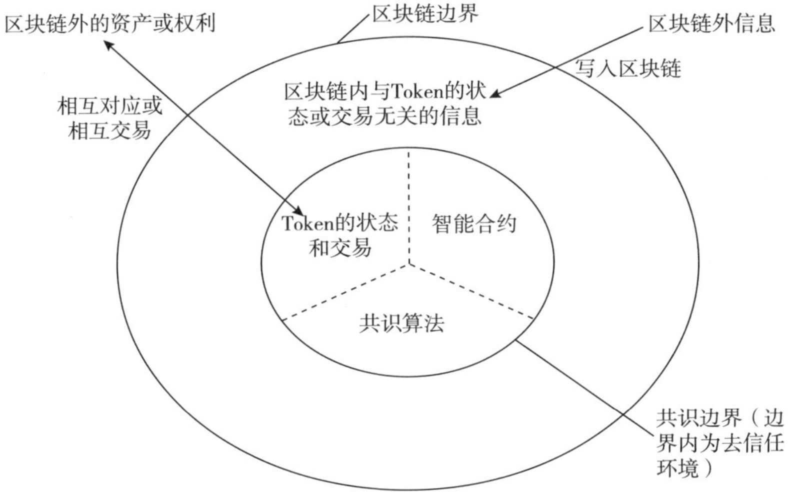

图 4.1　Token 范式概括

二、区块链主要应用方向

（一）区块链应用分类

区块链应用一般按照应用场景所属行业进行分类，比如可参见高盛公司（2016）。我们根据区块链应用对 Token 的使用情况提出一个新的分类方法（表 4.1），并讨论这些应用涉及的经济学问题。

表 4.1 区块链的主要应用方向

应用方向		代表性应用	应用逻辑
不涉及 Token（即无币区块链）		区块链用于供应链管理、防伪溯源、数据共享、社会诚信、贸易管理和金融信息披露等	发挥区块链的共享账本功能，但区块链不直接涉及区块链外的资产或产权转移
Token 代表区块链外的资产或权利		央行数字货币、稳定币和 Token 化证券等	改进这些资产或权利的登记和交易流程
涉及公开发行交易的 Token	以 Token 作为计价单位或储备资产的经济活动	比特币期货、比特币 ETF	依赖区块链外的法律框架
	以 Token 作为支付工具和激励手段构建去中心化经济活动	公有链以及基于公有链的分布式应用	用区块链重构现实经济活动，用智能合约和区块链内的去信任环境来降低或消除对受信任第三方机构的依赖，用去中心化安排和基于 Token 的机制设计替代中心化机构

第一类应用不涉及 Token，主要将区块链作为分布式数据库或去中心化数据库来使用。区块链的共享账本功能有助于缓解经济活动参与者之间的信息不对称，提高他们分工协作的效率。这类应用面临的主要问题是如何保证区块链外信息在源头和写入区块链环节的真实准确。相对公有链，联盟链更适合这类应用。联盟链仅对授权节点开放，由授权节点共同维护以实现组织间共识。而授权节点清楚彼此身份，作恶会对声誉产生影响，将虚假信息写入区块链的成本比较高。信息写入区块链的环节也可以引入第三方鉴定机构来验证信息的真实准确。但这些保障机制主要基于现实世界约束，而非区块链本身特性。

第二类应用以 Token 代表区块链外的资产或权利，以改进这些资产或权利的登记和交易流程。这类应用的核心问题是区块链外的资产或权利如何“上链”。Token 是否对应着区块链外的资产或权利，以及 Token 的状态和交易是否对区块链外的现实世界有约束力或影响力，取决于区块链外的法律和制度安排。央行数字货币、稳定币和 Token 化证券是这类应用的代表，非常值得关注。

第三类应用以 Token 作为计价单位或储备资产，但依托区块链外的法律框架和主流经济合同。但 Token 价格的高波动性限制了这类应用。

第四类应用试图用区块链构建 DAO（分布式自治组织），有从业者提出分布式自治组织能替代现实中公司的功能。这方面至今没有广受认可的成功案例，主要受制于以下障碍：公有链的物理性能不高，支撑不了大规模交易；智能合约的功能短板；Token 价格的高波动性限制了 Token 作为支付工具和激励手段的有效性；加密经济学模型设计不合理。对前两点障碍，前文已有讨论。后两点障碍则涉及 Token 类似现金又超越现金的特征，以及区块链的治理功能。

（二）Token 类似现金又超越现金的特征

Token 具有若干既类似现金但又超越现金的特征。Token类似现金的特征主要是：非对称加密保证 Token 持有者的匿名性；Token 可以在不同地址之间转让；区块链共识算法和不可篡改的特点保证 Token 不会被“双花”；Token 转让过程中总量不变——甲地址之所得就是乙地址之所失；区块链内 Token 交易，无须依赖中心化信任机构；状态（账本）更新与交易确认同时完成，交易即结算。Token 超越现金的特征主要是：按同一规则定义的 Token 是同质的，并可拆分成较小单位；因为区块链运行在互联网上，区块链内 Token 交易，天然是跨境的。区块链内地址没有境内和境外之分，区块链内 Token 交易也没有在岸、跨境和离岸之分。Token 的这些类似特征由中本聪（2008）引入，并被其他满足 Token 范式的区块链系统所遵循。

Token 的直接用途就是作为支付工具来换取区块链内外的商品或服务，此时 Token 一般被称为加密货币。在区块链内，可以由规则定义加密货币的用途。比如，在比特币系统内，比特币被用于向“矿工”支付交易手续费；在以太坊中，以太币是运行智能合约的“燃料费”。用加密货币购买区块链外的商品或服务时，加密货币价格是一个重要影响因素。一般来说，加密货币供给没有灵活性，缺乏内在价值支撑和主权信用担保，价格波动高，无法有效履行货币职能。这一点有很多文献支持。

首先，关于加密货币作为支付工具的表现。阿西等人（Athey et al.，2016）发现，截至 2015 年年中，大部分比特币由投资者和非频繁使用者持有，比特币作为支付工具的使用不频繁，而且将比特币用于非法活动的用户更倾向于保护他们的财务隐私。弗利等人（Foley et al.，2018）研究了比特币在非法经济活动中的应用，发现 25% 的比特币用户和 44% 的比特币交易与非法经济活动有关。截至 2017 年 4 月，有 2 400 万的比特币市场参与者主要将比特币用于非法目的，他们合计持有 80 亿美元的比特币，年度交易笔数约 3 600万笔，年度交易金额约 720 亿美元（接近欧美非法药物的市场规模）。随着主流社会对比特币兴趣的增加以及零币、达世币和门罗币等匿名特征更好的加密货币出现，比特币交易中非法经济活动的比例下降了。

其次，关于加密货币的价格特征以及可能存在的价格操纵。甘达尔等人（Gandal et al.，2017）发现，Mt. Gox 交易所（当时最大的比特币交易所）在 2013 年 2—11 月中的两个时间段存在可疑交易活动，涉及 60 万个比特币。这些可疑交易对当时比特币价格在两个月内从 150 美元上涨到 1 000 美元起到了重要推动作用。格里芬和夏姆斯（Griffin and Shams，2018）研究了泰达币（USDT，由 Tether 公司发行的一种声称基于 100% 美元储备金的稳定币）对比特币和其他加密货币的影响，发现泰达币被用来操纵加密货币的价格。在2017年3月—2018年3月，作者识别出87个小时。这87个小时均有大量泰达币发行并被用来购买加密货币，而且这些大额交易均发生在加密货币市场大跌之后，在这些大额交易后加密货币市场均大幅反转。作者发现，这87个小时对应着比特币在研究区间（即2017年3月—2018年3月）50%的涨幅，以及另外6种大的加密货币在研究区间64%的涨幅。比安奇（Bianchi，2018）分析了14种主要加密货币在2016年4月—2017年9月的交易数据，发现加密货币的收益率与股票、债券等传统金融资产的收益率之间不存在显著关系，加密货币与传统金融资产之间不存在波动性溢出效应，并且加密货币的交易量主要由历史收益率和市场不确定性（用芝加哥期权交易所市场波动率指数VIX衡量）驱动。

（三）区块链的治理功能

区块链能支持一些有别于传统的治理机制。比如，对分布式自治组织，不存在传统意义上的资产负债表，也不存在代表股东权益的股票，但可以通过智能合约赋予某些Token以收益权和治理权。其中，收益权通过分红、回购等方式实现，治理权通过参与治理投票实现。这类股权型Token还可以兼具功能属性，代表是一些加密货币交易所发行的所谓平台币。平台币持有者可以用平台币向加密货币交易所支付交易费用，有时还能享受打折的交易费用。平台币给予其持有者通过投票参与加密货币交易所治理的权利。加密货币交易所承诺定期拿出一定比例的利润，回购平台币并销毁。股权型Token与公司股票有显著差异。

但区块链存在一些不容忽视的治理短板。第一，Token价格波动对基于Token的激励机制的影响。在公有链的共识算法（特别是权益证明型）、分布式自治组织以及侧链项目中，出现了很多精巧的机制设计，用Token激励区块链有关参与者的行为趋向预期目标。如果 Token 有二级市场交易并且价格波动性较大，即使这些机制设计在区块链内能做到激励相容，区块链有关参与者的行为也可能偏离预期目标。比如，很多机制设计需要 Token 持有者将自己的 Token 锁定一段时间，并给予 Token 持有者一定数量的 Token 奖励。锁定 Token 相当于放弃了在二级市场逢高出售 Token 的权利（本质上是一个有浮动行权价的回望看跌期权）。如果 Token 价格波动性很大，期权估值也会很高，意味着需要给 Token 持有者很高的奖励才能激励他们锁定 Token。①

第二，智能合约的功能短板使现实世界中一些普遍使用的治理机制很难移植到区块链场景中。首先，在区块链内根据智能合约构造贷款、债券和衍生品等金融工具是比较困难的，而这些金融工具有重要的治理功能。因为不存在负债，分布式自治组织不存在破产问题（尽管其活跃用户数、经济活动量以及发行 Token 的价格可以趋零），其发起者和运行者也不会像公司所有者和管理者那样面临来自债权人的约束。对分布式自治组织，也无法引入债转股和优先清算等条款。其次，对赌条款是保护投资者权益的重要手段之一，是投融资双方针对未来不确定情况（主要体现为融资方业绩）的一种约定。但因为去中心化预言机的缺失，很难可信地将区块链外的业绩信息写入区块链，也就很难用智能合约实现对赌条款。

第三，Token 的快速变现机制影响了区块链项目投融资双方的利益绑定。现实中很多投融资条款的前提是股权不能转让，股权的非流动性将投融资双方的利益绑定在一起，激励他们共同努力，直到公司上市后他们的股权才可能变现退出。相比之下，区块链项目的 Token 在加密货币交易所挂牌的标准要低得多。很多区块链项目

---

① 感兴趣的读者可以参见：https：//medium. com/@ chwzou/robustness - of - incentive - mechanisms - with - volatile - tokens - 68c57c400146。

在还处于白皮书阶段时，早期投资者和项目团队持有的 Token 就可以通过加密货币交易所变现，而他们在 Token 变现后认真做项目的动力就可能显著减弱。在很多区块链项目中，因为 Token 持有者在项目治理中的地位比较模糊，Token 的快速变现机制更不利于投融资双方的利益绑定。Token 的快速变现机制也是与加密货币有关的各种投机、炒作甚至欺诈活动的重要根源之一。

第四，链内治理和链外治理的结合问题。链内治理的特点是地址匿名，去信任化环境，以及智能合约自动执行。链外治理的特点是真实身份，诚信记录，重复博弈形成的信任和声誉，非正式的社会资本和社会惩罚，以及正式的法律保障。两类治理能否有效结合，是一个复杂、有待进一步研究的问题。比如，很多区块链项目一开始定位于去中心化，但随着时间推移，参与者会基于自身利益立场结成不同的利益群体，并形成链外的非正式治理结构。这在一定程度上是为了弥补基于算法或规则的链内治理的不足。

（四）区块链系统的性能和安全性

一些学者从经济学角度对区块链系统的性能和安全性做了有价值的研究。第一，关于区块链的“三元悖论”，即没有一个区块链系统能同时具有准确、去中心化和成本效率这三个特征。[①] 奥巴迪和布鲁纳梅尔（Abadi and Brunnermeier，2018）的理论分析表明，中心化账本具有准确性和成本效率，其维护者可以获得垄断租，特许权价值激励它们准确记账。分布式账本给予记账节点奖励以激励它们准确记账，但通过工作量证明选出记账节点又牺牲了成本效率。信息在区块链分叉之间的可转移性以及“矿工”之间的竞争，会促成“分叉竞争”。“分叉竞争”有助于消除单个区块链系统享

① 区块链“三元悖论”更常见的说法是，没有一个区块链系统能同时实现安全、可拓展和去中心化这三个特征。此处用的是 Abadi and Brunnermeier（2018）的表述。

有的垄断租，但也可能带来不稳定性和不协调性。

第二，关于工作量证明的利弊。以比特币为代表的工作量证明仍是区块链中占主流地位的共识算法。比艾斯等人（Biais et al.，2018）认为，在基于工作量证明的公有链中，随着“挖矿”总算力上升，“挖矿”难度将上升，单个“矿工”对算力的投资将构成对其他“矿工”的负外部性。这样就会引发“挖矿”算力的“军备竞赛”，并造成“挖矿”领域的过度投资。还有学者（Ma et al.，2018）分析发现，比特币“矿工”可自由进入的安排，是比特币“挖矿”消耗资源的主要决定因素，而比特币算法内嵌的“挖矿”难度调整机制对“挖矿”消耗资源影响不大。

第三，工作量证明“挖矿”的经济学问题，特别是交易费率的影响因素。胡伊（Houy，2014）从理论上研究了比特币“矿工”在打包交易时面临的经济学问题。一方面，打包的交易越多，“矿工”越有可能获得手续费。但一方面，打包的交易越多，区块越大，区块在分布式网络中传播并成为区块链共识所需的时间越长，就越有可能成为“孤块”。对两个“矿工”的博弈分析发现，在一定参数假设下，两个“矿工”都挖“空块”（也就是不打包任何交易）可以成为博弈均衡，应对方法是提高手续费率。胡贝尔曼等人（Huberman et al.，2017）研究了比特币系统的物理性能对用户和“矿工”的影响。用户希望自己的交易能尽快被处理，在系统物理性能有限的情况下，会提高交易费率，以吸引“矿工”优先处理自己的交易。而“矿工”在经济激励下，也有动力维持比特币系统的基础设施。因此，物理性能有限是比特币系统在去中心化环境下维持运行的一个重要保障措施。伊斯利等人（Easley et al.，2018）对2011—2016年比特币系统的实证分析发现，比特币系统越拥堵（用比特币内存池大小和交易写入区块链前的平均等待时间来衡量），交易费率为0的交易写入区块链的可能性越小，写入区块链的交易的平均费率越高。

第四，关于区块链的经济安全边界。布迪什（Budish，2018）从经受攻击的角度，研究了以比特币为代表的基于工作量证明的公有链的安全性，并提出了若干提高安全性的经济激励措施。他认为，这类区块链的经济重要性越高（比如，设想比特币市值接近黄金），那么恶意攻击它们的可能性也越高，因此要对公有链的大规模应用持怀疑和审慎态度，企业和政府在数据安全方面有比公有链更便宜的技术。甘斯和甘达尔（Gans and Gandal，2019）将布迪什（2018）的分析框架延伸到权益证明型共识算法。他们发现，不管采取工作量证明还是权益证明，一个经济上可持续的区块链网络都将产生同样的成本，只是在权益证明型区块链网络中，成本采取非流动性金融资源的形式。

三、客观评估区块链的能与不能

我们从经济学角度分析了区块链的功能，从 Token、智能合约和共识算法三个角度归纳出目前主流区块链系统采取的“Token 范式”，并给予经济学解释。

第一，Token 是区块链内定义的状态变量，具有若干类似现金但又超越现金的特征。区块链内 Token 交易无须依靠受信任的第三方机构，但区块链内这种去信任环境不能延伸到区块链外。一旦脱离 Token 交易等场景，区块链要解决现实中的信任问题，往往需要引入区块链外的可信中心机制予以辅助。

第二，智能合约是运行在区块链内、主要对 Token 进行复杂操作的计算机代码，可以实现 Token 的定义、发行、销毁、转让、抵押、冻结和解冻等功能，但无法确保区块链内债务的履约，也很难处理不完全契约。目前区块链内有限的运行环境，使得这类代码远未达到智能阶段。

第三，共识算法针对与 Token 的状态和交易等有关的信息，并保证了这类信息的真实准确。但区块链内与 Token 的状态或交易等无关的信息基本不属于共识的范围。特别是，区块链外信息写入区块链内，只意味着这些信息全网公开且不可篡改，不能提升这些信息在源头的真实准确性。

基于 Token 范式，我们分析了区块链的四类主要应用方向：第一，无币区块链。这类应用发挥区块链的共享账本功能以提高劳动分工协作效率，不直接涉及资产或产权的转移，面临的主要问题是如何保证区块链外信息在源头和写入区块链环节的真实准确性。联盟链因为仅对授权节点开放并依靠现实世界的约束，比公有链更适合这类应用。

第二，以非公开发行交易的 Token 代表区块链外的资产或权利，以改进这些资产或权利的登记和交易流程。Token 在物理上只是一段代码，Token 是否对应着区块链外的资产或权利，以及 Token 的状态和交易是否对区块链外的现实世界有约束力或影响力，取决于区块链外的法律和制度安排。央行数字货币、稳定币和 Token 化证券等是这类应用的代表，非常值得关注。

第三，以公开发行交易的 Token 作为计价单位或储备资产，但依托区块链外的法律框架的经济活动。因为很难根据基本面准确评估 Token 的内在价值，这类应用只能参考 Token 在二级市场上的价格，但 Token 价格往往表现出高波动性，限制了这类应用的开展。

第四，用区块链构建分布式自治组织。这方面至今没有广受认可的成功案例，主要受制于以下障碍：公有链的物理性能不高，支撑不了大规模交易；智能合约的功能短板；Token 价格的高波动性限制了 Token 作为支付工具和激励手段的有效性；加密经济学模型设计不合理。

我们在分析区块链的这些主要应用方向时，还讨论了其中涉及的经济学问题并综述了相关研究：加密货币作为支付工具的表现和二级市场价格特征；区块链的治理功能，包括股权型 Token 设计，Token 价格波动对基于 Token 的激励机制的影响，智能合约的功能短板对现实世界治理机制移植到区块链场景的影响，以及 Token 的快速变现机制对区块链项目投融资双方利益绑定的影响；区块链系统的性能和安全，包括区块链的“三元悖论”、工作量证明的利弊、工作量证明“挖矿”的经济学问题以及区块链的经济安全边界。

总的来说，应在持续研究和试验的基础上，理性客观评估区块链能做什么、不能做什么。

第一，不要夸大或迷信区块链的功能。这些年的行业实践已经证明，一些区块链应用方向是不可行的。特别是，现代金融体系在发展过程中不断吸收各种技术创新。技术创新只要有助于提高金融资源配置效率以及金融交易的安全性、便利性，就会融入金融体系。迄今为止，还没有一项技术创新对金融体系产生过颠覆性影响，区块链也不会例外。

第二，区块链应用要立足实际情况，不要拘泥于一些过于理想化的宗旨。比如，用科技来替代制度和信任是非常困难的，在很多场景甚至就是乌托邦。再比如，去中心化与中心化各有适用场景，不存在优劣之分。现实中完全的去中心化和完全的中心化场景都不多见。很多区块链项目从去中心化宗旨出发，但后期或多或少引入了中心化成分，否则就没法落地。比如，区块链外信息写入区块链内，往往需要一个可信任的中心化机构，完全的去中心化是不可能的。

第三，一些区块链投融资领域泡沫明显，投机炒作、市场操纵甚至违规违法等行为普遍，特别是涉及公开发行交易的 Token 的项目。政府有关部门应加强监管，防范金融风险。

用好管好区块链

2019年10月24日，习近平总书记在中央政治局第十八次集体学习时强调，把区块链作为核心技术自主创新重要突破口，加快推动区块链技术和产业创新发展。全国各地积极落实习近平总书记讲话精神，兴起了学习和应用区块链的热潮。我们认为，应该正确认识区块链功能，用好管好区块链，促进区块链健康发展。

一、作为集成技术的区块链

区块链也被称为分布式账本。账本记录、传播和存储等活动都在分布式网络上以去中心化方式进行，单点失败风险不高。区块链使用密码学技术，在牺牲部分性能的前提下，实现整个系统的高容错性和高安全性。分布式账本全网公开，不可篡改，也被称为共享账本。但分布式账本并不是一个无所不包的账本，而主要是关于Token的账本。

本质上，区块链是密码学、分布式网络和分布式计算等技术的集成。但与其他技术不同，区块链还可以嵌入博弈论方面的经济学工具，特别是机制设计。区块链用作金融基础设施，还涉及对货币金融学的理解。

当前区块链技术发展的关键点包括：一是提高区块链的性能，包括高效的共识算法、侧链、状态通道和分片等技术；二是跨链技术，以实现同构链与异构链的跨链协同；三是隐私计算技术，包括安全多方计算、同态加密和零知识证明等；四是链上链下数据协同技术，让链外信息高效、保真地“上链”；五是自主安全可控的密码学技术；六是区块链的监管科技，包括对公链上违法有害信息的识别和监测，区块链节点的追踪和可视化，以及链上交易的穿透式监管科技。需要看到的是，区块链创新发展要解决很多基础技术问题，特别在密码学、芯片设计、数据库、分布式计算和物联网等方面。这些问题的解决方案可以应用在区块链以外领域，产生技术溢出效应。

一些研究者和从业者认为，区块链实现了从信息互联网到价值互联网的升级。这个说法不完全准确。区块链实际上兼有信息互联网和价值互联网的属性。

二、作为信息互联网的区块链

区块链应用于供应链管理、防伪溯源、精准扶贫、医疗健康、食品安全、公益和社会救助等场景，主要体现区块链作为信息互联网的功能，是用共享账本来记录商品、药品、食品和资金等的流向，让上下游、不同环节相互校验，穿透信息“孤岛”，让全流程可管理。

区块链作为信息互联网，不涉及资产或产权转移，难点在于如何让链外信息保真“上链”，把区块链外的价值流转以高度可信的方式记录下来。从操作上看，链外信息是作为 Token 交易的附属写入区块链的。这好比用银行转账时的留言。银行会核实账户信息，处理转账交易，并将留言如实传递给收款方，但不会核实留言的真实准确性。因此，链外信息上链受制于区块链的交易性能和存储空间，具体有两种情形。

第一，原始信息上链。考虑链上存储空间，这适合少量的结构化信息。此时，信息共享有助于缓解信息不对称，但不可能消除信息不对称。信息不对称是非常复杂的经济学概念。比如，每天很多人通过同一渠道看到同一条新闻。张三即使知道李四看过这条新闻，也不一定知道李四对此新闻的理解，他们之间仍然存在信息不对称。

这种情形下的信息上链机制一般称为预言机。预言机针对的需求主要是，区块链内的智能合约需要调用区块链外信息。预言机将外界信息写入区块链，完成区块链与现实世界的数据互通，是智能合约与外部进行数据交互的途径。目前主要存在三类预言机。一是中心化预言机，由可信的中心化机构提供数据至智能合约。这方面值得研究的问题是区块链与物联网的结合，核心是传感设备的数据如何保真上链。二是去中心化预言机，主要通过众多的可信节点共同提供数据服务，增强整个预言机系统的容错能力。去中心化预言机并不是通过技术提升预言机的可信任度，而是借由经济激励及多方签名达到数据的可信任性。从以 Chainlink（链联）为代表的去中心化预言机实践可以看出，完全去中心化且去信任的预言机不存在，去中心化预言机仍需依赖节点在链外的信誉机制。三是联盟预言机。联盟预言机可以视为去中心化预言机的一种形态，由指定的可信个体或机构担任节点，通过可信联盟提供数据至智能合约。

第二，哈希摘要上链。大部分非结构化信息（比如视频文件）属于这种情形。在技术上，从哈希摘要恢复信息本身几乎不可能。如果不揭示信息的原像，哈希摘要共享对缓解信息不对称几乎没有帮助。哈希摘要上链主要作用是存证，即在事后通过揭示信息（比如允许外部机构穿透到存放信息的本地设备），证明两点：在区块链记录的上传时点，信息确实存在；信息上传者确实知道信息。存证是非常有意义的应用，但适用的场景比较窄。比如，数据登记追溯，登记在区块链内的数据有可追溯的主体身份签名并可用于事后审计。再比如，事后“自证清白”。

总的来说，链外信息保真“上链”问题的解决离不开一系列制度和技术安排。比如，在区块链+供应链管理中，既需要有安全高效的传感设备把链外信息可信地写入区块链，也需要把上下游、不同环节的信息都上链以相互校验。对区块链作为信息互联网的应用，监管主要针对区块链匿名、全网公开和不可篡改等特点，既做好数据隐私保护，也防止违法有害信息上链传播。2019 年初，国家互联网信息办公室发布并实施《区块链信息服务管理规定》。这类应用不涉及资产或产权的转移，不产生金融风险，所以不涉及金融监管。

三、作为价值互联网的区块链

区块链是关于 Token 的账本。但区块链应用不一定有 Token，区块链作为信息互联网的应用已充分证明这一点。如果有 Token，就是区块链作为价值互联网的体现。区块链本身不创造价值，价值来自现实世界，并通过经济机制与区块链挂钩，主要有两种使用 Token 的方法。

第一种是区块链作为金融基础设施，承载现实世界的资产及其交易。Token 基于某些储备资产发行，实际上是储备资产的价值符号或凭证，同时主要发挥区块链的开放匿名、交易即结算、交易天然跨境、清算可编程以及去中心化、去信任化等特点。这类应用有两种子类型：一是“区块链 + 法定货币”，体现为央行数字货币和稳定币。比如，欧洲央行和日本银行的 Stellar 项目，新加坡金管局的 Ubin 项目，以摩根币为代表的金融机构间结算币，以及脸书发起的 Libra 项目。中国人民银行的 DC/EP 项目在很大程度上借鉴了区块链技术特点。二是“区块链 + 证券”，体现为区块链在金融交易后处理中的应用。区块链有望显著改变证券托管、交易和结算体系，为证券市场带来革命性影响。全球主要证券交易所均在积极探索区块链应用。

第二种是加密货币或加密资产。加密货币有多种形式，但一般具有两个共同特征：一是加密货币发行由算法决定，与现实世界资产无关。二是加密货币由人为赋予用途。比如，在区块链内作为区块奖励和交易手续费支付给验证节点，作为支付工具购买现实世界的商品或服务，作为凭证兑换某些特定商品或服务，或者代表特定场景下的收益权或特定社区的治理权。对应这些用途，美国、新加坡、瑞士和中国香港等国家或地区一般将加密货币分为支付型、功能型和证券型三类，并采取不同的监管规则。

最后，理论上，还存在第三类“币”——基于央行数字货币的可编程性构造金融资产。这类数字资产有两个核心特征：用可编程性来表达金融契约；价值基础是央行数字货币。区块链领域很早就有关于这类数字资产的讨论，但只有央行数字货币才使其成为可能。

区块链作为价值互联网因为涉及资产和产权的转移，面临更复杂的监管问题。一方面需要共识算法和密码学技术确保价值转移过程的安全性，另一方面要针对区块链开放匿名可能引发的洗钱、恐怖融资和逃漏税等问题做好监管。

四、探索区块链的合法合规应用

区块链不管是作为信息互联网，还是作为价值互联网，都有广阔的应用前景。但区块链应用一般涉及多个参与方，不完全是技术问题，而应将技术逻辑整合到经济逻辑中，平衡好各参与方利益。

比如，在供应链金融中，银行一般难以了解供应链生态中真实交易情况从而准确评估信息，处于供应链末端的中小企业容易面临“融资难、融资贵”问题。核心企业也无法充分发挥自身信用载体作用，不能带动整个生态发展从而获得更大利益。依托区块链的供应链金融服务平台可以准确记录供应链中的数据信息，缓解银行和末端中小企业之间信息不对称问题，提高银行信贷供给效率。供应链金融服务平台可以平衡上下游企业利益关系，优化应收账款融资流程，促进产业链良性发展。

区块链应用于供应链金融的另一个方向是用 Token 代表核心企

业的信用（比如商业票据和应收账款），并在核心企业的供应链中充当内部结算工具。Token 将供应链上下游企业之间的“三角债”轧差后替换成核心机构对这些企业的负债，能降低资金占用、提高资金周转效率。而核心机构发挥类似中央交易对手的功能，负责 Token 与法定货币之间的兑换。这个方向属于区块链作为价值互联网的应用，技术上不复杂，难点在监管合规上。

再比如，央行数字货币的一个核心问题是采取一元模式还是二元模式。理论上，中央银行可以直接向公众发行数字货币（一元模式），但这对银行会产生较大冲击。二元模式则能尽可能减少对现有货币投放渠道和银行业务模式的影响——中央银行将数字货币发行至银行，银行受中央银行委托向公众提供数字货币存取等服务，并与中央银行一起维护数字货币的发行和流通体系的正常运行。央行数字货币应用推广也面临类似的激励相容问题。数字货币在做好技术标准和应用规范的基础上，支付路径、支付条件以及之上的商业应用要尽可能交给市场来做。这样，有场景、用户和流量等资源的机构就有动力一起参与推广数字货币。

最后，区块链应用要稳妥推进，把握好三个原则。一是应该根据场景需要，评估是否用以及如何用区块链。很多领域和场景并不适合使用区块链技术。比如，中国人民银行在 DC/EP 采取“账户松耦合方式投放 + 中心化管理模式”。在数字货币发行登记的核心环节，因为中国人民银行的信用显著高于其他银行，没必要引入区块链代表的分布式信任机制。但我国的一些国情提供了实践区块链的机会，比如中国人民银行的数字票据交易平台有助于缓解我国票据市场分散化的问题。

二是技术逻辑与监管逻辑的关系。区块链能缓解信息不对称和创造信任，但这离不开特定的场景和前提，只用技术来替代制度和信任是非常困难的。金融发展的前提是安全稳健，技术创新促成的任何新的金融商业模式、应用、流程和产品等，都需在确保风险可识别、可控后才能推广。

三是在区块链落地方面，应该先从概念验证开始，在小范围或试验环境内测试成功后再对外推广。在方法论上，要“小步快跑”和“快速迭代”，而非“大干快上”。只有这样，才能把区块链应用在最能发挥其效益的地方，避免造成社会资源的错配。

区块链作为金融基础设施

区块链应用于金融领域，既可以是信息互联网方向，也可以是价值互联网方向，但主要是后者，也就是区块链作为金融基础设施承载资金、证券及相关交易。首先需要说明，此处的资金指的中央银行货币和银行存款货币等；证券指可交易的金融资产，证券被发行以向投资者募集资金。区块链作为金融基础设施，既涉及货币和支付场景，也涉及金融交易场景。金融基础设施分析角度有助于厘清关于区块链应用于金融领域的各种纷繁复杂观点。正如要深入市政网络和海底光缆，才能全面理解日常生活中触手可及的水电煤气和互联网。

金融基础设施有两种范式，一种是目前占主导地位的账户范式，另一种是区块链 Token 范式。只有深刻理解账户范式下的金融基础设施，才能理解区块链 Token 范式将带来的变化，这个工作并不容易。但随着金融基础设施一线专家的重视，已出现一批高质量的专业文献。2017 年，国际清算银行的支付与市场基础设施委员会（CPMI）针对分布式账本在支付、清算和结算中的应用提出了一个分析框架。英格兰银行的贝诺斯等人（Benos et al.，2017）分析了区块链在金融交易后结算中的应用逻辑和面临的挑战。姚前（2019）讨论了基于分布式账本的金融基础设施，特别是中央证券登记机构、证券结算系统（SSS）、支付系统（PS）和中央对手方在分布式账本下的新形态。2019 年底以来，支付与市场基础设施委员会有三篇研究报告从不同角度讨论分布式账本对支付和证券结算的影响。支付与市场基础设施委员会（2019）讨论了批发结算Token，但其中的经济学逻辑对用区块链承载资金和证券都是适用的。在2020年3月《BIS季刊》中，贝奇和汉考克（Bech and Hancock，2020）讨论了未来的支付体系，贝奇等人（2020）讨论了未来的证券结算体系。

接下来，我们分六个部分讨论区块链作为金融基础设施的应用。第一部分介绍支付和清结算基础设施，第二部分介绍证券市场基础设施，这些都属于账户范式，第三部分讨论资金和证券Token化的机制，第四部分讨论区块链应用于金融交易后处理，第五部分讨论账户范式与Token范式的异同，第六部分对区块链作为金融基础设施进行展望。

一、支付和清结算基础设施

法定货币的二级银行账户体系是账户范式的代表，也是理解支付系统的关键。在支付系统中，卡清算组织和第三方支付值得特别关注。这些问题都是理解央行数字货币和稳定币的关键。

（一）法定货币的二级银行账户体系

个人、企业和政府部门在银行开设存款账户（图4.2），银行在中央银行开设存款准备金账户。法定货币存在于金融系统的负债方。基础货币是中央银行的负债。其中，现钞是中央银行对公众的负债，存款准备金是中央银行对银行的负债。存款是银行对个人、企业和政府部门的负债。在现代经济体中，现钞只占货币供给的很小比例，广义货币供给的大部分是存款。存款准备金和存款等货币形态都已经电子化。

在现钞交易中，交易双方只要确认现钞的真实性，就可以交割，无须第三方受信任机构。转账和汇款涉及银行账户操作。比如，同行转账要同步调整交易双方在同一开户银行的存款账户余额。跨行转账除了调整交易双方在各自开户银行的存款账户余额以外，还涉及两家开户银行之间的交易，而银行之间的交易需调整它们在中央银行的存款准备金账户余额（图 4.3）。

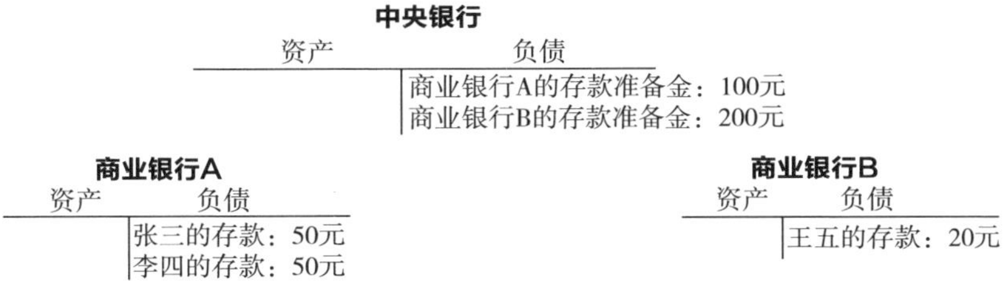

图 4.2　二级银行账户体系

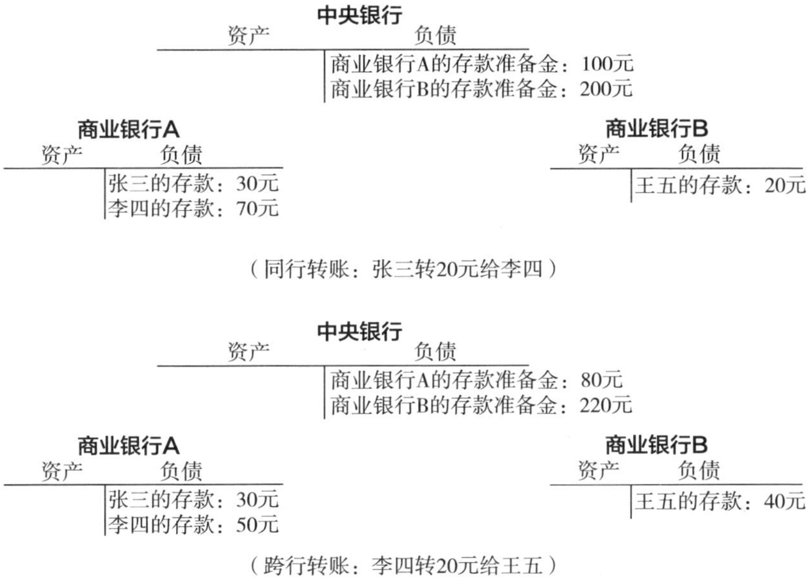

图 4.3　货币交易

跨境支付涉及的银行账户操作更加复杂。图 4.4 改编自加拿大银行、英格兰银行和新加坡金管局 2018 年研究报告《跨境银行间支付和结算》。

图 4.4 假设两个国家 A 国和 B 国，以及各自的货币——A 货币

和 B 货币。两种货币都由各自中央银行建立了支付系统（RTGS，即实时全额结算系统）。

假设 A 国居民爱丽丝在 A 国的一家银行 A1 有 A 货币的存款。她要付款给 B 国居民鲍勃，鲍勃在 B 国的一家银行 B2 有 B 货币的存款账户。但是，银行 A1 与银行 B2 之间并无直接业务关系。因此，需要引入代理银行，即图 4.4 中的银行 A2 和银行 B1。代理银行在银行 A1 和银行 B2 之间起到了桥梁作用，但拉长了跨境支付链条。

在代理银行模式下，跨境支付按如下步骤进行。首先，在 A 国，爱丽丝在银行 A1 的 A 货币存款被转到银行 A2（通过 A 货币的支付系统）。其次，资金从银行 A2 转到银行 B1。代理银行之间相互开设账户。比如，站在银行 A2 的角度，它在银行 B1 开设的账户称为往账（用 B 货币计价），即存放国外同业账户；银行 B1 在银行 A2 开设的账户称为来账（用 A 货币计价），即同业存款账户。资金从银行 A2 转到银行 B1 就是通过调整这些账户余额来实现的。货币汇兑需要经过持续连接结算系统（CLS）。最后，资金从银行 B1 转到银行 B2（通过 B 货币的支付系统）。

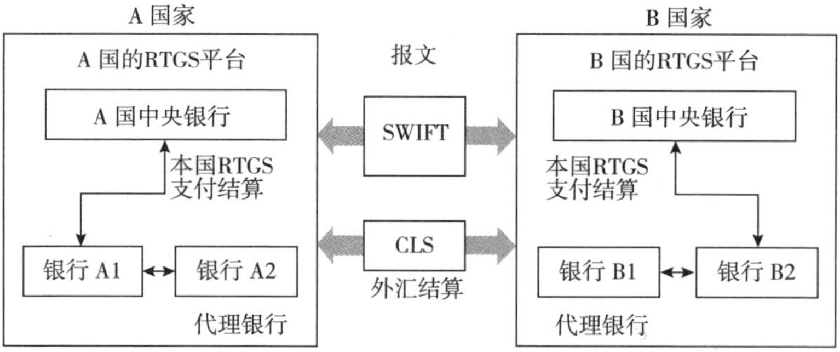

图 4.4 跨境支付

需要说明两点：第一，与流行认识不同，环球银行金融电讯协会（SWIFT）是银行间报文系统，处理跨境支付中的信息流。跨境支付中的资金流通过银行账户体系进行。第二，一些人认为，

SWIFT 是跨境支付成本高的主要原因。事实并非如此。麦肯锡公司 2016 年研究表明（McKinsey and Company，2016），一个美国银行通过代理银行进行一笔跨境支付的平均成本在 25～35 美元，是一笔境内支付的平均成本的 10 倍以上。其中，34% 的成本来自被锁定在代理银行账户中的流动性（因为这些资金本可以用在收益更高的地方），27% 来自司库操作，15% 来自外汇操作，13% 来自合规成本。

以上简单介绍了账户范式如何承载货币及其交易。需要说明的是，账户余额调整和资金流转并非严谨的学术用语，都可以表达为会计上一系列复杂的借记、贷记操作。

（二）支付系统

支付系统指一组工具、流程和规则，以在两个或多个交易者之间转移资金。支付分为批发支付和零售支付。批发支付发生在金融机构之间以及金融机构与中央银行之间，与金融机构之间的证券和外汇交易、金融机构与中央对手方之间交易，以及金融机构之间融资有关。零售支付则与消费者和商业机构对商品和服务的购买有关，包括个人对个人（P2P）、个人对商业机构（P2B）、商业机构对个人（B2P）和商业机构对商业机构（B2B）。

不管是批发支付还是零售支付，都有前端和后端。前端包括：一是资金来源，比如银行账户；二是发起支付的服务渠道，比如零售支付 App；三是支付工具。后端包括：一是清算，指支付指令传输和对账过程，有时也包括结算前的交易确认；二是结算，指转移资金以解除两方或多方之间的偿付义务。

支付系统有三种主要结算方式。第一种是实时全额结算，指逐笔全额结算支付指令。实时全额结算效率高，降低了支付有关各方的信用风险，但对流动性的要求更高。第二种是延迟净额结算（DNS），指对支付指令轧差后净额结算。延迟净额结算能节约流动性，但轧差和结算都需要一定时间。延迟净额结算有结算风险，体现在两个维度：一是信用风险，指收款方或付款方的支付服务商（PSP，一般是银行）在结算完成前违约造成的风险；二是流动性风险，指收款方可能延迟收到资金的风险。第三种是实时全额结算和延迟净额结算的混合模式。比如，如果付款方的支付服务商没有足够资金执行实时全额结算，支付系统提供流动性节约机制（LSM），将付款指令与其他支付指令轧差后才结算。

在几乎所有国家，批发支付都用实时全额结算，并且实时全额结算系统通常由中央银行所有并管理。在实时全额结算系统中，如果金融机构账户余额不足，可能造成支付指令阻塞，为此中央银行会为金融机构提供日间信用额度。零售支付之前通常用延迟净额结算。

我国全社会资金流动的“大动脉”是中国现代化支付系统（CNAPS）。中国现代化支付系统由中国人民银行建设、运行维护和管理，处理金融机构之间以及金融机构与中国人民银行之间的支付业务。中国现代化支付系统以清算账户管理系统（SAPS）为核心，业务应用子系统主要包括大额实时支付系统（HVPS）、小额批量支付系统（BEPS）、支票影像交换系统和网上支付跨行清算系统（即“超级网银”）。其中，大额实时支付系统使用实时全额结算，小额批量支付系统使用延迟净额结算。

（三）卡清算组织

卡清算模式经过了从两方、三方到四方的演变，目前以四方模式为主导，体现为以维萨卡、万事达卡和银联卡为代表的开放式卡组织。

1. 两方模式

两方模式的典型代表是商户发行的预付卡，比如理发店、餐厅和文娱场所等发行的会员卡。我国的福卡、资和信卡也是预付卡，但可以被多个商户接受，本质上也属于两方模式。消费者通过购买商户发行的卡片预先支付费用，然后在实际消费过程中通过刷卡完成支付。预付卡本质上是商户发行的“借记卡”，消费者的预存资金尽管无法增值，但可以获得变相“利息”——消费价格优惠和折扣。

两方模式的另一个代表是商户针对信用程度较高的忠诚用户的“准信用卡”。消费者每次消费时可以先“挂账”，而后在约定期一次性付清欠款。

在两方模式中，商户集中处理交易和支付，物流、资金流和支付信息流合而为一。对商户而言，卡只是配合其自身经营的一种手段，没有网络效应，因此很难形成卡产业或支付行业。两方模式中不一定需要银行的参与。

2. **三方模式**

三方模式中出现一个专门的卡片发行者，许多商户接受其发行的卡片，比如美国运通卡。商户将每一笔交易包括客户账号、支付金额等在内的信息发送给卡组织，卡组织将交易款项支付给商户，然后将每段时期（通常为 1 个月）消费者的支付记录发送给持卡人，持卡人按约定方式结账。

三方模式中的卡组织是封闭式卡组织。商户负责交易。封闭式卡组织负责支付，垫付资金并收款。封闭式卡组织限制了支付市场范围的扩大。

3. **四方模式**

四方模式中的卡组织是开放式卡组织。开放式卡组织负责制定银行卡网络交易规则并为跨行交易转接清算，但不负责发卡和收单。卡由银行发行。银行卡是银行发行的具有现金存取、支付转账和消费信用等功能的塑料卡片，是银行账户的物理载体。一笔支付中实际发生资金流动的参与方有四个——发卡机构、收单机构、特约商户和持卡人。发卡机构和收单机构分别由开放式卡组织中不同成员银行独立承担，收单机构通过银行卡组织将收单交易信息传输至发卡机构。开放式卡组织在清分系统中逐批将收单、付单轧差后，从银行在中央银行系统中的备用金账户扣款或入款，但资金流不经过开放式卡组织。

在四方模式中，资金流直接从发卡银行转入收单银行，意味着资金流和支付信息流的分离。银行作为储蓄机构和支付机构接入支付产业中，由于发卡机构和收单机构都是银行，开放式卡组织成为推动和协调不同银行的卡业务发展的组织。

（四）第三方支付

理解第三方支付的关键是支付账户及其余额。比如，支付账户余额本质上是预付价值，对应着备付金。备付金是第三方支付机构为办理客户委托的支付业务而实际收到的预收待付资金。

"断直连"前，第三方支付机构可以绕监管直连银行，往往在多个银行开立备付金账户。这些资金所有权属于用户，以第三方支付机构名义存放在银行，并由第三方支付机构向银行发起资金调拨指令。备付金利息理论上应该由用户所有，但实际上一般由第三方支付机构所有，并构成第三方支付机构的重要收入来源。特别是，相当比例的备付金以同业协议存款形式存放在银行，利率比较高。第三方支付机构通过这些备付金账户办理跨行资金清算，超范围经营，变相行使中央银行或清算组织的跨行清算职能。

"断直连"前的一个现象级产品是余额宝类产品，本质上是第三方支付机构销售货币市场基金的产物。第三方支付机构归集用户的闲散资金并投资于货币市场基金。在我国，货币市场基金的相当大部分资产投资于期限较长的同业协议存款和存单，获得高于个人活期存款的利率。用户获得货币市场基金份额，第三方支付机构通过垫支为用户开展"T+0"快速赎回提现业务。

"断直连"有三个要点。第一，撤销第三方支付机构在银行的备付金账户，切断第三方支付机构绕监管直连银行的通道。第二，在第三方支付机构与银行之间引入网联（即非银行支付机构网络支付清算平台），搭建一个共有的、受中央银行监管的转接清算平台

（图 4.5）。第三，第三方支付备付金 100% 集中存管在中央银行。备付金所有权仍归属于客户，但由第三方支付机构以其自身名义存放在中国人民银行的“非金融机构存款”科目，并实际由支付机构支配与控制。周小川（2019）指出，这主要为激励第三方支付机构通过提供服务而非备付金利息来获得收入。需要看到的是，如果第三方支付机构出现经营风险或信用风险，仍将可能导致支付账户余额无法使用，不能回提为银行存款的情况，从而使客户遭受财产损失。

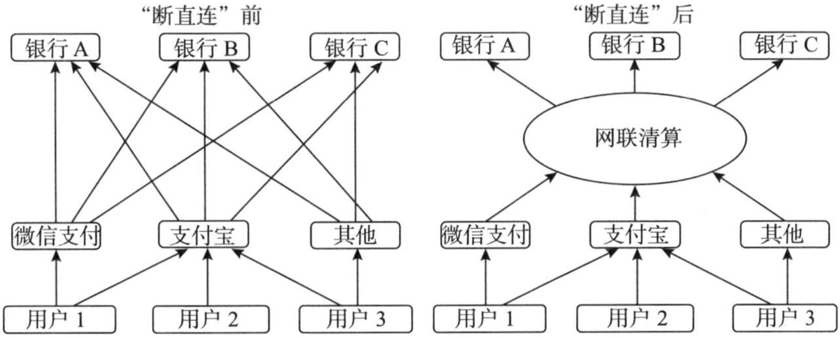

图 4.5　网联在“断直连”中的作用

资料来源：国际清算银行（2019c）。

二、证券市场基础设施

早期证券采取实物形式，是纸质凭证，有无记名证券和记名证券之分。

无记名证券无须在发行人处登记注册，持有人即为受益人，有和现金一样的匿名性。没有人或机构记录无记名证券的持有人信息，但无记名证券一旦丢失、被盗或被毁坏，持有人一般会遭遇完全的损失。无记名证券转让无须背书，交易也和现金一样。交易双方只要确认无记名证券的真实性，就能完成交易并交割证券，而无须第三方受信任机构协助。在完成清算和交收后，无记名证券交易过程即告结束。美国财政部在 1986 年以前曾长期发行纸质无记名国债。我国从 20 世纪 50 年代发行的经济建设公债和从 1981 年起发行的国库券都是无记名（实物）国债。但无记名证券的监管难度较大，包括伪造、洗钱和逃漏税等问题。

记名证券是目前实物证券的主要模式，遵循直接持有模式。根据香港交易所（2020），投资者持有实物证券，直接行使名下证券的权利，没有托管风险（由中介机构托管持有的证券会有遗失风险），证券的所有权直接登记于证券发行人的登记册。证券买卖后的交收需要交送实物凭证。1986 年 11 月 14 日，邓小平送给纽约证券交易所董事长约翰·范尔霖的上海飞乐音响股份有限公司股票就属于记名证券。该股票的原持有者是中国人民银行上海市分行副行长周芝石，范尔霖亲自去静安证券业务部办理过户。目前，我国和澳大利亚已没有实物股票，美国、中国香港、新加坡、韩国和印度等国家或地区仍有实物股票，但在交易前必须非实物化。因为实物证券的保存和交收对投资者意味着高昂成本和风险，投资者通常会将实物证券交由托管机构代为持有，这就衍生出间接持有模式。

要理解主流的证券持有模式，必须理解中央证券登记机构的功能和运作模式。中央证券登记机构使证券非实物化，使证券成为中央证券登记机构账户中的电子记账科目，进而使证券非流动化，使证券交易不涉及纸质凭证的物理交割。中央证券登记机构主要承担三项功能：一是认证，公正并受信任地维护已发行证券的记录；二是结算，将证券的所有权从卖出方转给买入方；三是账户维护，建立并更新证券的所有权记录。

在间接持有模式中，投资者通过代理人（包括中央证券登记机构和经纪商、托管机构等市场中介机构）持有证券，证券登记册上显示的是代理人之名而非投资者之名。根据香港交易所（2020），间接持有模式可以细分为单层持有模式和多层持有模式（图 4.6）。[①] 在单层持有模式中，投资者为中央证券登记机构的直接参

① 此图为香港交易所（2020）的图 2。

与者，中央证券登记机构为其参与者管理代理人账户。在多层持有模式中，最高一层通常为中央证券登记机构，其下各层有各类金融服务提供者（比如经纪商和托管机构）以投资者的代理人身份行事。

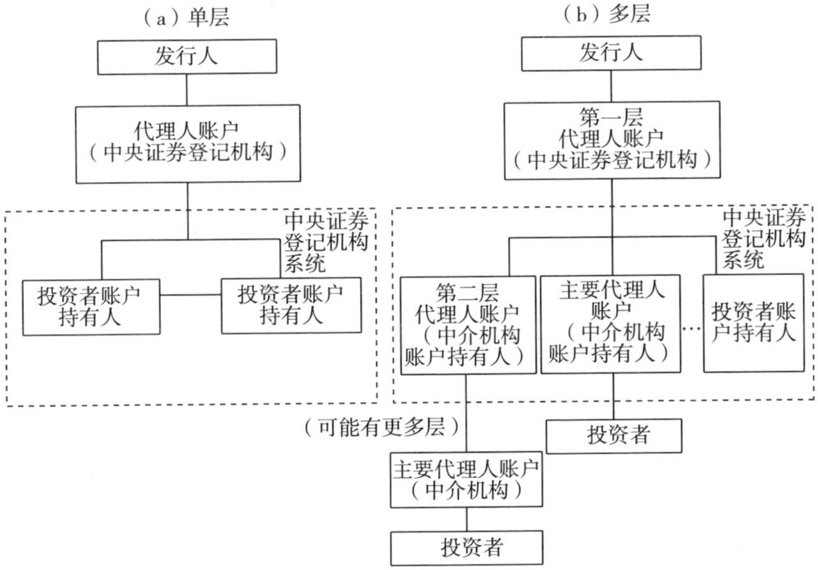

图 4.6　间接持有模式的代理人账户架构

不同国家和地区在证券持有模式上差异很大（香港交易所，2020）。我国主要是直接持有模式。投资者需要在中国结算（我国股票市场的中央证券登记机构）实名开立证券账户，开户程序可以通过获授权的证券公司办理。投资者的证券账户由总账户（即“一码通”账户）及关联的子账户组成。账户采取实名制，且有独一无二的识别码。中国结算负责维护投资者的证券账户资料及证券发行人的股份登记册。投资者所持股份由证券公司代为托管，证券公司本身持有及代客户持有的股份均存记于中国结算。我国的代理人账户仅限于通过香港代理人在“沪深港通”下持有股票的境外投资者。而美国和印度是间接持有模式，香港、新加坡和韩国等兼有直接和间接持有模式的特征，都有代理人账户。代理人账户的存在，降低了对中央证券登记机构的信息要求，但证券所有权信息“碎片化”，对账难度较大。

完整的证券交易流程可以分为两个环节。第一环节是交易，也就是证券买卖，需要一个中心化中介机构或多个中介机构来匹配买卖指令。比如，股票报单和撮合在交易所完成。第二个环节是交易后处理，分为清算和结算。清算主要是计算交易有关各方的证券和资金偿付义务，一些偿付义务会被抵消或轧差。清算也包括将交易信息发到第三方机构处对账，并确认要结算的对象。结算指按照协议转让证券和资金的所有权，分为付券端和付款端。付券端指将证券从证券卖出方转到证券买入方，付款端指将资金从证券买入方转到证券卖出方，后者涉及支付系统。

最终结算指证券和资金不可撤销和无条件完成转移的时刻。结算的一个主要风险是本金风险，指因为资金支付与证券交割不同步，导致卖出方交付证券后无法获得资金，或者买入方支付资金后无法获得证券的风险。因此，金融交易后处理强调券款对付原则——证券交割当且仅当资金支付。取决于付券端和付款端是全额结算还是轧差后净额结算，共有三种券款对付模式：券款对付模式1，指证券和资金都是逐笔全额结算；券款对付模式2，指证券逐笔全额结算，而资金轧差后净额结算；券款对付模式3，指证券和资金都是轧差后净额结算。

图4.7是一个典型的金融交易后处理流程。

三、资金和证券的Token化

（一）Token化的一般逻辑

有必要先厘清三个概念：账户、Token和账本。账户是Account。比如存款记录在银行存款账户中，证券记录在中央证券登记

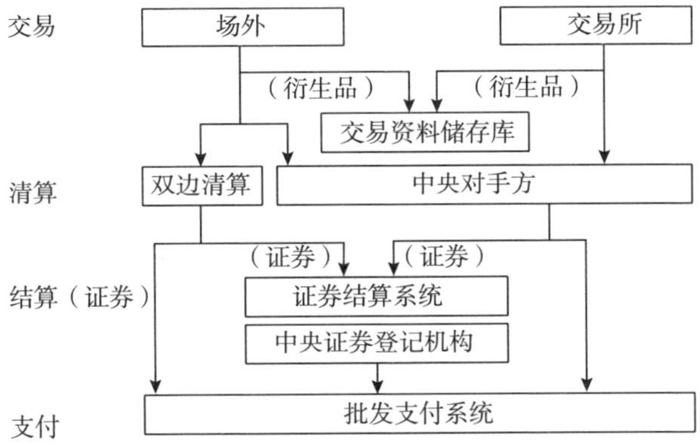

图 4.7　金融交易后处理流程

机构账户中。这些都是账户范式下的价值表达方式，资产的所有权和交易记录都由中心化的账户管理者维护和更新。账本是 Ledger，记录资产所有权和交易，既可以采取账户范式，也可以采取 Token 范式。

Token 及其交易的以下性质是区块链应用于金融基础设施的关键。第一，区块链内不同地址对应着不同用户，类似银行账户。密码学技术（主要是基于椭圆曲线的数字签名算法和哈希加密算法）保证了地址的匿名性，只有具备相应权限的用户才能操作地址，类似银行账户密码。

第二，Token 本质上是区块链内按规则定义的状态变量。按同一规则定义的 Token 是同质的，可拆分成较小单位。不同地址内的 Token 数量，类似银行存款账户余额。分布式账本记录区块链内每个地址内的 Token 数量，类似银行账户报表。分布式账本由多个“矿工”或“验证节点”共同更新和存储，以确保一致。在金融交易后处理中，区块链被用于缩短托管链条、优化交易流程和简化对账工作等，就是基于分布式账本的这一特征。

第三，Token 可以在区块链内不同地址之间转移，类似银行转账。Token 转移过程中总量不变，甲地址之所得就是乙地址之所失。

Token 交易确认与分布式账本更新同时完成，交易即结算。分布式账本和已确认的 Token 交易是全网公开、不可篡改的。

第四，区块链共识算法和不可篡改特点，使得在不依赖中心化受信任机构的情况下，可以保证 Token 不会被“双花”。

第五，区块链运行在互联网上，Token 在区块链内不同地址之间的转移天然是跨国界的。这一特点就是区块链应用于跨境支付的基础。

Token 在存在形态上是一段计算机代码，没有任何内在价值。那么，Token 的价值来源是什么？Token 在中文里一般翻译成记号或表示物。记号或表示物本身没有价值，价值来自所承载的资产。用 Token 承载现实世界的资产（所谓“资产上链”），实质是基于法律法规，用区块链外的经济机制，使 Token 和某类储备资产的价值挂钩。这个过程离不开中心化受信任机构（表 4.2）。

表 4.2　用 Token 承载资产

资产方	负债方
1 单位储备资产	1 单位 Token
1 单位储备资产	1 单位 Token
……	……
1 单位储备资产	1 单位 Token

用 Token 承载资产必须遵循三个规则。一是 1∶1 发行规则。中心化受信任机构基于储备资产按 1∶1 关系发行 Token。这个规则有时也被称为 100% 准备金或足额准备金发行规则。

二是 1∶1 赎回规则。用户向中心化受信任机构退回 1 单位 Token，中心化受信任机构就向用户返还 1 单位储备资产。显然，在 1∶1发行规则和 1∶1 赎回规则下，中心化受信任机构确保 Token 与储备资产之间的双向 1∶1 兑换。

三是可信规则。中心化受信任机构必须定期接受第三方审计并充分披露信息，确保作为 Token 储备资产的真实性和充足性。这方面存在一个特例：中央银行作为 Token 发行机构时，可不受可信规则的约束。

在这三个规则的约束下，1 单位 Token 代表了 1 单位储备资产的价值。在 Token 有二级市场交易时，Token 市场价格会偏离储备资产的价值，但市场套利机制会驱动价格向价值回归。如果 1 单位 Token 的价格低于 1 单位储备资产的价值，套利者就会按市场价格买入 1 单位 Token，再从中心化受信任机构换回 1 单位储备资产，以获取中间差价（1 单位储备资产的价值 - 1 单位 Token 的价格）。套利活动会增加对 Token 的需求，驱动其价格上涨。反之，如果 1 单元 Token 的价格高于 1 单位储备资产的价值，套利者就会用 1 单位储备资产向中心化受信任机构换取 1 单位 Token，获取中间差价（1 单位 Token 的价格 - 1 单位储备资产的价值）。套利活动增加 Token 供给，驱动其价格下跌。一旦这三个规则没有被全部严格遵守，市场套利机制的效果就会减弱，Token 价格会与储备资产的价值脱钩（不一定完全脱钩）。

哪些资产适合用 Token 承载？这主要取决于资产能否满足双向兑换规则的要求。标准化、产权明晰和交易流程简捷的资产最适合用 Token 承载，主要包括资金和证券。

（二）资金的 Token 化

支付与市场基础设施委员会（2019）用图 4. 8 来说明批发结算 Token 的机制设计，步骤如下：

1. 银行 A 为购买 Token，向 Token 安排账户转入资金；

2. Token 安排账户余额增加，触发 Token 发行者新发行等量 Token；

3. 新发行 Token 转给银行 A；

4. 银行 A 转 Token 给银行 B，这个转让是点对点的；

5. 银行 B 赎回 Token 时，将一定数量的 Token 转回 Token 发行者；

6. Token 赎回触发 Token 安排账户转出等量资金；

7. 这些资金转入银行 B 的账户。

图 4.8 显示了批发结算 Token 的发行、转让和赎回机制，体现了 1∶1 发行和 1∶1 赎回这两个规则。图 4.8 左边是账户范式下的操作，右边是 Token 范式下的操作，说明两个范式之间应该有互操作性，指不同系统或机制之间在技术和法律上的兼容性。图 4.8 的机制对资金的 Token 化普遍适用，不限于批发结算场景。

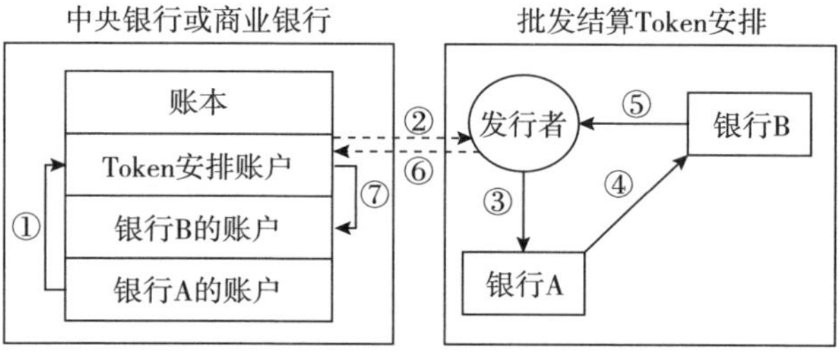

图 4.8　批发结算 Token 的机制设计

根据姚前（2018）对央行数字货币原型系统的设计，为保证数字货币发行和回笼不改变中央银行货币发行总量，银行存款准备金和数字货币之间有等额兑换机制——在发行阶段，中央银行扣减银行存款准备金至数字货币发行基金，并等额发行数字货币；在回笼阶段，中央银行等额扣减数字货币发行基金至银行存款准备金，并注销数字货币。如果将图 4.8 中的 Token 安排账户理解成数字货币发行基金，把 Token 发行者理解成中央银行，图 4.8 实际上很好地描述了姚前（2018）的设计。

2019 年 2 月，摩根大通宣布，基于 Quorum 联盟链推出即时结算客户间交易的摩根币（JP Morgan，2019，见图 4.9）。摩根币代表存放在摩根大通指定账户的美元。客户将美元存入指定账户后，将收到等额的摩根币。摩根币在客户之间的转移发生在 Quorum 联盟链上。客户不一定在美国境内，这样就实现了跨境支付。客户退回摩根币后，将收到从指定账户转出的等额美元。如果将图 4.8 中的 Token 安排账户理解成摩根大通指定账户，把 Token 发行者理解成摩根大通，图 4.8 就描述了摩根币的设计。

图 4.9　摩根币

后文将重点分析 Libra 项目。如果将图 4.8 中的 Token 安排账户理解成 Libra 法定货币储备池，银行 A 和银行 B 理解为 Libra 授权经销商，Token 发行者理解为 Libra 网络，图 4.8 也符合 Libra 的设计方案（Libra Association，2019）。

综上所述，以 DC/EP 为代表的央行数字货币，以 Libra 为代表的稳定币，以及以摩根币为代表的金融机构间结算币，都是 Token 范式在法定货币领域的应用。表 4.3 参考国际清算银行（2018）的“货币之花”模型，按照两个维度对法定货币领域的 Token 范式进行了分类。第一个维度：发行主体是中央银行还是私人机构。第二个维度：目标用户是批发型（只面向机构）还是零售型（面向公众）。

表 4.3　Token 范式在法定货币领域的应用

		目标用户	
		批发型	**零售型**
发行主体	**中央银行**	批发型央行数字货币	一般目标型央行数字货币
	私人机构	金融机构间结算币，比如摩根币	比如美元稳定币和 Libra 项目

（三）证券的 Token 化

用 Token 代表证券时，既可以用 Token 代表已有证券，也可以新发行 Token 形式的证券。要理解 Token 化证券，最好的方式是将其与存托凭证（DR）相比较。Ubin 项目和 Jasper 项目在介绍资金和证券 Token 化时，就直接用存托凭证这个概念。

存托凭证是在一国证券市场发行流通，代表境外公司有价证券（称为“基础证券”）的可转让凭证，每个存托凭证代表一定数量的基础证券。存托凭证业务中有两个核心机构：一是存托机构，作为存托凭证的名义发行人和存托凭证市场中介，为存托凭证投资者服务，包括存托凭证的发行、注册、过户和注销等；二是托管机构，是存托机构在基础证券发行国安排的银行，负责托管存托凭证所代表的基础证券。存托凭证按基础证券是新增发行还是已有存量，分为融资型和非融资型。

存托凭证可以与基础证券进行跨境交易。在境内投资者向境内经纪商发出购买存托凭证的指令后，境内经纪商可以选择在境内市场买入存托凭证，也可以通过境外经纪商在境外市场买入基础证券，经存托机构转换成存托凭证后卖给境内投资者（1∶1 发行规则）。在境内投资者向境内经纪商发出卖出存托凭证的指令后，境内经纪商可以选择在境内市场卖出存托凭证，也可以通过境外经纪商在境外市场卖出基础证券，同时存托机构注销等量存托凭证（1∶1 赎回规则）。因为跨境交易形成的套利机制，存托凭证与基础证券之间一般不会出现较大的价格差异。

Token 化证券可以视为区块链存托凭证（BDR）或数字存托凭证（DDR），只不过主流存托凭证打通的是境外证券和境内投资者，区块链存托凭证打通的则是同一证券的账户形态和 Token 形态（图 4.10）。存托机构在证券 Token 化中居于核心地位。存托机构按照存托协议的约定持有基础证券，委托托管机构托管，并在区块链上

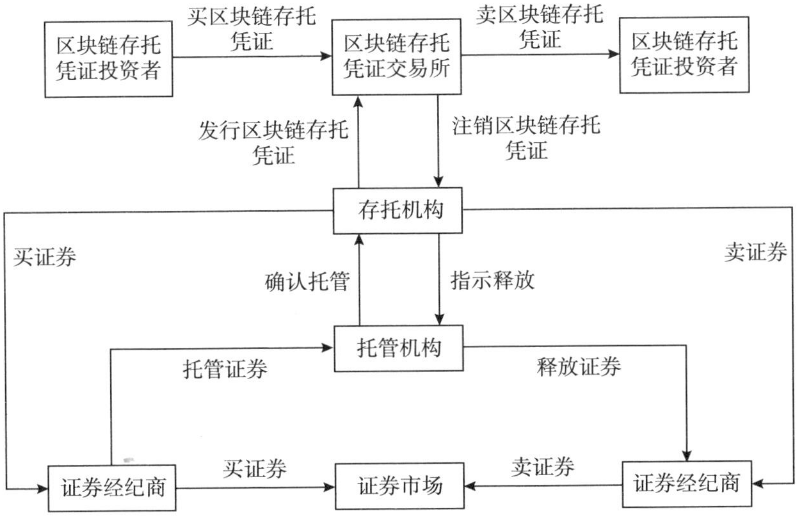

图 4.10　区块链存托凭证

签发代表基础证券的 Token 凭证。不难看出图 4.8 和图 4.10 之间的同构关系：Token 安排账户对应着存托机构的证券账户，Token 发行者对应着存托机构。存托机构可以是银行或证券公司，也可以是证券交易所或中央证券登记机构。如果中央证券登记机构担任存托机构，就是姚前（2019）说的中央证券登记机构与证券结算系统融为一体的情况。

以上讨论了资金和证券 Token 化的经济学逻辑。应该说，这个逻辑并不复杂，但法律问题复杂得多。支付与市场基础设施委员会（2019）提出，要研究 Token 持有者的法律权利，以及 Token 持有者、Token 发行者与 Token 的储备资产之间的关系。比如，Token 持有者是对 Token 发行者有索取权，还是对 Token 的储备资产有索取权？如果是后者，Token 持有者是作为个体还是作为一个整体对储备资产有索取权？这会造成不容忽视的合规风险和操作风险。对账户范式下的金融交易后处理，已有长期探索和研究，建立了一系列风险缓释和管理机制，而 Token 化证券的法律基础仍有待研究。

四、区块链应用于金融交易后处理

全球稳定币和央行数字货币除了应用于支付场景以外，也应用于金融交易场景。金融交易场景尽管受到的关注较少，但重要性一点也不低，理解它的关键是区块链应用于金融交易后处理。

金融交易后处理包含从交易完成到最终结算之间的过程，核心是证券和资金的清算和结算。金融交易后处理既针对证券，也针对资金。如果资金也用区块链处理，金融交易后处理就自然涉及央行数字货币和稳定币。日本银行与欧洲央行合作的 Stella 项目、新加坡金管局的 Ubin 项目和加拿大银行的 Jasper 项目等都包含针对区块链应用于金融交易后处理的试验。

这方面已有很多有价值的工作。2015 年，纳斯达克证券交易所推出基于区块链技术的私募股权交易平台 Linq。2016 年，上海票据交易所筹备组、中国人民银行数字货币研究所筹备组联合若干银行进行数字票据交易平台原型系统开发，实现了基于区块链的数字票据全生命周期的登记流转交易和基于数字货币的券款对付结算功能。2018 年，世界银行发行全球第一个使用区块链创建和管理的债券 Bond - i。[①] 2019 年，美国证券托管结算公司（DTCC）提出 Token 化证券的交易后处理原则。

（一）区块链应用于金融交易后处理的必要性与合理性

区块链应用于金融交易后处理是从账户范式到 Token 范式的转换。但仅靠范式转换不足以支持在金融交易后处理中引入区块链，关键要证明区块链能提高效率，降低风险，并保留目前模式的优点。

在证券的间接持有模式中，一笔交易涉及多个中介机构，比如

---

① https：//www. worldbank. org/en/news/press - release/2018/08/23/world - bank - prices - first - global - blockchain - bond - raising - a110 - million.

中央证券登记机构、托管机构（可以有多层）、交易所和经纪商等。每个中介机构都使用自己的系统来处理、发送和接收交易指令，核对数据以及管理差错等，并维护自己的交易记录。每个中介机构使用的数据标准也都不统一。这些都会产生大量成本，并增加中介机构之间对账的难度。这些问题在证券多层持有时更为明显。

如果中央证券登记机构的结算和账本维护功能通过区块链来实现，那么中央证券登记机构与证券结算系统融为一体，所有市场参与者共享一个账本，将带来以下好处：一是通过分布式、同时化和共享的证券所有权记录来简化和自动化交易后处理工作，降低中央证券登记机构和各种中介机构在后台对账和确认交易细节信息的工作量；二是缩短结算所需时间，减小结算风险敞口；三是因为交易有关信息由交易双方共享，能促进自动清算；四是缩短托管链，使投资者可以直接持有证券，降低投资者承担的法律风险、运营风险以及中介成本；五是可跟踪性好，透明度高；六是去中心化、多备份能提高系统安全性和抗压性（支付与市场基础设施委员会，2017）。最后，Token 化证券的持有者可以通过智能合约编程，对证券进行自动化管理，以实现灵活的风险转移、对冲和资源配置等功能。账户体系也能对证券进行自动化管理，但由中心化的账户管理者实现，而 Token 化证券则把自动化管理能力下放到证券持有者。但贝奇等人（2020）认为自我执行合约可能引发风险传染和放大顺周期性。

Token 化证券要实现以上好处，需满足以下前提：一是中央证券登记机构很好地履行认证功能，确保已发行证券信息的真实性。二是区块链上的记录有法律效力。三是区块链能保证结算的最终性。这个问题对联盟链难度不大，但一些公有链因为存在分叉的可能性，只能在概率意义上保证结算的最终性。四是能实现券款对付。五是能有效处理差错和例外情况，区块链不可篡改的特征客观上增加了这个问题的难度。六是在可能有多方参与验证的情况下，确保交易信息的保密性。七是运营层面的问题，包括身份管理、系统可拓展性以及与现有流程和基础设施的互操作性。接下来先讨论第五至七点（账本管理问题），再讨论第四点（券款对付可行性问题）。

（二）账本管理问题

贝奇等人（2020）提出从以下维度理解账本管理问题。第一个维度是谁有权验证账本。在账户范式下，只有中心化的账户管理者有验证权，它们的信誉和权威非常重要。比如，在支付中，银行验证存款账户所有者的身份；在证券交易中，中央证券登记机构验证证券账户所有者的身份。而在 Token 范式下，理论上任何人都可以验证 Token 交易是否符合事先定义的算法规则。可以把前者称为基于机制设计的信任，把后者称为基于技术的信任。

第二个维度是谁有权更新账本。存在两种情形：一是不需要许可的，理论上任何节点都可以验证交易并更新账本，通过共识算法决定在某一时点上由哪个节点行使这一权利。二是需要许可的，只有受信任的机构才可以验证交易并更新账本。如果只有一个节点可以更新账本，那就与账户范式无异。但即使在这种情况下，Token 范式也有价值。比如，中国人民银行的 DC/EP 原型系统可能使用基于 UTXO 模式的中心化账本。这个中心化账本体现为数字货币发行登记系统，由中央银行维护。因为中央银行的信用显著高于银行和其他私营机构，没必要在 DC/EP 中引入分布式信任机制，所以 DC/EP 使用中心化账本是有道理的。

第三个维度是谁有权使用账本（即发起交易）。存在两种情形：一是公共的，任何人或机构都可以发起交易。二是私有的，只有受信任的人或机构可以发起交易。这种情形与账户体系中的权限管理类似。

第四个维度是谁有权查看账本。存在两种情形：一是非等级的，任何人或机构都拥有账本的完全备份，并获知账本内的全部信息。二是等级的，只有部分人或机构才拥有账本的完全备份。

（三）券款对付可行性问题

一些项目测试了区块链应用于金融交易后处理能否实现券款对付。这个问题的复杂性在于，对金融交易后处理的付券端和付款端，既可以用 Token 范式，也可以用账户范式，共有四种不同组合。表 4.4 说明，每种组合都能找到对应的项目。

表 4.4 对区块链应用于金融交易后处理的试验

		付款端	
		账户范式	Token 范式
付券端	账户范式	目前的主流模式	Fnality①
	Token 范式	Bond - i（世界银行）；RTGS vs Token 化证券（英格兰银行）；TARGET 2② vs ID2S（基于区块链的商业票据 CSD）	原子结算：Jasper（加拿大银行），Stella（欧央行和日本银行）；跨链结算：Stella，Ubin（新加坡金管局）

表 4.4 中值得特别说明的是付券端和付款端都用 Token 范式的组合。中国人民银行在基于区块链技术的数字票据交易平台中，对数字票据的资金结算设计了两套方案：一是链外清算，即采用实时全额支付系统清算（对应表 4.2 中付券端 Token 范式 vs 付款端账户范式）；二是链上清算，即通过央行数字货币进行结算。试验结果发现，央行数字货币的引入大幅简化了票据交易流程，可实现自动实时的券款对付、监控资金流向等功能。而如果采用链外清算，则基于区块链技术的数字票据优势将大幅缩水，与传统电子票据系统差异不大。这说明，证券 Token 化后，必须配合资金 Token 化，才能发挥区块链在金融交易后处理中的潜力。

① Fnality 是一个由 15 家金融机构组成的联盟，计划发行与加元、欧元、日元、英镑和美元挂钩的稳定币。

② TARGET2 的全称是泛欧实时全额自动结算系统，是欧元的实时全额支付系统。

付券端和付款端都是 Token 范式这个组合存在两种情形（图 4.11）：一是付券端和付款端使用同一个 Token 体系（也就是同一条区块链），称为单账本券款对付。对单账本券款对付，资金和证券记录在同一账本。两个交易对手方各自确认交易指令之后，原子结算智能合约可以协调清算和结算，使得证券和资金同时完成转让。Jasper 项目和 Stella 项目认为，券款对付模式 1（即证券和资金都是逐笔全额结算）在这个情形下可行。在去中心化环境下轧差后净额结算的难度比较大。

二是付券端和付款端使用两个不同的 Token 体系（也就是两条不同的区块链），称为跨账本券款对付。对跨账本券款对付，资金和证券记录在两个不同的账本，需要账本之间存在某种机制将两种资产的交易联系起来，有两种可能方法。第一种是由一个中心化机构在两条区块链上协调证券和资金的转让。第二种是由哈希时间锁协议。但能否在所有场景下都实现券款对付仍是一个需要研究的问题。Jasper 项目认为，跨链结算可能有本金风险。Stella 项目测试发现，使用哈希时间锁协议的跨账本券款对付可能发生结算失败，并导致两种不同结果。第一种结果是资金和证券被退还给各自原始持有人，两个交易对手方都不会承担太大风险，但会面临重置成本风

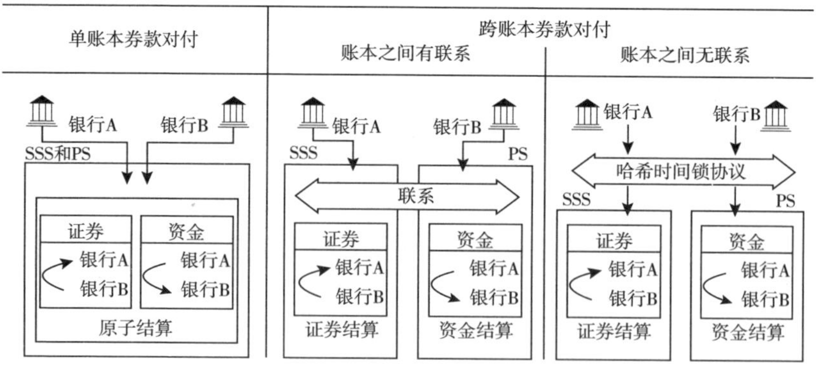

图 4.11　付券端和付款端都是 Token 范式时的券款对付模式

注：SSS 为证券结算系统；PS 为支付系统；→为指令。

险（指因结算失败而不得不重新交易但当前市场条件转差的风险）和流动性风险。第二种结果是资金和证券都会被一个交易方获得，另一方会承担较大的本金风险。

五、金融基础设施的 Token 范式与账户范式

（一）两种范式的对比

1. 在交易场景的表现

在 Token 范式下，Token 在区块链内不同地址之间转移时，Token 总量不会发生变化。Token 交易不依赖中心化受信任机构。交易确认和分布式账本更新同步完成，交易即结算。但很多区块链因为分叉的可能性，只能在概率意义上保证结算最终性，尽管该概率随时间流逝可以趋向 100%。区块链还受制于“三元悖论”。没有一个区块链能同时具有准确、去中心化和成本效率这三个特征。特别是，区块链的去中心化程度越高，效率越低，集中体现为每秒能支持的 Token 交易笔数（TPS）不高。

在账户范式下，交易可以只涉及资产方或负债方的内部调整，也可以涉及资产方和负债方的同步调整。比如，银行向企业放贷，银行在资产方多了一笔对企业的贷款，在负债方多了一笔企业存款。在存款准备金制度下，这个过程持续下去就是存款的多倍扩张机制。账户维护离不开中心化受信任机构（比如银行），信用风险（特别是交易对手风险）始终存在。结算风险也无法消除，但有结算最终性。账户范式下的交易效率可以非常高。

2. 开放程度和隐私保护

区块链对用户高度开放。任何人只要根据非对称加密技术生成一对公钥和私钥，就可以拥有区块链内的地址。地址有很好的匿名性。不通过聚类分析等技术手段，很难识别出地址所有者。但地址内有多少 Token 以及地址之间的 Token 交易，全网可见，不可篡

改。用 Token 进行交易，像是蒙上了一层匿名面纱。尽管这有助于保护地址所有者的隐私，但也加大了“了解你的客户”、反洗钱以及反恐怖融资等方面的监管难度。

开设账户一般需要审批，因此是高度选择性的。银行账户和支付账户等金融账户尤其要满足严格的身份验证要求。比如，《非银行支付机构网络支付业务管理办法》（中国人民银行公告〔2015〕第 43 号）和《关于落实个人银行账户分类管理制度的通知》（银发〔2016〕302 号）。金融类账户一般可以从账户名推测所有者，但账户里有多少资产，仅对具有相关权限的人可见。这也是账户范式与 Token 范式的一个关键不同。

如果把视野从金融类账户拓展到社交网络账户、电子商务账户以及各类应用程序账户等，就会发现：尽管不同账户的实名制有强弱之分，但账户总与身份识别相关联。账户记录其所有者在不同场景的行为，比如社交、购物和出行等。通过分析这些行为信息，可以对账户所有者进行画像，并推断账户所有者的偏好、信用和收入等重要特征。这是互联网公司开展广告业务和涉足金融业务的信息基础。万建华（2013）曾提出“得账户者得天下”的概念。但账户范式下对个人信息的收集和使用，容易演变成侵犯个人隐私。脸书和剑桥分析的数据泄露丑闻就体现了这一点。账户范式面临的这些问题，在 Token 范式下都不存在。

（二）两种范式的替代和互补

首先，两种范式在一些场景中存在替代关系，比如稳定币与“断直连前”的第三方支付（图 4.12）。

2018 年 9 月，美国 Circle 公司基于以太坊推出美元稳定币。美元稳定币遵循前文讨论的资金 Token 化逻辑：以美元准备金 1∶1 发行，遵循 1∶1 双向兑换规则。任何机构只要遵循美元稳定币协议并满足相关监管合规要求，就可以成为美元稳定币发行人。美元稳定币发行人在收到用户提供的美元准备金以后，会存放在受联邦存款保险公司保护的银行中。用户之间的美元稳定币交易就是区块链内的 Token 交易，不会影响在银行的准备金。美元稳定币用户赎回美元稳定币时，美元稳定币发行人除了销毁收到的美元稳定币以外，会从准备金中转出相应金额到用户的银行账户。

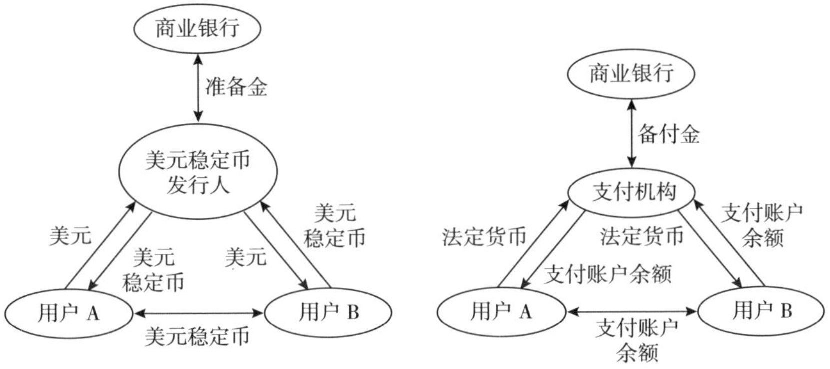

图 4.12　稳定币与第三方支付的对比

在“断直连”前的第三方支付中，用户向第三方支付机构充值后，第三方支付机构会将收到的法定货币存入在银行的备付金账户，并等额调增用户在支付机构的账户余额。用户之间转账只影响他们的支付账户余额，不会影响在银行的备付金。用户提现时，支付机构扣减用户账户余额，从备付金中转出相应金额到用户的个人银行账户。

因此，稳定币与“断直连”前的第三方支付有同构关系，前者属于 Token 范式，后者属于账户范式。

其次，两种范式之间的互补关系，接着用美元稳定币的例子（图 4.13）。目前，大部分美元稳定币交易发生在加密货币交易所。用户将美元稳定币转入加密货币交易所的区块链地址，加密货币交易所等额调增用户在交易所的账户余额。加密货币交易所内的美元稳定币交易实际上是交易所账户余额的交易。出现这个情况的原因在于，区块链内的美元稳定币交易受制于区块链的性能，交易所账户余额的交易效率则高得多。

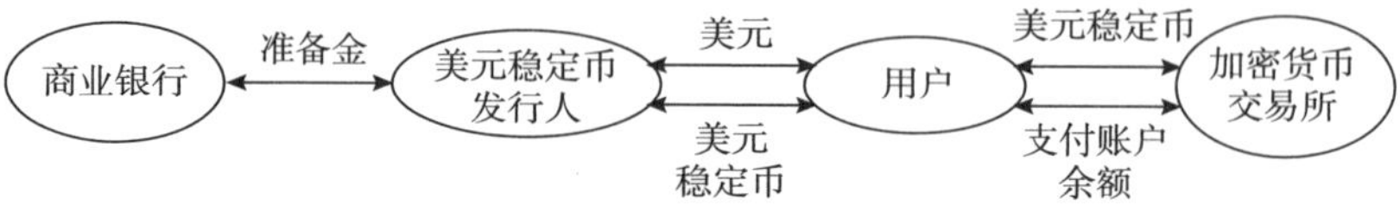

图 4.13　两种范式之间的互补

六、对区块链作为金融基础设施的展望

央行数字货币和以 Libra 为代表的稳定币体现了区块链在货币和支付领域的应用，已成为备受关注的前沿问题。全球稳定币和央行数字货币除了应用于支付场景外，也应用于金融交易场景。这些是区块链应用于金融领域的主流方向。要理解这些应用，既要理解目前以账户范式主导的金融基础设施的特征，也要理解区块链的 Token 范式将带来的变化。

我们初步讨论了以下问题：区块链应用于金融领域会是什么形式？央行数字货币和稳定币是什么原理？在区块链上发行和交易证券是什么原理？央行数字货币怎么应用于金融交易场景？应该说，我们的回答非常初步。对区块链作为金融基础设施，还有大量的经济学、技术、法律和商业拓展问题需要研究。

第一，资金和证券 Token 化的经济学逻辑不复杂，但法律问题尚无清晰答案，主要体现为 Token 持有者的法律权利，以及 Token 持有者、Token 发行者与 Token 的储备资产之间的关系。

第二，区块链应用于金融交易后处理的必要性和合理性。目前分析表明，在证券的间接持有模式中引入区块链，有助于缩短托管链条，降低对中介机构的依赖，简化对账工作量，从而缩短结算流动并提高结算效率。这些改进对证券多层持有更为明显。但在我国资本市场这样的直接持有模式中，区块链的改进作用还有待测试。

第三，我国在数字票据交易平台的试验表明，证券 Token 化后，必须配合资金 Token 化，才能发挥区块链在金融交易后处理中的潜力。因此，区块链应用于金融交易后处理，央行数字货币是一个不能回避的问题。

第四，区块链会为金融交易后处理带来新的问题，包括但不限于：结算的最终性；有效处理差错和例外情况；在去中心化环境下轧差后净额结算的可行性；跨账本券款对付的可行性，这也离不开跨链技术的发展。

本书下一篇将结合数字货币理论与实践，更深入比较金融基础设施的 Token 范式与账户范式。

区块链在数字票据交易平台中的应用

目前，票据业务主要存在三方面问题：一是票据的真实性，市场中存在假票、克隆票、刑事票等伪造假冒票据；二是划款的即时性，即票据到期后承兑人未及时将相关款项划入持票人账户；三是违规交易，即票据交易主体或者中介机构，存在一票多卖、清单交易、过桥销规模、出租账户等违规行为。

与此相对应，区块链用于票据场景也主要有三种。首先，可以解决链上数据真实性问题。从票据发行即对全网所有业务参与方广播，当检验数字票据信息是否被转让或者篡改时，区块链可以提供无可争议的一致性证明。其次，采用区块链的分布式结构，可以消除信息不对称，实现票据价值传递的去中介化，进而消除目前票据市场中介乱象。最后，每张数字票据都是运行在区块链上、拥有独立的生命周期、通过智能合约编程的方式来实现的一段业务逻辑代码，利用此技术可以提高票据交易的效率，降低监管成本。如果在票据链中引入数字货币，便可实现自动实时的券款对付、监控资金流向等功能；而通过构造托管于智能合约的现金池，还可以创造出实时融资等新的业务场景。

一、基于区块链的票据交易平台设计思路

数字票据交易所应该是全国统一的“互联网 + 数字票据交易”的综合性金融服务平台，涵盖票据业务从发行到兑付的全流程，并与纸票电子化、电子商业汇票系统（ECDS）电票票据交易共同构

成统一票据市场，成为货币市场的重要组成部分。数字票据交易所将成为国内票据领域的业务交易中心、支付清算中心、风险防控中心、数据采集中心、研究评级中心等。基于区块链设计的数字票据交易所服务平台与传统的基于中心服务器的电子交易服务平台设计思路不同，其设计思路主要包含四个方面（图 4.14）。

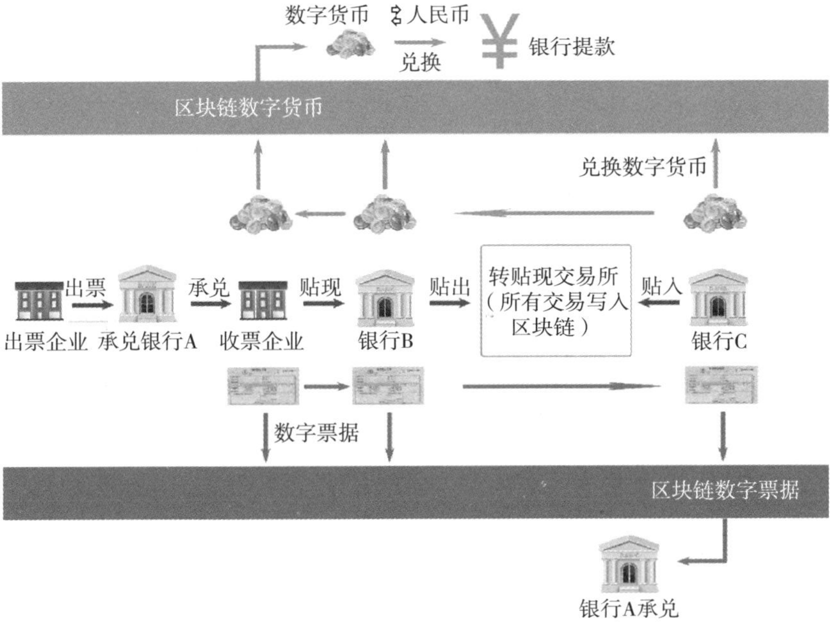

图 4.14　数字票据交易平台

第一，票据交易平台采取相对平权的联盟链。票据交易所、银行、保险、基金等金融机构可以联合组网，各家处于相对平权（相比传统中心化的模式）的位置。在平台中，记账节点（高信用背书特征）共同维护联盟链，普通节点经认证可以同步联盟链的数据并使用这些数据，交易对手和交易过程被完整记录在联盟链上，不可篡改；平台会员以及平台上流转的资产一旦上链，就转化为可信状态且为所有会员可见，避免了不同会员间重复“了解你的客户”流程，大幅降低了交易成本；智能合约则进一步提高了交易的灵活性，降低了确认、清算和结算的成本。

第二，设立一个身份管理机构，负责参与方身份识别，设立了数字票据交易平台的参与方门槛，解决了传统交易平台上中介横行的困境。这个用户身份的管理机构，主要提供参与方身份的证书颁发、存储、验证、授权以及丢失恢复的服务。参与方在票据交易平台中进行登录、交易、查询等业务操作时使用私钥进行认证与数据加密。

第三，使用区块链承载数字票据的完整生命周期，并采用智能合约优化票据交易与结算流程，提高交易效率并可以创造出很多全新的业务场景。数字票据业务系统包含开票、企业间流转、贴现、转贴现、再贴现、回购等一系列业务类型。这些业务类型以及交易中的要求和限制，都可以通过智能合约编程的方式实现，并可根据业务需求变化灵活变更升级。票据交易智能合约可以自动完成资金转移、保证金锁定、手续费扣除、所有权变更等票据交易。

第四，利用区块链大数据与智能合约，实现票据交易的事中监管，降低监管成本。得益于区块链的技术特性，监管方随时可以对分布式账本的交易记录进行审计，而不需要依赖于票据交易平台提供的接口。监管机构可以根据监管要求，设计开发用于监管的智能合约，并发布到数字货币区块链上，由票据交易智能合约执行时作为前置合约进行调用，可以直接中止不符合监管要求的交易。每个交易的监管执行结果也会记录在区块链账本上。

一个完整的区块链服务平台应该包括底层交易账本组件、公共服务组件、以智能合约为基础的产品工厂组件和外部接口组件这四个设计层次。其中，底层交易账本组件将对交易类型、协议规范（交易协议）、共识协议、文件库（格式化/非格式化文件）、合约解释（文本说明）、节点授权（权限说明）进行统一设计与管理；公共服务组件对会员机构、账户、票据属性、交易方式等进行统一设计与管理；业务层智能合约组件将对票据发行（数字化、上链）、市场交易（挂牌、上下架、撮合等市场手段）、清结算、风控等关键要素做整体设计；最上层的接口组件将提供身份管理业务的API、区块链票据管理平台API、票据钱包软件开发工具包、区块查询软件开发工具包等。

二、数字票据交易平台的具体方案

借助区块链构建数字票据本质上是替代现有电子票据的构建方式，实现价值的点对点传递。在数字票据的资金结算方面，数字票据交易平台设计了两套方案：一是链外清算，即采用实时全额支付系统清算。二是链上清算，通过央行数字货币进行结算，在联盟链中设置一个央行的数字货币发行节点，由该节点负责数字货币的发行和兑付。法定数字货币的可编程性本身对数字票据就有可替代性，可以把数字票据看作有承兑行、出票人、到期日、金额等要素的数字货币。试验结果发现，央行数字货币的引入大幅简化了票据交易流程，可实现自动实时的券款对付、监控资金流向等功能。如果采用链外清算，基于区块链技术的数字票据优势则将大幅缩水，与传统电子票据系统差异不大。

（一）数字票据平台链外清算方案

基本设计思路是：数字票据系统采用联盟链技术，央行、数字票据交易所、银行以及其他参与机构以联盟链节点的形式经许可后接入数字票据网络；不同的节点在接入时可以根据角色不同和业务需求授予不同的链上操作权限，包括投票权限、记账权限和只读权限等；数字票据发行后以智能合约的形式登记在联盟链上，并在链上进行交易撮合；结算则通过数字票据交易所连接联盟链之外现有的基于账户的支付平台完成；数字票据交易所的主要角色是充当交易结算过程中的信任中介；交易撮合主要由银行和参与机构等各参与方，基于联盟链的共享数据自行完成。

以转贴现交易为例，链外结算模式下数字票据的交易流程包括四个步骤。

第一步：银行 A 就所持有的数字票据 SDD－1 发起转贴现交易申请，改写 SDD－1 智能合约中的交易状态为转贴现待交易，并写入转贴现的种类及期望的转贴现利率；此后，银行 A 不能再对该票做其他操作（此步骤发生在链上）。

第二步：银行 B 在链上发现符合它期望的转贴现待交易状态的数字票据 SDD－1（此步骤发生在链上）。

第三步：银行 B 向数字票据交易所发起转贴现签收交易。数字票据交易所扣除银行 B 在交易所所开保证金账户上的本次交易金额（转贴现金额扣除利息）；将转贴现金额扣除利息和手续费后划入银行 A 在交易所开立的保证金账户；手续费部分划入交易所自身账户（此步骤发生在链下）。

第四步：数字票据交易所，完成并关闭数字票据 SDD－1 的转贴现签收交易，票据持有人被让渡给银行 B（此步骤发生在链上）。

通过以上交易流程的分析可以发现，因为支付结算仍然采用的基于现有保证金账户体系的模式，其结算在链下异步完成，无法真正做到券款对付。数字票据交易平台在整个交易结算过程中，充当信任中介角色。

（二）数字票据平台链上直接清算方案

为了实现资金流和信息流的合二为一，简化交易流程，达到券款对付的目的，我们还设计了链上直接清算的方案：引入央行数字货币，发挥数字货币的支付结算功能。具体做法是：在数字票据的联盟链中，设置一个央行的数字货币发行节点，由该节点负责数字货币的发行和兑付；借鉴现行电子票据模式中线上清算与备付金账户相挂钩的方式，实现数字票据的网络节点与存有实物货币账户绑定的方式，通过这个发行节点 1∶1 兑换成央行数字货币，在区块链中流通；银行等业务参与方在本系统中除了持有票据等，还会持有一定量的央行数字货币；在交易中，参与方是通过向交易对手方发送央行数字货币的方式来完成支付操作。

仍然以转贴现交易为例进行典型交易分析，此时交易的全部过程全部在区块链上完成，不涉及任何的链下步骤。

第一步：银行 A 就所持有的数字票据 SDD - 1 发起转贴现交易申请，改写 SDD - 1 智能合约中的交易状态为转贴现待交易，并写入转贴现的种类及期望的转贴现利率（和上一个方案的差异在于，这张票据无须被冻结，也无须向第三方让渡智能合约的控制权）。

第二步：银行 B 在链上发现符合它期望的转贴现待交易状态的数字票据 SDD - 1。

第三步：银行 B 向数字票据 SDD - 1 发起转贴现签收交易，并直接向该数字票据 SDD - 1 的智能合约地址发送足额的央行数字货币；数字票据 SDD - 1 的智能合约收到央行数字货币后，会把央行数字货币转账给银行 A；与此同时，该数字票据 SDD - 1 会把自己的当前控制人（持有人）由银行 A 改为银行 B。交易至此完成，交易的原子性和完整性由央行数字货币区块链保证。

央行数字货币的引入大幅简化了票据交易流程。对于简单交易来说，交易双方可以点对点直接交易，无须第三方的信用担保，不用担心交割问题，没有交易对手方的风险。缺点则是，因为交易中是全额清算，对参与方的资金占用较多，需要一定的措施来提高资金利用效率。具体方案实施可以考虑设计银行间拆借资金池进行资金使用权的市场化调节。

三、数字票据交易平台的主要创新

传统的交易所模式中，交易所主要提供两种服务：信息中介和信用中介。在以区块链和智能合约为基础的数字票据交易平台上，因为基本所有的信息都是留存在区块链上的，交易所信息中介的角色会弱化，而区块链本身就擅长解决信任问题，因此交易所在区块链的业务系统中，更多是提供交易场所、支持服务，并引导交易发生。同时，在隐私数据的交换过程中，交易所可以承担信息中转的角色。票据交易所也是一个交易规则的制定者，负责参与方的线下身份认证，监控链上的交易行为，更新发布票据的智能合约模板等。对于复杂交易来说，交易所可以辅助分析交易条件，提供定制智能合约等服务。此外，票据交易所还是整个票据业务平台的建设者和维护者。

目前阶段，数字票据交易平台与票据交易所是两个相对独立的交易平台。票据交易所是基于纸票电子化、ECDS 电票票据交易平台，而数字票据交易平台仅是有限的参与方参与建设、测试的交易平台。通过数字票据交易平台达到聚集区块链和数字货币开发相关人才，并对相关技术用于票据交易进行测试的目标。未来技术条件成熟时，数字票据交易平台可与票据交易所的系统对接。最终数字票据交易平台应该是全国统一的“互联网 + 数字票据交易”的综合性金融服务平台。业务涵盖票据业务从发行到兑付的全流程，并与纸票电子化、电子商业汇票系统电票的票据交易共同构成全国统一的票据市场，成为货币市场的重要组成部分。

数字票据交易平台项目自主创新研发了一套符合数字票据和数字货币等金融业务场景特点的底层联盟链，有以下主要创新点。

一是底层技术方面，吸收借鉴部分国外区块链技术的成果并结合自身业务特点进行了优化和改进。例如，参考以太坊的智能合约虚拟机技术，并在此基础上扩充了 OPCODE 指令操作码，实现隐私保护机制所需要的同态加法操作。又如，参考 Fabric 的共识机制，并对 PBFT（拜占庭容错）算法进行了优化，使得底层联盟链支持节点的动态管理。

二是安全加密方面，根据金融业务的需求，对底层联盟链进行了大量安全方面的加固和创新。例如，实现了节点通信加密、数据落盘加密，并改造金融密码机和芯片智能卡，以实现联盟链上用户私钥的安全存储和运算。同时，还进行了将区块链底层加密算法，改造成国密算法 SM2、SM3 的验证与测试。

三是隐私保护方面，跟踪和研究国外区块链信息隐私保护技术的发展，根据数字票据特定场景下的隐私保护需求，结合同态加密和零知识证明算法，解决了数字票据交易金额对交易无关方的信息保密，同时又保证了票据交易所等监管方在必要时拥有看穿机制。

四是在吸收区块链和智能合约等分布式技术优点的基础上，也针对其缺点和不适用性进行了特殊改造。例如，改造联盟链底层实现智能合约的干预机制，以满足司法干预等现实中存在的特殊需求等。

五是创新性地提出并设计了区块链中间件，使得在基于区块链节点开发的同时，上层业务应用系统仍可保留类传统中心式系统的开发架构，有效降低了开发门槛。通过区块链中间件，可有效实现底层联盟链与上层类中心式业务应用系统之间的消息传递机制，并给出了中心式业务应用系统并发访问区块链节点、时间戳共识、交易确认事件通知等问题的解决方案。

六是采用业务逻辑智能合约与数据智能合约相分离的新型设计模式，解决了传统区块链智能合约不易升级，以及升级后繁重的历史数据迁移等问题。在这种设计模式下，可以支持票据交易所对包括数字票据交易在内的业务逻辑的在线升级，而无须进行数字票据数据迁移。

七是区块链技术也带来了业务创新。例如，引入数字货币进行结算，可实现数字票据交易的资金流和信息流的同步转移，从而实现券款对付结算。又如，区块链数字身份方案解决了不同金融机构间对用户重复“了解你的客户”认证的问题等。

第五篇

数字货币变革

数字货币是当下金融科技领域最受关注、争议也最多的问题。数字货币目前主要分为两种：第一种是加密货币或加密资产，有支付型、功能型和证券型之分；第二种是以区块链作为金融基础设施承载法定货币及其交易，包括央行数字货币和稳定币。不同的数字货币面临的经济学和监管问题非常不同。

加密货币到现在仍是一个投机性资产，并且面临着很多争议问题和监管挑战。尽管如此，加密货币有关的经济学问题仍有一定的学术价值，包括加密货币定价机制，分布式自治组织的可行性和局限性，加密货币一级市场和二级市场的机制和参与者行为，加密货币投机和泡沫的危害性，以及加密货币监管。对这些问题的研究，对理解稳定币和央行数字货币有参考价值。

稳定币中最受关注的是 Libra。实际上，金融科技当下的热度在一定程度上与 Libra 项目有关。Libra 1.0 计划基于 Token 范式实现超主权货币，以建立一个简单的全球性货币和为数十亿人赋能的金融基础设施。Libra 从 1.0 到 2.0 的最大转向在超主权货币定位上。Libra 2.0 以单一货币稳定币为主，超主权货币为辅。对货币当局而言，合法合规的单一货币稳定币主要是支付工具，不会有货币创造，不影响货币主权，金融风险可控。主要国家对单一货币稳定币的监管将逐渐完善。单一货币稳定币会拓展本国货币在境外的使用，会强化强势货币的地位，侵蚀弱势货币的地位。Libra 2.0 尽管包含超主权货币计划，并且超主权货币方案在经济学设计、监管复杂度和商业启动策略等方面优于 Libra 1.0，但超主权货币在 Libra 2.0 将处于一个边缘位置。超主权货币的实际应用情况，将完全取决于市场需求以及 Libra 联盟投入多少资源。可以预见的是，Libra

2.0将极大缓解Libra项目面临的监管和商业阻力，并加速推进其发展进程。如果Libra成功的话，对弱势货币、不可兑换货币、发展中国家货币将有替代作用。我国要应对Libra的挑战，还是要加快资本项目可兑换，完善金融体系，让人民币成为强势货币的一份子，并免受侵蚀与替代。

央行数字货币通常指中央银行作为负债发行的用于支付和结算的数字化工具。央行数字货币的界定标准涉及但不限于：第一，可得性，是仅适用于金融机构，还是面向一般公众；第二，技术是基于账户，还是基于价值或代币（即Token范式）；第三，是否计息。发行央行数字货币对货币政策、金融稳定等方面的影响，很大程度上取决于央行数字货币的设计以及市场对央行数字货币的需求。经过过去几年的研究和讨论，主要中央银行的央行数字货币设计方案已逐渐收敛到“现金替代，基于100%准备金发行，遵循二元模式，采取Token范式，不付息”等核心原则。央行数字货币设计方案中仍未有共识的问题就是以批发型还是零售型为先。对零售型央行数字货币及其影响的研究需要更深入。特别是，零售型央行数字货币可能对银行存款产生挤出效应，进而影响银行的融资、放贷和金融稳定。

我国DC/EP定位于现金替代，在“双层运营”架构下基于100%准备金发行，采取账户松耦合方式投放+中心化管理模式。DC/EP从设计理念、顶层框架、技术路线上都具有先进性和合理性，被大多数主要国家的央行认可和借鉴学习。中国人民银行推动发展DC/EP的目的：首先在于提高支付系统的效率；其次是支付系统作为金融基础设施联接整个金融服务业，发展DC/EP也是为了提高金融业的竞争力；同时中央银行发行数字货币有利于提高公众对人民币的信心，推进人民币国际化；此外，中央银行主导数字货币，规范金融机构和科技公司的行为，可以确保公众利益得到保护，避免市场扭曲。

DC/EP发行和回笼不影响中央银行货币发行总量，不会造成货币超发，对通货膨胀的影响基本中性。DC/EP 与“数字化量化宽松”之间没有必然联系，与狭义银行是不同层次的概念。DC/EP 相当于以数字形式提升公众的现金偏好，会降低货币乘数，反而有一定的货币紧缩效应。但这个紧缩效应的规模不会很大，中国人民银行的货币政策完全可以对冲。DC/EP 不会显著冲击银行地位，银行用 DC/EP 放贷也不会显著影响贷款产生存款的机制。

DC/EP 的清结算安排以及在批发和零售环节的安排，已逐渐明朗，但仍有很多问题需要研究，并将对支付领域产生很大影响。总的原则应是发挥金融基础设施中的公私合作精神。中国人民银行在做好 DC/EP 技术标准和应用规范的基础上，支付路径、支付条件以及之上的商业应用交给市场来做。特别是，要发挥第三方支付机构在支付产品设计创新、场景拓展、市场推广、系统开发、业务处理和运维等服务环节的作用。

DC/EP 有助于推进人民币跨境支付，但需要研究境外商家和居民开立 DC/EP 钱包时的“了解你的客户”程序和要求，以及在 DC/EP 因市场需求在境外国家应用较多时，如何尊重对方的货币主权。DC/EP 跨境支付主要增强人民币作为贸易结算货币功能，而且初期主要用于小额贸易结算。这只是人民币国际化的必要条件之一，远非充分条件。DC/EP 在金融交易场景的应用值得研究。

数字货币前沿研究

自2019年6月脸书发起的Libra联盟发布Libra项目白皮书以来，世界各国加快部署对数字货币的研究和监管。关于数字货币如何影响全球支付体系、金融业态、货币体系以及货币金融管理政策的讨论不断深化。国际组织和各国央行也加强了对央行数字货币的研究。现将数字货币研究前沿进行综述。

一、数字货币分类框架和发展概况

（一）数字货币的分类框架

2019年7月15日，国际货币基金组织发布了一份专题报告《数字货币兴起》，报告基于支付手段的类型，按照数字货币的四个属性，[①] 首次提出了一个数字货币分类框架（Adrian and Mancini - Griffoli，2019）。[②] 具体而言，该报告将数字货币分为五类。

1. 央行货币，包括日常使用的现钞、硬币，以及近年来广泛讨

① 第一个属性是类型，即按有无抵押物分为债权型和物权型两类。第二个属性是价值，对于债权型货币，关键是能否按规定票面价格赎回，即抵押物的价值是否稳定。第三个属性是支持方，这一属性仅针对可按固定面值赎回的债权型货币，即谁来保证可按面值赎回，政府机构还是私人商业机构。这种区别关系到消费者的信任和监管态度。第四个属性是技术，即结算方式是去中心化的还是中心化的。去中心化结算方式相对容易跨越国界。

② 文献中提出不同的分类方法，但不够系统。例如，Rivadeneyra and Wong（2019）区分了四种电子货币形式，即中央银行账户、分散代币、集中代币、通过中介机构或托管人的委托代币。

论的央行数字货币（CBDC）。央行数字货币替代现钞，是中央银行直接对公众发行的电子货币，作为中央银行的负债，属于法定货币的一种形态，并可向持有者支付利息。相比而言，现钞的利率总为0。

2. 加密货币，直接发行在区块链上，根据是否采用算法维持币值相对法定货币的汇率稳定，可分为管理型（又称算法稳定币）和公共型（如比特币、以太坊）。

3. 银行发行的 b－money，如银行的存款。

4. 私人部门发行的电子货币 e－money，可以作为代币或账户发行，以中心化或去中心化的方式结算（Adrian，2019）。例如，不享受存款保险的摩根币，中心化方式结算的支付宝和微信支付、印度的 Paytm、非洲东部的 M–Pesa，基于区块链的 Gemini、Paxos、TrueUSD、USDC 等。

5. 由私募投资基金发行的、具有投资属性的 i－money。该报告将 Libra 归为投资货币，[①] 认为其是一种有抵押、可按浮动价值赎回的货币，本质上是一种私募投资基金的份额。除了按可变价格兑换法定货币这一显著差别以外，投资货币几乎等同于电子货币（Adrian and Mancini－Griffoli，2019）。

布鲁纳梅尔等人（2019）讨论了数字化对货币的影响。一方面，货币的多重功能可能被分拆，造成承担特定功能的货币之间更激烈的竞争。另一方面，数字货币与平台生态的结合，可能重新组合货币功能。特别是，支付和一系列数据服务打包，使得不同平台更趋差异化，但也限制了互操作性。数字货币也可能对国际货币体系造成显著影响。与邻国在社会或数字上整合程度高的国家可能面临数字意义上的“美元化”。系统重要性平台的普遍存在，可能促

① Libra 联盟宣称，通过与一篮子货币挂钩，Libra 将被打造为内在价值稳定的数字货币。不过，Demertzis and Mazza（2019）指出，在实际运营中 Libra 价值的稳定性取决于两个因素：一是所参考的货币篮子组成与币值是否稳定，二是在应对货币需求快速上涨时，Libra 联盟兑现币值稳定承诺的决心和能力。

成超越国境的数字货币区（DCA）。央行数字货币可确保公共部门发行的货币仍是重要的记账单位。

（二）私人部门发行的电子货币的发展和风险

阿德里安（2019）认为，电子货币是预付卡的数字等价物，其价值完全由法定货币支持。中国电子货币的交易额达到 18.7 万亿美元，超过维萨卡和万事达卡在全球范围内处理的所有交易。电子货币的广泛采用主要是得益于其价值相对于法定货币稳定、富有便利性、交易成本低、具信任和网络效应（Adrian，2019）。

电子货币带来的潜在风险主要体现在：流动性风险，即不能保证按时兑付；违约风险，即电子货币提供商违规使用客户资金从事高风险投资或者使用客户资金弥补其他业务的亏损，导致不能兑付；市场风险，即抵押资产价格暴跌，电子货币提供商出现兑付困难；汇率风险，即抵押资产如果包含以外币计价的资产，那么抵押物的价值受汇率波动的影响（Adrian and Mancini－Griffoli，2019）。

（三）加密货币发展概况和主要国家的态度

加密货币主要分为支付型、证券型和功能型三种。加密货币市场的形成催生了集中交易平台和分散交易平台。前者可使法定货币买卖各种加密货币，并允许不同的加密货币之间进行交易。由于一些国家（如中国）对其的监管力度加大，现有的集中交易平台主要分布在马耳他、日本、韩国、新加坡、中国香港和美国。后者的用户可以直接点对点交换加密货币，在某些情况下，完全不需要中介机构，由专门开发的程序（智能合约）自动进行清算。

由于比特币、以太币等加密货币的投机色彩重、价值波动较大，价值相对稳定的稳定币逐步发展。稳定币通常与现有货币（或一篮子货币）挂钩，并由匹配的抵押品支持，使用算法来控制供应量从而稳定价值（BIS，2019a）。稳定币的抵押品包括线上抵押品和线下抵押品。不过，稳定币持有人没有法律上强制执行的偿还权利，如果发行人在稳定币赎回时无力偿还债务，持有人将承担信用风险（Deutsche Bundesbank，2019）。

加密货币没有地域限制，无须和任何现有银行系统绑定，也不需要任何第三方可信机构（如中央银行、发卡行或移动运营商）参与认证。加密货币在公开的计算机网络上发行，其交易是通过加密系统进行的，网络上的任何成员都可参与记账且任何人都可以看到加密货币的交易信息。加密货币可以作为支付结算手段，但也可能为洗钱或者恐怖融资提供便利。2017 年美国政府关闭了阿尔法湾（AlphaBay），原因是美国政府认为该网站利用加密货币进行毒品、非法枪支交易等不法行为。

加密货币会削弱中央银行实施货币政策的能力。拉斯金和雅尔玛（Raskin and Yermack，2016）认为，流通的加密货币给一国央行带来的挑战类似于国外货币的竞争。布鲁金斯学会于 2018 年发布报告《数字时代的中央银行》，梳理了主要国家对加密货币发展的态度（Prasad，2018）。一是不同程度的禁止。2017 年中国出台政策在国内禁止比特币等所有加密货币交易，印度未授权任何机构从事加密货币交易。二是积极管制。日本和加拿大对加密货币交易和使用设立了法律条规。美国认可加密货币是金融资产，但必须遵守税法和反洗钱条例。三是被动容忍。大多数国家不禁止也不鼓励使用加密货币，不认可其作为支付手段的法律地位。四是发行加密货币。委内瑞拉于 2018 年 2 月发行了第一种官方加密货币——石油币（Petro），并在 4 月宣布为法定货币。

（四）数字货币对金融体系的影响

1. 影响支付系统、金融市场、中央银行货币政策的有效性，以及资本流动

支付系统。新技术使得支付系统速度更快、成本更低，增强了

金融包容性。但分散的支付系统可能会存在交易对手风险（Prasad，2018；Wadsworth，2018）。

市场结构。新技术克服了金融中介信息不对称问题，使银行业务模式面临挑战。随着金融中介成本的下降，大型金融机构的重要性将会降低，中小银行将获得更公平的竞争环境（Prasad，2018；Yanagawa and Yamaoka，2019）。

央行地位及货币政策传导有效性面临挑战。随着数字货币技术发展，银行和其他金融机构可能克服技术障碍，内部进行支付清算和流动性管理，从而削弱中央银行结算和流动性管理职能（Prasad，2018；Deutsche Bundesbank，2019）。在高通胀的国家，本国货币可能会被外国的数字货币取代，削弱本国央行货币政策的控制权（Prasad，2019）。

影响资本流动。支付交易结算 Token 化可以促进贸易融资和普惠性跨境支付（Deutsche Bundesbank，2019）。不过，更便捷的数字化跨境支付渠道使得资本流动更加难以监管和控制，尤其金融市场不发达的新兴市场经济体更难应对资本流动和汇率波动，更易受到发达经济体货币政策转变带来的溢出效应和国际投资者调整投资组合时所产生的传染效应影响（Prasad，2018）。

2. 数字货币对金融监管提出更高要求

一是数字货币的广泛应用可能带来金融脱媒，影响金融稳定和货币政策效果（Rivadeneyra and Wong，2019）。二是稳定币（尤其是全球范围内的稳定币）可能加剧国际金融市场风险（尤其是负利率国家），同时带动全球优质流动资产的供给减少，影响银行达到《巴塞尔协议Ⅲ》的标准（BIS，2019a；FSB，2019）。三是超主权数字货币的发行将严重限制关于数据保护或数字税收的政策，如欧盟（Deutsche Bundesbank，2019）。德梅齐和马萨（Demertzis and Mazza，2019）认为，Libra 计划的推出，推动各国政府加速部署数字货币的监管。四是如果金融机构有对数字货币的直接或间接敞口，数字货币的高波动性可能影响金融机构的安全稳健。国际清算银行（2019b）从银行监管角度，讨论如何将银行对加密货币的直接或间接敞口纳入审慎监管框架。

3. 数字货币可编程性的应用

布特林（Buterin，2013）在以太坊白皮书中设想了智能合约在金融中的一系列应用场景，特别是基于智能合约的金融衍生品。然而，在以太坊中，智能合约只能操作以太币和 ERC20 Token 等加密货币，这样基于智能合约的金融衍生品就难以适配用户在区块链外的风险敞口。

在央行数字货币配合有一定中心化色彩的预言机时，这两个障碍都会迎刃而解。基于央行数字货币的可编程性构造的原生数字金融资产，有助于实现新的资金融通方式，以及管理、对冲和转移金融风险的新渠道。接下来，以原生数字债券为例说明。

假设 $t=0$ 时刻，企业 A 向投资者 B 和 C 发债融资 100 元，投资者 B 和 C 各认购 50 元。债券票面利率为 4%，于 $t=0.5$ 和 $t=1$ 时刻各付息一次，于 $t=1$ 时刻到期还本金。假设所有资金融通均通过央行数字货币实现。表 5.1 给出了原生数字债券有关的资金和证券活动特征。

投资者 B 和 C 分别持有企业 A 发行的面值为 50 元的债券。接下来考虑债券的二级市场交易。假设在 $t=0.6$ 时刻，投资者 D 用 25.2 元买走投资者 C 持有的一半债券。表 5.2 显示了原生数字债券交易。

表 5.1　原生数字债券

时刻	资金活动	证券活动
$t=0$	投资者 B 地址→企业 A 地址 50 元 投资者 C 地址→企业 A 地址 50 元	创设智能合约 $t=0.5$：企业 A 地址→投资者 B 地址 1 元 企业 A 地址→投资者 C 地址 1 元 $t=1$：企业 A 地址→投资者 B 地址 51 元 企业 A 地址→投资者 C 地址 51 元

续表

时刻	资金活动	证券活动
$t=0.5$	企业A地址→投资者B地址1元 企业A地址→投资者C地址1元	$t=0.5$ 时刻的智能合约条款被触发
$t=1$	企业A地址→投资者B地址51元 企业A地址→投资者C地址51元	$t=1$ 时刻的智能合约条款被触发，智能合约执行完毕

表5.2　原生数字债券交易

时刻	资金活动	证券活动
$t=0.6$	投资者D地址→投资者C地址25.2元	重置未执行的智能合约条款 $t=1$：企业A地址→投资者B地址51元 企业A地址→投资者C地址25.5元 企业A地址→投资者D地址25.5元
$t=1$	企业A地址→投资者B地址51元 企业A地址→投资者C地址25.5元 企业A地址→投资者D地址25.5元	$t=1$ 时刻的智能合约条款被触发，智能合约执行完毕

从表5.1和表5.2可以看出：第一，原生数字债券以代码（智能合约）形式存在于区块链上，不需要中心化托管机构。第二，原生数字债券中的资金和证券活动是自动执行的，没有操作风险，效率非常高。第三，原生数字债券交易直接在区块链上完成产权变更，这会对债券流动性风险产生显著影响。需要说明的是，可编程性无法消除原生数字债券的信用风险。比如，假设 $t=1$ 时刻，企业A地址里面只有90元，就算资金划转由智能合约自动执行，也没法保障债券履约。所以，对原生数字债券的信用风险，仍然要采用传统的管理方法。

以上逻辑，对基于央行数字货币的可编程性构造股票类、保险类和衍生品类等数字金融资产都成立。

二、央行数字货币的设计和各国态度

央行数字货币通常指中央银行作为负债发行的用于支付和结算的数字化工具（Yanagawa and Yamaok，2019）。从现有文献看，不同央行对央行数字货币的定义存在很大差异（Beniak，2019）。国际清算银行支付和市场基础设施委员会从发行者（中央银行或者其他机构、个人）、货币形式（实体货币或是数字货币）、可获得的难易度（容易或困难）以及技术（代币还是账户）四个角度进行了分析（CPMI，2018）。未来央行数字货币的共性是：第一，是数字货币形态的；第二，由央行发行。但是在另外两项指标中央行数字货币存在较大的灵活性。具体形式上，支付与市场基础设施委员会（2018）认为，央行数字货币可能有两种，一种是批发型，另一种是一般目标型。批发型央行数字货币主要针对金融机构，而一般目标型央行数字货币则可以被广泛使用。在技术上，央行数字货币可以基于账户，也可以基于价值或代币（即 Token 范式）。央行数字货币在账户范式和 Token 范式之间如何选择，国际上尚无定论，但实践中倾向于 Token 范式。

（一）央行数字货币的设计及其影响

央行数字货币的设计机制多样，涉及发行途径、数量监管、是否付息等。金和权（Kim and Kwon，2019）认为，央行可以按照政策目标调整央行数字货币的限额设定、利息支付等设计。

从发行途径看，可分为中央银行直接向公众发行，或者通过中间机构向公众发行。如果中央银行直接向公众发行央行数字货币，可能使中央银行处于与银行账户直接竞争的地位，加剧银行挤兑和流动性问题（Yanagawa and Yamaoka，2019）。此外，账户式央行数字货币涉及个人身份信息的核实以及关联账户的管理，运行成本比较高，风险责任由中央银行承担（Rivadeneyra and Wong，2019）。阿德里安

(2019)提出中央银行与私营部门合作发行合成央行数字货币的形式，中央银行通过持有数字货币提供商的储备金为央行数字货币提供信任支持，鼓励数字货币供应商之间展开竞争，同时发挥其比较优势。

从数量监管看，若中央银行不对央行数字货币的数量进行监管，则央行数字货币、现金和银行存款之间的兑换比率可保持稳定，但可能出现从银行存款大规模转移到央行数字货币的风险；若中央银行对央行数字货币的数量加以限制，央行数字货币可能产生稀缺性溢价，导致央行数字货币、现金和存款之间的兑换比率不稳定。主流观点认为，至少在初始阶段，央行数字货币的数量将非常有限（Barrdear and Kumhof，2016；CPMI，2018；ECB，2019）。对于现金完全被央行数字货币取代，央行数字货币成为唯一的中央银行货币的情况，仍然有待研究（Davoodalhosseini，2018）。

从是否付息看，若央行数字货币不计息，则相当于代替纸质钞票的数字化支付工具。若将央行数字货币视为类似存款准备金的、数字化的中央银行负债，央行数字货币可以设计为付息。日本央行经济学家柳川和山冈（Yanagawa and Yamaoka，2019）认为，央行数字货币的利率可以成为市场利率的有效下限，对央行的利率决策提出了较高的要求。

综合而言，英格兰央行的经济学家坤霍夫和努恩（Kumhof and Noone，2018）认为，若央行数字货币的设计遵循一系列核心原则，则可以化解银行存款向央行数字货币搬家的相关风险，包括央行数字货币利率可调整、不允许准备金和央行数字货币相互转换、银行无须担保银行存款与央行数字货币之间的按需兑换等。

（二）各国政府对央行数字货币的态度迥异

国际清算银行于 2018 年末的一项调查（样本国家 GDP 占全球 GDP 总量 90%）显示，目前约 70% 的中央银行正在研究央行数字货币的概念，只有 15% 的央行认真考虑未来几年发行央行数字货币，约10%已启动试点项目；不过，由于法律的限制，75%的中央银行可能无法发行央行数字货币（Barontini and Holden，2019）。在大多数情况下，关于央行数字货币的研究范围纯粹是假设性的（Mancini - Griffoli et al.，2018；CPMI，2018）。

以乌拉圭为代表的一些国家进入运行阶段。2010 年突尼斯发布第一个数字货币——虚拟电子账户（e - Diner）。2015 年厄瓜多尔推出以数字货币为后盾的集中支付系统 Sistema de Dinero Electrónico（电子钱包系统），为每个公民开设一个移动信用账户，这些账户以中央银行允许的货币为计价单位（Prasad，2018），主要是为了解决支付基础设施薄弱带来的国民金融服务较少的问题（Kim and Kwon，2019）。乌拉圭中央银行已经发行了电子比索，从 2017 年 10 月到 2018 年 4 月，为 1 万用户提供 2 000 万电子比索，用户使用智能手机应用程序获得电子比索，并在参与该计划的商店使用电子比索付款（Yanagawa and Yamaoka，2019）。

以中国为代表的一些国家正在准备推出央行数字货币，主要是为了提供安全高效的支付系统（Norges Bank，2018），部分新兴经济体受支付创新超出监管范围倒逼（Lowe，2017）。国际上认为，中国正在加快央行数字货币研发（Deutsche Bundesbank，2019）；日本计划为 2020 年东京奥运会推出数字货币 J Coin；塞内加尔打算开发电子版的西非法郎（eCFA），并与实物西非法郎（CFA）共存（Prasad，2018）。加拿大和新加坡正在开发批发型央行数字货币（Bank of Canada，2018；MAS，2017）。瑞典银行就其“电子克朗”项目进行了广泛研究，旨在满足公共支付的大量需求并化解支付服务市场垄断问题（Kim and Kwon，2019）。

以美国为代表的一些发达经济体正在评估数字货币的利弊，还未计划发行。相关央行包括美联储、欧央行、英格兰银行、韩国央行等。金和权（2019）认为韩国在短时期内发行央行数字货币的必要性小。一是瑞典、厄瓜多尔等国推进央行数字货币发行的动机不适用于韩国，韩国的小额支付行业竞争程度较高，发生行业垄断的可能性小，而且金融包容程度较高。二是韩国央行对能否稳定处理小额支付带来的巨大交易量、制度变化带来的社会经济费用等方面存在顾虑。德意志联邦银行（2019）认为，德国目前没有必要向非银行机构提供央行数字货币，因为大部分场景可以通过银行货币的代币化来实现。

（三）学术界和业界对央行数字货币的观点概要

国际清算银行支付与市场基础设施委员会认为（2018），随着人们对金融领域技术创新的兴趣不断增强，在支付和交换媒介领域出现的新形态，在部分国家现金支付减少，以及私营机构发行代币的流行，都促使中央银行对发行数字货币进行讨论研究。中央银行发行一般目标型央行数字货币目的在于，在现金使用量显著下降的今天，提供一种安全且由中央银行背书的支付方式。此外，这也符合创造更方便、更安全且成本更低廉的支付方式的技术趋势。

支付与市场基础设施委员会也指出，未来在支付方面，应该是实体货币和央行数字货币两种货币共存的局面，因为实体货币的继续存在能够降低数字货币系统因人为破坏遭受风险的可能性。批发型央行数字货币则将帮助清算系统显著提高效率。而央行数字货币的可追溯性亦可大大增强中央银行追踪市场活动的能力，亦可防范资金不被洗钱犯罪组织、恐怖组织等利用。

货币政策方面，支付与市场基础设施委员会认为，央行数字货币对中央银行货币政策的影响不大，发行央行数字货币可能并不会替代包括中央银行公开市场操作在内的既有的货币政策执行机制。央行数字货币只是引进一种货币形态满足不同人的需求，就像有些人对现金有需求一样。央行数字货币也不会对目前中央银行选择的支付以及落实货币政策的技术、资产信用风险以及流动性等产生挑战。

然而，影响银行利率的不仅仅是政策利率，同时还要考虑银行的长期信贷风险和流动性风险。如果中央银行发行了具有吸引力的央行数字货币，那么可能会给银行带来压力。银行为了吸收存款，可能不得不提高其存款利率。

从央行数字货币对金融市场影响的角度看，央行数字货币或许会强化货币政策在金融市场的传导。如果央行数字货币成为具有吸引力的资产，那么货币政策在金融市场的传导将更为明显。一般目标型央行数字货币可能同银行存款发生竞争关系，对银行资金定价和组成形成一定的影响。

引入央行数字货币后，中央银行的影响力将在金融体系中扩大，这意味着中央银行能在资源分配上发挥更大作用。如果中央银行在资源分配方面的效率低于私营部门，可能会造成总体经济的损失。央行数字货币可能让中央银行陷入未知领域，并可能造成更大的政治干预。

目前央行发行央行数字货币依然面对不少现实困难，包括：多数国家目前在法律上不允许发行央行数字货币；交易中产生税费后如何同财税部门对接的问题；网络安全问题；跨境交易的难题。

与国际清算银行的观点不同，英格兰银行的巴德尔和坤霍夫（Barrdear and Kumhof，2016）利用动态随机一般均衡模型（DSGE）对央行发行数字货币进行了量化研究。研究认为，以美国 2008 年次贷危机爆发前的情况进行参数校准，如果美联储发行占美国 GDP 30%的数字货币，则可以永久性地提高 GDP 增速 3%，这是因为数字货币的发行可以明显降低真实利率、税率扭曲和货币交易成本。研究还认为，逆周期的央行数字货币价格和数量规则可以作为有效的货币政策工具，显著提升中央银行稳定经济周期的能力。

日本银行柳川和山冈（2019）汇总了学术界和业界对于央行数字货币的观点。具体而言，一是能够提高支付的效率和安全性，降低经济交易成本。二是现金正在失去其网络外部性，发行央行数字货币更有利于普惠金融。三是可防止加密货币沦为投机性投资工具。四是由于现钞具有匿名性，央行数字货币可预防犯罪活动、逃税和洗钱。五是央行数字货币的利率设定将有利于提高货币政策的有效性。六是通过发行央行数字货币消除银行期限转换带来的不稳定因素，增强金融稳定。

三、央行数字货币对商业银行和中央银行的影响

（一）影响银行融资、放贷和金融稳定

一是减少银行融资、放贷和利率设定。柳川和山冈（2019）认为，付息甚至零利率的央行数字货币可能对银行存款产生挤出效应。安多尔法托（Andolfatto，2019）认为，央行数字货币不会直接影响银行放贷行为，但可能加剧银行的流动性约束，间接对银行贷款业务产生影响；通过构建包含垄断银行的理论模型发现，央行数字货币促进银行提高存款利率，银行的垄断利润下降。格罗斯和西本布鲁纳（Gross and Siebenbrunner，2019）讨论了基于央行数字货币的信贷活动。

二是扭曲有效的资源配置。央行数字货币的发行带动中央银行的资产负债规模扩大，会强化中央银行的信用分配功能，弱化金融市场的资源配置功能（Kim and Kwon，2019）。

三是央行数字货币可能引发“数字银行挤兑”，加剧“银行挤兑”、风险传染等问题（Yanagawa and Yamaoka，2019）。因为中央银行的信用高于银行，老百姓是否会大规模提取银行存款并换成央行数字货币？金和权（2019）提出，若中央银行能够将央行数字货币账户中的存款都贷给银行，则可以降低银行恐慌的可能性，从而改善金融稳定。

（二）对中央银行履行职责的影响

对货币发行形成挑战。央行数字货币的便利性、安全性将带动现金需求和发行规模减小，货币制造、流通费用降低，但央行数字货币相关基础设施建设成本、监管成本增加，与货币流通相关的现金自动存取款机、点钞机制造等产业将发生较大变化。

提升支付结算效率。央行数字货币系统的结算速度快、稳定性强、交易费用低，可以提升交易的透明度和支付结算的效率，推动支付产业发展（Wadsworth，2018；Kim and Kwon，2019）。

对货币政策的影响有利有弊。受央行数字货币设计的影响，一方面，中央银行对央行数字货币数量、利率的调整，可能成为新的政策工具，中央银行通过调节央行数字货币的供给量和利率来调控宏观经济（Barrdear and Kumhof，2016）。理论上，央行数字货币可以支付负利息，从而在经济危机期间帮助中央银行突破名义利率的零下限，加大货币政策刺激力度。而在现钞仍流通的情况下，负的名义利率则是不可能的，因为老百姓会提取银行存款，囤积现钞。金和权（2019）认为，执行央行数字货币负利率且控制现金保有量，可以产生扩大内需的效果。日本银行的柳川和山冈（2019）认为，如果央行数字货币利率为负，可以促进央行克服名义利率的零下限。

另一方面，央行数字货币也对货币政策执行造成严峻挑战。一是经济主体将部分银行存款转换为央行数字货币进行持有或交易，可能弱化货币政策传导的信贷途径。研究认为，这种情况可能出现在央行数字货币计息或者利率接近于零的情况下（支付与市场基础设施委员会，2018）。二是央行数字货币带动的存款资金频繁流动可能加大准备金需求的波动性（Kim and Kwon，2019）。三是对中央银行管理资产负债表提出更高要求。央行数字货币的发行及需求的增加会加大中央银行的资产负债规模，从而扩大中央银行的信用分配功能，相反金融市场的信用分配功能有可能弱化。此外，若中央银行不进行央行数字货币数量监管，则央行数字货币的需求变动会造成中央银行资产负债表同步波动（Kumhof and Noone，2018）。

影响金融稳定。一是央行数字货币的交易、存储极具灵活性，在发生金融风险或危机期间，央行数字货币大量转移的便捷性将加剧金融动荡（Wadsoorth，2018）。二是央行数字货币向国际货币转换的便利性，可能放大国内资本流动及外汇市场的风险，甚至促使国际市场的资金借贷风险传导至国内（支付与市场基础设施委员会，2018；Wadsoorth，2018）。三是银行持有的存款减少可能导致批发融资和基于抵押的中央银行融资增加，从而导致银行间市场利率和风险溢价分别升高，同时金融机构间的相互联系增强，可能加大系统风险（Mancini-Griffoli et al.，2018）。

总体看，发行央行数字货币对货币政策、金融稳定等方面的影响，很大程度上取决于央行数字货币的设计，以及市场对央行数字货币的需求。发行计息的央行数字货币，可以创造新的货币政策工具，相应的政策效果与央行数字货币的普及程度相关。对央行数字货币及其影响的研究需要更深入。

加密货币是与非

2017 年以来，加密货币投机席卷全球。罗高夫（Rogoff，2017）和希勒（Schiller，2017）撰文认为加密货币是明显的资产泡沫，沃伦·巴菲特、约瑟夫·斯蒂格利茨和保罗·克鲁格曼等[①]知名人士也持同样观点。尽管如此，市场上充斥着关于加密货币的各种似是而非的观点。为澄清认识，将金融创新活动引导到对社会有益的方向，并引入相应的监管，有必要研究与加密货币有关的经济学问题。

一、加密货币定价

图 5. 1 显示了 2011 年 1 月 1 日—2020 年 7 月 15 日比特币价格和波动率，其中平均年化收益率为 195%，平均年化波动率为 157%。根据美国“护航”投资公司（Convoy Investments）的研究，[②] 以价格上涨的速度和幅度衡量，比特币可能是历史上最大的资产泡沫之一，已经超过了 1718—1720 年的密西西比泡沫和 1719—1721 年的南海泡沫。以比特币为代表的加密货币应该是第一

① 有关链接依次为：https：//www. cnbc. com/2018/01/10/buffett - says - cyrptocurrencies - will - almost - certainly - end - badly. html，https：//www. bloomberg. com/news/articles/2017 - 11 - 29/bitcoin - ought - to - be - outlawed - nobel - prize - winner - stiglitz - says - jal10hxd，http：//www. businessinsider. com/paul - krugman - says - bitcoin - is - a - bubble - 2017 - 12。

② https：//www. marketwatch. com/story/how - the - rip - for - bitcoin - which - cracked7800 - may - be - nearing - tulip - mania - levels - 2017 - 11 - 09.

次全球范围的资产泡沫，而且在加密货币市场可以观察到行为金融研究的很多个体和群体非理性行为。

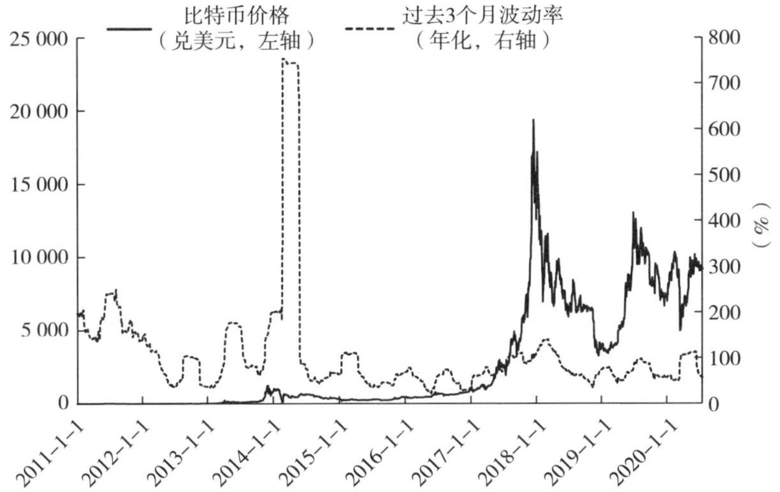

图 5.1 比特币价格和波动率

资料来源：雅虎财经和作者计算。

经济学对资产泡沫有很多研究，感兴趣的读者可以参考谢宾那（Scherbina，2013）的综述，此处就不详述了，只回应两个流行观点。第一个观点认为地下经济的需求推高了比特币价格。这个观点有一定合理成分。比特币具有匿名性、去中心化、以电子形式存在等特点，比较适合用在地下经济中。至于有多少比特币用在地下经济活动中，目前没有可信数字。但很多迹象表明，相当大比例的比特币被持有者囤积。[①] 当然，囤积是各类投机活动中的常见现象，会通过减少有效供给助推资产上涨。

第二个观点认为比特币"挖矿"成本支撑了比特币价格，随着"挖矿"成本越来越高，比特币价格也应该水涨船高。这个观点就很难成立了。在给定时间内，比特币的供给由算法事先确定（目前

---

① https：//www. nytimes. com/2017/12/06/technology/bitcoin - payments - gold. html.

是平均每10分钟产生6.25个比特币)，与有多少算力（用哈希运算的次数来衡量）投入“挖矿”没有关系。如果比特币价格上升，会有更多算力投入“挖矿”，但比特币供给并不因此增加，比特币价格不会受到平抑。因为更多算力竞争给定数量的新比特币，所以“挖矿”成本（产生一个新比特币所需的哈希运算次数）会上升。同理，如果比特币价格下跌，投入“挖矿”的算力会减少，但比特币供给并不因此减少，比特币价格不会受到支撑。此时，较少算力竞争给定数量的新比特币，“挖矿”成本会下降。相比而言，贵金属价格与其生产成本之间则存在更紧密的关系：如果贵金属价格高于其生产成本，在利润驱动下，贵金属生产活动会增加，推高贵金属供给，从而平抑贵金属价格；反之，如果贵金属价格低于其生产成本，贵金属生产活动会减少，降低贵金属供给，从而推高贵金属价格。

目前，加密货币主要有成本定价法、交易方程式和梅特卡夫定律等定价方法，但都存在很大缺陷和局限性。加密货币没有价值内涵，价格主要由市场交易和流动性等因素驱动，很难归因到基本面上。

二、稳定加密货币价格的试验

比特币价格的波动率太高，不太适合作为交易媒介，也不太适合发展以比特币标价的跨期金融交易。比如，假设甲在2017年12月1日向乙借1个比特币，约定1个月后偿还，此时比特币价格为10 861美元。到2018年1月1日，比特币价格升到13 445美元。以美元计，甲的债务负担在1个月内增加了24%，这自然会影响他的还款能力和意愿。

图5.2比较了2011年1月1日—2020年7月15日比特币价格和标普500指数的波动率。在此期间，比特币价格的年化波动率平均为107%，标普500指数的年化波动率平均为15%。因此，标普500指数基金比比特币都更适合做交易媒介。

图 5.2　比特币价格和标普 500 指数的波动率比较

资料来源：雅虎财经和作者计算。

价格稳定是比特币成为有效交易媒介的一个必要条件。一个试验方向是比特币期货。2017 年 12 月 10 日和 18 日，芝加哥期权交易所（CBOE）和芝加哥商品交易所（CME）分别推出比特币期货。除了提供价格发现和风险管理功能以外，比特币期货方便机构投资者参与比特币市场，这也是 2017 年 10—12 月中旬比特币价格大幅上涨的一个重要推动力量。另外，基于比特币期货很容易开发出比特币 ETF，这样就能方便一般投资者经由主流证券交易所而非加密货币交易所来参与比特币市场。

从实际数据看，芝加哥期权交易所和芝加哥商品交易所的比特币期货起到了一定的价格发现和风险管理功能，但比特币价格的波动率也没有明显降低（图 5.2）。实际上，从大宗商品期货和金融期货市场的普遍情况看，期货交易不一定能降低储备资产的波动率。

加密货币价格波动性太高，引入加密货币期货也难以平抑价格波动，很多从业者试验稳定币。目前，由 Tether、Gemini 和 Circle 等公司推出的稳定币方案都采取了以法定货币为准备金 1∶1 发行稳定币的方式。前文已指出，合法合规的稳定币反映了区块链作为金融基础设施的应用。但最大的稳定币——Tether 发行的泰达币恰恰是一个高度不合规的项目。根据 CoinMarketCap 网站数据，截至 2020 年 7 月 15 日，泰达币市值为 91.8 亿美元。泰达币多次因法定货币储备是否充足陷入争议。Tether 已承认只有 74% 的现金或现金等价物作为储备。[①] 如果投资者挤兑泰达币，泰达币将造成加密货币市场的系统性风险。

另一类稳定币方案采取所谓的“算法中央银行”模式，模仿中央银行公开市场操作，通过发行和回收以加密货币计价的债券来调控加密货币供给量，以实现加密货币价格的稳定。这类稳定币成功的难度很大。“不可能三角”对这类稳定币成立——稳定币在对法定货币汇率固定、与法定货币之间可自由兑换、独立货币政策这三个目标中最多同时实现两个目标。如果坚持前两个目标，就意味着放弃独立货币政策这一目标。这类稳定币试验，都试图通过算法来实施货币政策，相当于完全放弃相机抉择。然而，汇率的决定机制很复杂，还存在很多未被解决的问题（感兴趣的读者可以参考国际金融方面的主流教材，比如 Caves et al.，2006）。再复杂的规则或模型，都只是对现实经济的近似，可能遗漏汇率的重要影响机制和因素，而且难以应对预期外的冲击，因此汇率政策不可能被规则或模型完全取代掉。埃肯格林（Eichengreen，2018）指出，“算法中央银行”难以抵御投机性攻击。因为攻击发生时以加密货币计价的债券会有显著折价，通过发行该类债券回收加密货币以支撑加密货币价格的效果会显著下降，所以“算法中央银行”有内在的不稳定性。

三、分布式自治组织和初始代币发行

分布式自治组织随着以太坊上线而备受关注。基于公链的很多

---

① https：//www.coindesk.com/tether－lawyer－confirms－stablecoin－74－percent－backed－by－cash－and－equivalents.

分布式应用在经济学上可以纳入分布式自治组织框架。很多分布式自治组织项目针对有真实需求的经济活动，这些经济活动在现实中受制于激励机制、交易成本或支付通道等方面约束而难以有效开展。分布式自治组织通过引入加密货币，不仅试图解决项目启动和发展期的融资问题，也试图缓解激励机制、交易成本和支付通道等方面瓶颈，一般按三个步骤构建。

第一步：分离出交换经济内核。交换经济是一个基础的经济学概念，指的是：产品已经被生产出来，就在当事人手中，问题是如何在不同人之间交换。交换经济从一般经济活动中抽象掉生产过程，存在根源是人与人之间资源禀赋不一样，或者分工不一样。比如，在文件、数据、存储空间、网络带宽和计算能力等的共享方面，出现了一些很受关注的分布式自治组织项目。

第二步：区块链替代。首先，将交换经济中的交易媒介替换成区块链内加密货币，用加密货币结算经济活动，亦即用加密货币构建一个不同于法定货币的分布式支付系统。但加密货币的价值支撑、价格稳定性和监管合规性等就成为关键问题。其次，用分布式账本解决交换经济中资产和交易记录等问题，缓解经济活动参与者之间的信息不对称，提高分工协作效率。

第三步：经济模型和治理机制设计。首先，针对分布式自治组织的参与者设计一套基于加密货币的、相容的激励机制，促使他们共同维护分布式自治组织的可持续发展。其次，分布式自治组织不存在中心化协调机制，也不可能在设计之初就考虑到将来所有可能出现的情况，因此需要引入治理机制，保障分布式自治组织“自我升级”，并妥善处理可能遭遇的分歧和争端。

分布式自治组织试图用区块链重构现实经济活动，用智能合约和区块链内去信任环境来降低或消除对中心化信任机构的依赖，用去中心化安排和基于加密货币的激励机制替代中心化协调。分布式自治组织吸引了大量投资，但至今没有广受认可的成功案例，主要受制于以下障碍。第一，公链性能不高，支撑不了大规模交易。第二，智能合约的功能短板。智能合约不能直接操作区块链外资产，比如银行存款、房子和车辆等。智能合约作为一类特殊的计算机协议，难以处理现实中普遍存在的不完全契约问题。第三，Token 价格的高波动性限制了 Token 作为支付工具和激励手段的有效性。第四，经济模型和治理机制设计不合理，明显违背经济规律。

一些分布式自治组织项目具有平台经济的特征。加密货币在这类平台型项目中可以兼具两种角色：首先是项目启动时的融资工具，体现为初始代币发行（ICO）；其次是平台内经济活动的支付工具。加密货币为持有者带来双重好处：一是用加密货币购买平台内的商品或服务，二是加密货币价格的上涨，并且加密货币价格受平台型项目活跃用户数和经济活动量等基本面因素驱动。另外，一些区块链平台型项目的加密货币具有股权属性。

加密货币的双重角色对区块链平台型项目启动和发展有重要影响。卡塔利尼和甘斯（Catalini and Gans，2016）分析了区块链、加密货币对市场形成中的两个重要因素——验证成本和网络成本的影响。他们认为，区块链允许市场参与者以较低成本验证与交易有关信息，会促进新的市场形态出现；加密货币可以在无须传统受信任中介的情况下降低网络成本并启动市场。有学者（Cong et al.，2018）用动态资产定价模型分析了加密货币价格及其对用户采用的影响。加密货币交易为平台用户提供了跨期互补性，从而在加密货币价格和用户采用之间形成了一个反馈环。加密货币价格反映了平台未来的增长。均衡时加密货币价格将随平台生产力、用户异质性和网络规模而呈现非线性增长。

加密货币的双重角色为加密货币价格带来了内在不稳定性。有学者（Sockin and Xiong，2018）在平台经济框架下研究了加密货币定价。用户通过参与平台内交易来提高自己的福利，“矿工”提供交易记账服务。平台内的加密货币有双重属性：一是相当于“会员资格”，用户需要先购买加密货币才能参与平台内交易；二是为平台建设发展融资，包括前期开发费用（体现为初始代币发行）和给“矿工”的奖励。作者考虑了平台基本面（主要体现为用户禀赋和“挖矿”成本）可公开观察以及不可公开观察两种情形。在两种情形中，要么不存在均衡，要么都存在两个均衡，其中一个均衡对应着加密货币价格高和用户参与积极性高的情景，另一个均衡对应着加密货币价格低和用户参与积极性低的情景。在平台基本面不可观察时，加密货币价格除了汇聚平台基本面有关信息以外，还起到了在不同均衡路径之间的协调作用。但总的来说，因为多个均衡的存在，加密货币的价格有内在不稳定性。

初始代币发行是区块链平台型项目启动的一个常用策略。有学者（Li and Mann，2018）认为，初始代币发行解决了很多有网络效应的平台内在的协调失败问题，并通过汇集关于平台质量的分散信息，发挥了群体智慧作用。霍德和良德列斯（Chod and Lyandres，2018）从理论上研究了创业者在初始代币发行和风险投资两种融资方式之间的选择。他们认为，创业者通过初始代币发行出售自己项目的未来产出，可以在不稀释自己控制权的情况下将部分创业风险转移给投资者，但由此产生的代理问题使得创业者可能在融资后对项目投入不足。

一些学者对初始代币发行进行了实证分析。贝内戴蒂和科斯托弗特斯基（Benedetti and Kostovetsky，2018）分析了 2017 年以来 4 003家已执行或已计划的初始代币发行项目（共融资 120 亿美元），发现了显著的初始代币发行折价现象，从初始代币发行到相关加密货币开始交易（平均间隔 16 天），投资者的平均回报是 179%。在加密货币开始交易的头 30 天，买入并持有策略平均能产生 48% 的超额回报率。用初始代币发行项目推特账户的活跃度来衡量，到初始代币发行后 120 天，只有 44. 2% 的初始代币发行项目处于活跃状态。蒙塔兹（Momtaz，2018）分析了 2015 年 8 月—2018

年 4 月的 2 131 个初始代币发行项目，发现在加密货币交易所挂牌首日，加密货币的收益率平均为 8.2%，相对加密货币市场整体的超额收益率为 6.8%。用挂牌首日收益率和初始代币发行融资规模等作为初始代币发行成功程度的指标发现，初始代币发行项目团队的质量越高，初始代币发行越容易成功；初始代币发行的目标越远大，初始代币发行越容易失败；行业负面事件（比如黑客攻击和监管行动）对初始代币发行市场影响很大。

但总的来说，初始代币发行在国内外都是乱象丛生，目前作为一种融资模式在监管规范和市场选择下已基本消亡。第一，初始代币发行很难确保投资者适当性。初始代币发行项目处于早期阶段，风险非常高。理论上，初始代币发行应该和众筹融资一样，只向具有一定风险识别和承受能力的合格投资者开放，并限定投资金额。但实际上，很多初始代币发行直接向社会公众开放。特别是，一些初始代币发行对社会公众发售证券型加密货币，明显违背证券监管。

第二，很多区块链项目在远未成功时（比如在白皮书阶段），就通过初始代币发行来发行加密货币，并挂到加密货币交易所上，会直接助长投机炒作。初始代币发行的快速变现机制严重扭曲区块链项目团队的激励机制。他们即使在项目开发上没有显著进展，也可以变现持有的加密货币。相比而言，在风险资本行业，创业者从获得风险资本的投资到 IPO（初次公开发行），中间的时间要长得多。此外，加密货币持有者在区块链项目的治理结构中处于比较模糊的地位，缺乏有力措施来确保项目团队与自己的利益长期保持一致。

第三，在加密货币领域，初始代币发行形成了比特币、以太币等“中心货币”与“一般货币”之间的正反馈机制。初始代币发行募集的一般是比特币、以太币等，这会增加对比特币、以太币等的需求，推高它们的价格；而比特币、以太币等的价格，又往往成为初始代币发行发行的加密货币估值基准。这样，就在比特币、以太币等与一般加密货币之间形成了一个相互加强的正反馈机制。这是2017年以来加密货币价格普遍上涨的一个重要原因。但一旦比特币、以太币等的价格进入下跌通道，这个正反馈机制也会使一般加密货币的价格加速下跌。

四、加密货币监管

（一）对加密货币发行和交易环节的分类监管

美国、新加坡、瑞士和中国香港等国家或地区一般将加密货币分为支付型、功能型和证券型三类，并采取不同的监管规则。

支付型加密货币作为支付工具购买一般商品和服务，典型代表包括比特币和以太币等。支付型加密货币的去中心化程度较高，在全球范围内接受程度较广，发行和交易环节不需要政府部门监管，但监管部门需要在反洗钱、反恐怖融资和反逃漏税等方面做出相关规定。尽管如此，因为价格波动性很高，支付型加密货币作为支付工具的表现很一般。

证券型加密货币属于证券监管的对象，发行和交易都要遵守所在国的证券法。但如何判断一种加密货币是否属于证券，各国并没有统一标准，现以美国为例说明。2019年4月，美国证券交易委员会（SEC）基于豪威测试发布加密资产投资合同分析框架，为判断加密货币是否属于证券提供官方指导。豪威测试共包含四个标准：有资金投入；投资于一个共同事业；期待从投资中获取利润；利润源自发起人或第三方的努力。在豪威测试中得分越高，说明该金融工具的证券属性越高。如果某种加密货币被美国证券交易委员会认定为证券，那么这种加密货币的发行、销售和交易需要遵守美国《1933年证券法》和《1934年证券交易法》，并受到美国证券交易委员会严格监管。美国证券交易委员会认为，目前市面上大多数加密货币都满足“有资金投入”和“投资于一个共同事业”这两项标准。对于另外两项标准，美国证券交易委员会指出，如果加密货币的发展依赖某公司或中心化实体的努力，并且购买者存在从投资中获得合理利润的预期，那么该加密货币就被视为证券。但如果某种加密货币的去中心化程度足够高，有明确的应用场景，并且价格变化与应用情况相关，而不是来自投资者对利润的预期，那么该加密货币就不属于证券。比如，美国证券交易委员会已经明确比特币和以太坊不属于证券。

对功能型加密货币，各国监管部门没有给出判断标准。功能型加密货币由项目方为自己提供的商品或服务发行，主要应用于项目生态内部。项目方发行功能型加密货币一般为募集资金，在一定程度上类似于商品或服务的预售。同时，项目方在设计上会使功能型加密货币升值空间有限，鼓励用户使用而不是投机。但由于相关项目规模较小，前景高度不确定，功能型加密货币的价值难以得到有效支撑，各国监管部门会提醒投资者防范风险。

我国是对加密货币监管最严厉的国家之一。2013 年 12 月 5 日，中国人民银行、银监会、工信部、证监会和保监会五部委发布了《关于防范比特币风险的通知》，将比特币定义为一种虚拟商品，明确比特币不具与货币等同的法律地位，不能且不应作为货币在市场流通使用。该通知规定，包括银行在内的金融和支付机构不得从事比特币交易，加密货币交易所应向政府电信监管机构注册，并遵守反洗钱规定。

2017 年 9 月 4 日，中国人民银行、网信办、工信部、工商总局、银监会、证监会和保监会七部委联合发布了《关于防范代币发行融资风险的公告》。公告明确：通过代币的违规发售、流通，向投资者筹集比特币、以太币等所谓“虚拟货币”，本质上是一种未经批准的非法公开融资行为，涉嫌非法发售代币票券、非法发行证券以及非法集资、金融诈骗、传销等违法犯罪活动；任何所谓的代币融资交易平台不得从事法定货币与代币、“虚拟货币”相互之间的兑换业务，不得买卖或作为中央对手方买卖代币或“虚拟货币”，不得为代币或“虚拟货币”提供定价、信息中介等服务；各金融机构和非银行支付机构不得直接或间接为代币发行融资，为“虚拟货币”提供账户开立、登记、交易、清算、结算等产品或服务。

此后，我国中央政府部门（主要是中国人民银行及其牵头的互联网金融风险专项整治工作领导小组）还出台了若干文件，但都延续了《关于防范比特币风险的通知》和《关于防范代币发行融资风险的公告》对加密货币的立场：加密货币属于一种虚拟商品，持有加密货币不违法；向境内居民提供加密货币交易不合法，不管是加密货币与法定货币交易还是加密货币之间的交易，不管是集中交易还是场外交易，也不管是境内交易所还是境外交易所；向境内居民发行加密货币筹集比特币、以太币等，属于非法证券活动。

我们认为，这些监管文件不管在当时还是现在都是正确的，应该继续贯彻执行，以引导区块链往正道上发展。一是我国电子支付很发达，没必要引入支付型加密货币。支付型加密货币根本不可能像其拥趸声称的那样颠覆或取代法定货币。二是根据最新修订的证券法，我国的证券包括股票、公司债券、存托凭证和国务院依法认定的其他证券，政府债券、证券投资基金份额，以及资产支持证券、资产管理产品。境外的证券型加密货币在我国证券法下没有存在空间。需要看到的是，即使在美国这样证券法规定比较灵活的国家，对加密货币的发行和交易也有很多限制。三是加密货币交易可能引起严重的投机炒作问题，不利于保护投资者利益，对实体经济没有促进，反而浪费社会资源。

（二）对加密货币交易所的监管

加密货币交易所在全球范围内广泛分布，为加密货币提供了流动性。一旦在加密货币交易所挂牌，加密货币的价格一般会有明显上涨。这本质上是流动性溢价效应——在其他条件一样的情况下，流动性越好，预期收益率越低，相应地，当前价格越高。比如，2017 年 12 月，币基（Coinbase）上线比特币现金交易就对比特币现金价格起到了这种作用。除了加密货币交易场所以外，加密货币的流动性溢价效应还来自交易工具的多样化，比如比特币期货和比特币 ETF。美国很多机构申请发行比特币 ETF，但均被美国证监会驳回。

加密货币交易所助长了投机炒作活动。第一，很多加密货币交易所对开户者基本没有投资者适当性检查，甚至允许非实名账户。第二，杠杆投机问题。很多加密货币交易所为投资者提供杠杆（比如高杠杆的期权交易），放大加密货币的价格波动和投资者的盈亏。一旦加密货币出现普遍而大幅的下跌，投资者可能遭受严重损失。第三，市场操纵问题。很多加密货币的持有量非常集中。比如，大约 40% 的比特币由 1 000 人持有,① 初始代币发行和分叉币的“预挖”机制也会造成这些加密货币持有的集中化。再加上加密货币交易所没有像证券交易所那样的信息披露制度，使得市场操纵成为可能。甘达尔等人（2018）发现了 2013 年 2—9 月 Mt Gox 交易所上的比特币价格操纵。市场操纵的典型手法是（所谓的“Pump and Dump”），若干加密货币持有大户（有时包括区块链项目团队和基金会）共谋，将价格拉升，吸引散户投资者进入，然后大户集中减持，没有“逃顶”的散户投资者就会遭遇损失。第四，一些加密货币交易所为初始代币发行项目大开方便之门，实际上形成了串谋欺骗一般投资者的局面。第五，加密货币交易所遭遇黑客攻击、客户资产被盗乃至破产倒闭等事件已多次发生。②

加密货币的投机炒作将有限的社会资源引导到非生产性领域。一旦投机泡沫破灭，必将对社会财富分配产生不利影响。投机活动还伴随着明显的违规、欺诈甚至违法行为。因此，毫无疑问应该对加密货币交易所加强监管，包括：（1）加密货币交易所持牌要求。

① https：//www. bloomberg. com/news/articles/2017 – 12 – 08/the – bitcoin – whales – 1 – 000 – people – who – own – 40 – percent – of – the – market.

② http：//storeofvalveblog. com/posts/cryptocurrency – hacks – so – far – august – 24th/.

比如，在美国，证券型加密货币只允许在美国证券交易监督委员会批准的另类交易系统（ATS）上进行交易。没有相关牌照而开展加密货币交易的平台，应予以取缔。（2）对加密货币交易所的“了解你的客户”、反洗钱、反恐怖融资和反偷漏税等要求。（3）投资者适当性要求。（4）打击加密货币交易所上的欺诈和市场操纵行为。（5）加密货币与法定活动的兑换环节，这是监管当局最应该也是最有能力加强监管的领域。（6）对加密货币交易的征税。

加密货币是跨越国境的，投机炒作活动也是全球性的，应该加强全球监管协调，但只要存在个别对加密货币交易所很宽容的国家，就容易造成监管漏洞。我国 2017 年 8 月份整顿加密货币交易所和初始代币发行以后，很多加密货币交易转入场外。2018 年 1 月，我国政府进一步叫停加密货币的场外交易和“出海转内销”。

（三）对用加密货币进行非法活动的监管

加密货币因为具有匿名性，一开始就与非法交易或灰色交易有关系。早期的“丝绸之路”网站就是一个典型例子。2017 年 12 月，《经济学人》杂志报道加州的大麻种植者计划推出一种代币 PerksCoin（补贴币）。[①] PerksCoin 既能帮助他们不受银行影响而开展交易，而且在加州山火袭来时比现金、黄金等更安全。加密货币客观上为宗教极端主义组织（ISIS）恐怖融资提供了助力。[②] 加密货币也被用来绕开资本管制。

加密货币洗钱是指应用加密货币的匿名性和全球性，使得违法所得的来源和性质难以追溯。加密货币洗钱分为三个环节：置入，将不法获取的法定货币转换成加密货币，一些加密货币交易所没有采取

① https：//www. economist. com/news/finance – economics/21732080 – cash – they – must – work – vulnerable – crooks – cops – and – even – combustion.

② https：//nypost. com/2017/12/14/woman – busted – sending – thousands – in – bitcoin – to – isis/.

实名制，会给置入环节带来很大便利；分流，使用混币、合币和翻洗等技术以及区块链内地址的匿名性，将加密货币在多个地址之间转移，使其来源难以追溯；整合，将“洗干净”的加密货币整合并转到“干净”地址上，再转换成法定货币或商品。以零币、达世币和门罗币为代表的加密货币使用了零知识证明、环签名等匿名技术，会增加反洗钱难度。加密货币在全球范围内流通，不同国家或地区对加密货币的监管标准不一、信息难共享，也会增加反洗钱的难度。

2018 年 3 月 19—20 日，G20 国家财长及央行行长会议讨论了加密货币的监管（会议公告使用的是加密资产），认为加密货币缺乏主权货币的某些关键特征，在某些时候会影响金融稳定，并且在消费者和投资者保护、市场诚信、避税、洗钱和恐怖融资等方面引起了争议。会议认为，加密货币适用反洗钱金融行动特别工作组（FATF）的标准，期待反洗钱金融行动特别工作组评估这些标准，并呼吁反洗钱金融行动特别工作组推动全球实施。会议还呼吁国际标准制定机构（SSBs）根据其职责继续监测加密资产及其风险，并评估需要采取的多边应对措施。2019 年 6 月 21 日，反洗钱金融行动特别工作组发布了《虚拟资产和虚拟服务提供商：对基于风险的方法的指引》。

（四）对比特币挖矿的监管

使用工作量证明的加密货币的生产环节需要消耗大量电能。根据剑桥大学研究，比特币挖矿一年消耗的电能约为 57.5 亿千瓦时，相当于科威特全国一年的用电量。[①] 考虑到火力发电造成的污染（比如，大量的比特币矿池在我国内蒙古，消耗掉了大量煤炭燃烧产生的电能），比特币挖矿实际上造成了严重的环境污染。2018 年 1 月，我国政府要求境内挖矿企业有序退出。2019 年 4 月，国家发改委《产业结构调整指导目录》将比特币挖矿列入淘汰类。

---

① https：//www.cbeci.org/cbeci/comparisons.

Libra 的风险与监管：从 1.0 到 2.0

2019 年 6 月 18 日，脸书发起的 Libra 联盟发布 Libra 项目白皮书，声称要建立一个简单的全球性货币和为数十亿人赋能的金融基础设施。2020 年 4 月 16 日，Libra 第二版白皮书提出重大修订（Libra 联盟，2020）。从 Libra 1.0 到 Libra 2.0 尽管有不少变化，但核心目标没变，都是将区块链技术引入支付系统，以提高金融普惠性并改进跨境支付。

Libra 项目在全球被普遍关注，金融监管者、从业者和学者纷纷从不同角度解读。一些人从哲学、政治学和奥地利经济学派等角度分析 Libra 项目。正如一千个人眼中有一千个哈姆雷特，一千个人心中也有一千种货币观点。这些不同角度的分析都有它们的价值。我们从区块链作为金融基础设施的角度分析 Libra 从 1.0 到 2.0 的变化，并讨论相关的风险与监管问题。这个角度有助于穿透技术的“面纱”，聚焦区块链应用于法定货币领域的核心经济学和监管问题。

一、Libra 1.0 评述

（一）Libra 1.0 简介

Libra 是基于一篮子货币的合成货币单位。Libra 联盟（2019）声称 Libra 将具有稳定性、低通胀率、全球普遍接受和可互换性。2019 年 9 月，脸书公布 Libra 货币篮子的构成：美元 50%、欧元

18%、日元14%、英镑11%和新加坡元7%。[①] Libra价格与这一篮子货币的加权平均汇率挂钩，尽管不锚定任何单一货币，仍将体现出较低波动性。

图5.3根据2011年以来数据对Libra对美元汇率及其波动率做了回溯测试，可以看出两点：一是大多数时候，1单位Libra的价值低于1美元；二是因为货币篮子的风险分散效应，Libra对美元汇率的波动率低于各成分货币，平均在3.2%左右（年化）。作为比较，同期比特币价格的波动率在77%左右（年化）。

Libra发行基于100%法定货币储备。这些法定货币储备将由分布在全球各地且具有投资级的托管机构持有，并投资于银行存款和短期政府债券。法定货币储备的投资收益将用于覆盖系统运行成本，确保交易手续费低廉。Libra用户不分享法定货币储备的投资收益。

Libra联盟将选择一定数量的授权经销商（主要是合规的银行和支付机构）。授权经销商可以直接与法定货币储备池交易。Libra联盟、授权经销商和法定货币储备池通过Libra与法定货币之间的双向兑换，使Libra价格与一篮子货币的加权平均汇率挂钩。

Libra区块链属于联盟链。Libra计划初期招募100个验证节点，每秒钟支持1 000笔交易，以应付常态支付场景。100个验证节点组成Libra联盟，以非营利组织形式在瑞士日内瓦注册。目前，Libra联盟已有27个成员机构，包括分布在不同地理区域和不同行业背景的各类企业、非营利组织等。[②] Libra联盟的管理机构是理事会，由成员代表组成，每个成员可指派一名代表。Libra联盟的所有决策都将通过理事会做出，重大政策或技术性决策需要三分之二以上成员表决。

① https：//www.spiegel.de/wirtschaft/facebook-will-kryptowaehrung-libra-nicht-an-yuan-koppeln-a-1287853.html.

② https：//libra.org/en-US/association/#the_members.

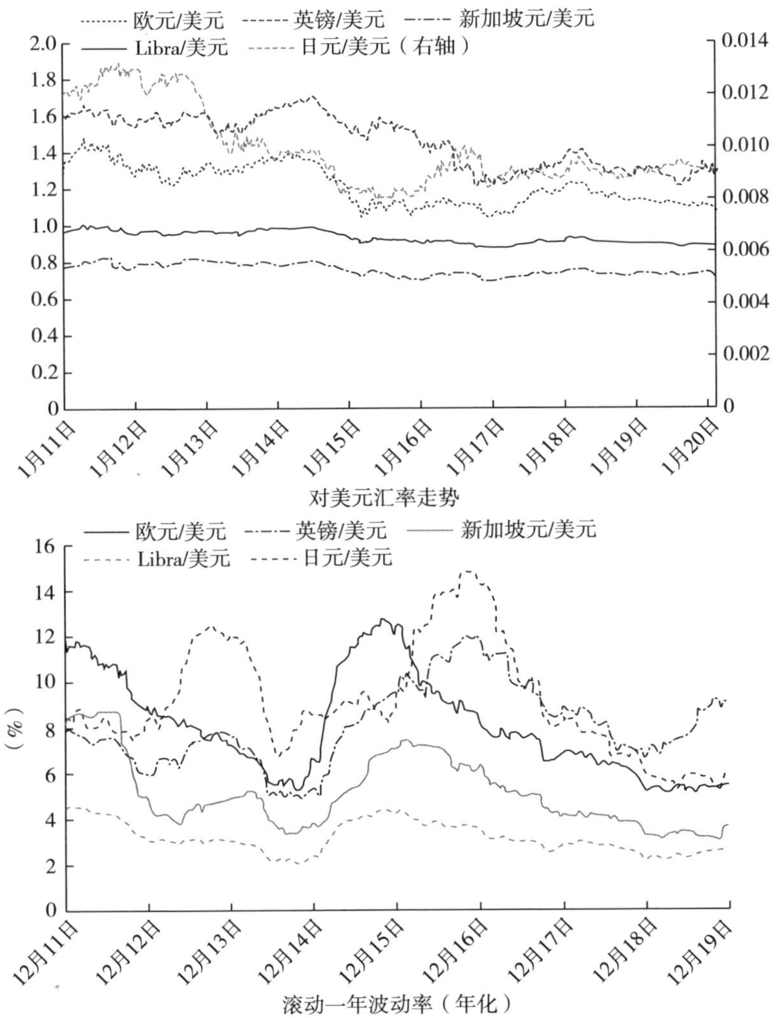

图 5.3　Libra 对美元汇率及其波动率

（二）对 Libra 1.0 的评论

Libra 作为基于一篮子货币的合成货币单位，与 IMF 特别提款权一样，属于超主权货币。周小川（2012）对超主权货币有深刻阐述。在发行环节，Libra 基于 100% 法定货币储备，因为代表一篮子已经存在的货币，Libra 没有货币创造功能，扩大 Libra 发行的唯一办法是增加法定货币储备。如果 Libra 广泛流通，并且出现了基于 Libra 的存贷款活动，是否有货币创造？我们认为不一定。这取决于 Libra 贷款派生出的存款（即图 5.4 最下方的“来自企业的 50 个 Libra 的存款”，其属于账户范式，而非 Token 范式）是否被视为 Libra。但可以肯定的是，Libra 代表一篮子货币，没有真正意义上的货币政策，远不是货币非国家化。

商业银行 资产	商业银行 负债	企业 资产	企业 负债
100个Libra			

（贷款前，银行持有100个Libra）

商业银行 资产	商业银行 负债	企业 资产	企业 负债
50个Libra 给企业的50个Libra的贷款		50个Libra	从银行借的50个Libra的贷款

（银行向企业放贷50个Libra）

商业银行 资产	商业银行 负债	企业 资产	企业 负债
100个Libra 给企业的50个Libra的贷款	来自企业的50个Libra的存款	存在银行处的50个Libra	从银行借的50个Libra的贷款

（企业把50个Libra存到银行）

图 5.4　基于 Libra 的存贷款活动

Libra 有价值储藏功能。但因为货币网络效应以及现实中尚无以 Libra 计价的商品或服务，Libra 的交易媒介和计价单位功能在 Libra 发展前期将受限制。比如，消费者用 Libra 在一个国家购物，在支付环节可能不得不将 Libra 兑换成本地货币。这会影响支付效率和体验。

Libra 能推动金融普惠。根据 Libra 联盟（2019），用户只要在手机上装 Calibra 数字钱包，就具备拥有和使用 Libra 的物理条件。Libra 的交易手续费低廉。Libra 联盟成员有丰富行业背景，对用户需求有深入了解，有助于将 Libra 灵活嵌入用户生活的多个方面，提高用户使用 Libra 的便利性。

Libra 属于私人机构发行的零售型稳定币。这种类型的稳定币已经出现多种，比如美元稳定币（USDC）。这些稳定币主要用在加密货币交易所内，但没有真正进入老百姓日常生活。Libra 能否成为真正的支付工具，仍有待市场检验。一个不能忽视的限制条件是 Libra 联盟链的性能。每秒钟 1 000 笔交易肯定无法支持上亿人的日常支付需求。根据 Libra 联盟（2019），Libra 联盟链有转成公链的计划。公链的开放性更好，但性能上更受限制。

最后，有两个值得关注的问题：第一，在政治经济不稳定和货币政策失败（比如通胀高企）的国家，Libra 是否可以替代该国货币，从而实现类似“美元化”的效果？这会引起货币主权方面的复杂问题。二是随着时间推移，以 Libra 计价的经济活动是否可以达到一个小经济体的体量，从而成为某种意义上的最优货币区？

二、Libra 2.0 评述

与 Libra 1.0 相比，Libra 2.0 主要有以下变化：第一，增加单一货币稳定币比如 Libra 美元、Libra 欧元、Libra 英镑和 Libra 新加坡元等，仍保留一篮子货币稳定币 Libra 币。二是通过稳定合规框架提高 Libra 支付系统的安全性，包括反洗钱、反恐怖融资、制裁合规和防范非法活动等。三是放弃未来向无许可系统过渡的计划（即放弃从联盟链向公有链的转型计划），但保留其主要经济特征，并通过市场驱动的、开放竞争性网络来实现。四是在 Libra 法定货币储备池的设计中引入强有力的保护措施。接下来，重点介绍Libra 2.0 中单一货币稳定币和一篮子货币稳定币的实现方式。

（一）单一货币稳定币

币种计划。Libra 2.0 将先从 Libra 币货币篮子中的货币开始，发展单一货币稳定币（比如 Libra 美元、Libra 欧元、Libra 英镑和 Libra 新加坡元等），供相关货币区的居民和商业机构使用。Libra

联盟将与全球监管机构、中央银行和金融机构合作，为更多货币发展单一货币稳定币。

储备资产构成。单一货币稳定币将有充足的储备资产支撑。储备资产将具有短期限、低信用风险和高流动性等特点，由现金及现金等价物、短期政府债券构成。储备资产至少80%是低信用风险的主权国家（比如主权信用评级不低于标普A+评级和穆迪的A1评级）发行的短期政府债券（比如剩余期限在三个月以内），这些债券需要有高流动性的二级市场。其余不足20%的储备资产是现金及现金等价物，并且可以隔夜转投到货币市场基金。这些货币市场基金将投资于有相同风险和流动性状况的短期政府债券（比如剩余期限在一年内）。

储备资产的充足性管理。储备资产市值将不低于流通中单一货币稳定币的面值。这有助于防范挤兑和稳定支付系统，使单一货币稳定币的持有者对稳定币兑换为本地货币的能力保有信心。储备资产将定期接受独立审计。审计结果将向公众开放，以证明流通中单一货币稳定币有足额资产支撑。储备资产由一个在地理上分散、资本充足的托管银行网络持有。为了防止储备资产被挪用，储备资产不能被出借、质押或再质押，也不能从储备账户中转出（即使只是暂时）。

资本缓冲。即使有高质量、流动性好的储备资产，Libra网络（Libra联盟的下属机构，拥有储备资产并发行稳定币）仍可能亏损（比如在利率急剧变化时），或在极端经济情况下难以出售资产。为保护Libra用户，Libra网络将保持一个规模适度、用于吸收损失的资本缓冲。比如，资本缓冲将用于覆盖Libra支付系统因信用风险、市场风险和运营风险而可能遭受的损失。

恢复和处置计划。为避免Libra网络不能快速出售储备资产中的政府债券来应对稳定币的赎回需求，甚至不得不以较大折扣出售（即"火线出售"）政府证券的情况，Libra联盟考虑引入两个措施：

一是赎回延时，以使 Libra 网络有充足时间来出售政府债券；二是早赎折扣，对快速赎回收取一定费用，使稳定币持有者内在化他们挤兑造成的负外部性（即分担“火线出售”造成的亏损）。

对法定货币的影响。单一货币稳定币将根据市场需求而发行和赎回。单一货币稳定币因为有 1∶1 储备资产支撑，发行和赎回不会伴随着新的货币创造。随着各国发展央行数字货币，这些央行数字货币可以直接与 Libra 网络集成，使 Libra 网络不用管理相关的储备资产，从而降低信用风险和托管风险。

（二）一篮子货币稳定币

实现方式。Libra 币是 Libra 网络上单一货币稳定币的数字组合，通过智能合约按固定的名义权重（比如美元 50%、欧元 18%、日元 14%、英镑 11% 和新加坡元 7%）将相关单一货币稳定币综合在一起。Libra 联盟认为这个方法类似 IMF 的特别提款权。

货币篮子管理。为缓解对 Libra 联盟单方面更新 Libra 币货币篮子权重的关切，Libra 联盟欢迎监管机构、中央银行或国际组织（比如 IMF），在 Libra 联盟的主要监管者——瑞士金融市场监管局（FINMA）的指导下，对货币篮子的构成（包括篮子中有哪些货币以及它们的权重）进行监督和控制。

应用场景。Libra 币将作为高效的跨境结算币。在那些还没有单一货币稳定币的国家，Libra 币将为居民和商业机构提供一个中立、低风险的选项，从而提高金融普惠性。

对货币主权的影响。G7（七国集团）关于稳定币的报告提出的一个重要关切是，一篮子货币稳定币 Libra 币如果规模足够大并且广泛用于一个国家的境内支付，可能影响该国货币主权和货币政策（BIS，2019a）。Libra 联盟觉得这个情景出现的可能性不大，因为 Libra 币会为境内支付用户带来汇率风险敞口，并且 Libra 币的使用会受到外汇管制方面的限制。但如果 Libra 项目在还没有单一货币稳定币的国家引起货币替代方面的担忧，Libra 联盟将与该国中央银行和监管机构合作推出锚定该国货币的稳定币。

（三）与 Libra 1.0 的比较

Libra 2.0 引入的反洗钱、反恐怖融资等方面的合规框架是金融活动的题中应有之义，2019 年 6 月以来有大量讨论。Libra 2.0 加强法定货币储备池管理，放在国际金融危机以来对影子银行（特别是货币市场基金）监管的背景下，也在预期之中。

Libra 从 1.0 到 2.0 的最大转向在超主权货币定位上——Libra 2.0 尽管包含超主权货币计划 Libra 币，但重要性已显著下降。Libra 2.0 将由单一货币稳定币主导，超主权货币 Libra 币仅是补充。不仅如此，超主权货币 Libra 币的实现方式和应用场景也都与 Libra 1.0 有明显不同。如何理解 Libra 2.0 的这个转向？这个转向对 Libra 项目接下来的发展有什么影响？

根据 Libra 联盟（2020），Libra 2.0 淡化超主权货币定位有两个原因。第一，主要国家在货币主权、货币替代和货币政策方面的担心。Libra 联盟应该在这方面遭遇了不少压力。

第二，货币网络效应对超主权货币应用于支付场景的影响。超主权货币 Libra 币的价值储藏功能是显而易见的。但货币的交易媒介功能与货币网络效应是紧密联系在一起的。大部分个人和机构的大部分资产、负债、收入和成本等都以某种法定货币为计价单位，习惯用这种法定货币为单位来衡量面临的风险和机会，并据此做出经济决策。在经济和社会活动中的某些环节使用另一种货币作为支付工具，会引入汇率风险，并影响支付效率和体验。Libra 联盟不否认这一点。比如，Libra 联盟（2020）提出，在 Libra 币用作跨境结算币时，居民和商业机构从境外居民和商业机构处收取 Libra 币后，可以通过第三方金融服务提供商把 Libra 币兑换为本国货币。

但更重要的原因，则是按照 Libra 1.0 的设计实现超主权货币，在经济学上会面临非常复杂的问题，并增加监管上的复杂度。

三、为什么 Libra 2.0 淡化超主权货币?

在稳定币框架下，Libra 1.0 和 2.0 提出了两种不同的超主权货币方案。要理解这两个方案，需要先理解单一货币稳定币的风险和监管问题。

（一）单一货币稳定币的风险和监管

单一货币稳定币在经济学设计上非常简单：一个中心化受信任主体（即稳定币发行者）基于法定货币 1：1 发行 Token，在 Token 赎回时按 1：1 兑现法定货币，并保证法定货币储备不低于 Token 总发行量，为此需要定期接受独立审计并披露信息。在这些规则的约束下，Token 代表法定货币，Token 流转代表法定货币交易。Token就是稳定币。

问题在于：第一，稳定币的法定货币储备不会完全以现金形式存在，而是会部分投资于低风险证券。投资有收益，也伴随着风险。一旦证券投资亏损，法定货币储备就可能不充足。这对稳定币的价值有什么影响？稳定币的持有者会如何应对？第二，即使法定货币储备中证券投资没有亏损，如果稳定币持有者集中、大额赎回，稳定币发行者能否应对赎回？需要看到的是，任何证券的市场流动性都是有限的，出售证券不可能不耗时、无损失地换回现金。

可以对稳定币引入三个概念来分析上述问题。第一，面值（按锚定货币计价，下同）。面值等于 1。第二，如果所有稳定币持有者共同享有法定货币储备的所有权，1 单位稳定币的内涵价值等于法定货币储备市值除以稳定币发行量。显然，法定货币储备充足等价于内涵价值不低于 1。第三，市场价格。稳定币进入流通后，市场价格受供需因素影响，可以偏离面值和内涵价值。

接下来用一个简化数值例子来说明这三个概念（图 5.5，所有数值均为演示方便）。假设 $T=0$ 时刻，稳定币发行者收到 100 美元（即法定货币储备为 100 美元），对外发行 100 个美元稳定币，并将法定货币储备中 80 美元投资于国债，20 美元以现金及现金等价物方式存放。到 $T=1$ 时刻，假设国债投资有 10% 和 –10% 两种可能的收益率，分别称为情景 1 和情景 2。在这两种情景下，稳定币的内涵价值分别为 1.08 美元和 0.92 美元。

资产	负债
20美元现金及现金等价物 88美元国债	100个稳定币

（情景1）

资产	负债
20美元现金及现金等价物 72美元国债	100个稳定币

（情景2）

资产	负债
10美元现金及现金等价物 72美元国债	90个稳定币

（情景3）

资产	负债
55.73美元国债	68个稳定币

（情景4）

图 5.5　对稳定币的情景分析

如果法定货币储备充足或稳定币的内涵价值高于面值（情景 1），那么套利机制会让稳定币的市场价格趋近面值，原因如下：如果市场价格低于 1 美元，用户可以先以市场价格买入 1 个稳定币，再通过授权经销商向 Libra 网络赎回 1 个稳定币，从而获得差价（1 美元 – 市场价格）。在此过程中，稳定币发行量降低；如果其他条件不变，市场价格将上升。反之，如果市场价格高于 1 美元，用户可以用 1 美元，通过授权经销商向 Libra 网络获得新发行的 1 个稳定币，从而获得差价（市场价格 – 1 美元）。在这个过程中，稳定币发行量上升；如果其他条件不变，市场价格将下跌。

如果法定货币储备不充足或稳定币的内涵价值低于面值（情景 2），稳定币将处于非足额储备状态。在一般情况下，因为大数定理，全体稳定币持有者在任意时点上只有一部分会选择赎回。法定货币储备即使非足额，也能应付赎回需求。所以，稳定币非足额储备状态可以持续一段时间。但如果出现针对稳定币的挤兑，稳定币赎回不断出现，将进一步压低内涵汇率，使挤兑“自我实现”。比如，在情景 2 中，假设用户通过授权经销商赎回 10 个稳定币，稳定币的内涵价值将从 0. 92 美元降到 0. 91 美元，与面值之间的差距扩大（情景 3）。

如果稳定币处于非足额储备状态并遭受挤兑，所有稳定币持有者都将预期到：第一，随着稳定币赎回，稳定币内涵价值将不断降低，法定货币储备缺口不断扩大；第二，不可能所有持有者都能按面值赎回稳定币，早赎回比晚赎回对自己更有利，个体理性选择就是早赎回。这就是稳定币挤兑“自我实现”的基础。

有两个机制会放大挤兑的影响。第一，在挤兑过程中，稳定币内涵价值将构成市场价格的锚，从而拉低市场价格。稳定币持有者会更有动力以市场价格买入稳定币并赎回，特别在市场价格低于面值时。第二，如果赎回规模足够大，稳定币发行者为应对赎回，需要出售法定货币储备中的部分证券头寸。如果是“火线出售”，一方面将不得不以低于市场的价格出售证券，另一方面会进一步拉低市场价格，从而进一步压低稳定币的内涵价值。

比如，在情景 3 中，假设用户进一步赎回 22 个稳定币，稳定币发行者除了耗尽仅剩的 10 美元现金及现金等价物以外，还必须出售部分国债以获得 12 美元。假设稳定币发行者只能以低于市场价格 10% 的价格出售国债，并且出售后国债市场价格下跌 5%，那么剩余国债市值将变为 55. 73 美元，[①] 稳定币的内涵价值将降为 0. 82 美元（情景 4）。

综上所述，如果稳定币的法定货币储备池为追求投资收益而实施较为激进的投资策略（比如高比例投资于高风险、长期限或低流动性的资产），当稳定币面临集中、大额赎回时，法定货币储备池

---

① 计算过程是：要获得 12 美元，必须出售现存国债的 12/72/（1 - 10%） = 18. 52%，出售后剩余国债市值为 72 ×（1 - 18. 52%）×（1 - 5%） = 55. 73 美元。

可能没有足够的高流动性资产来应对。稳定币发行者可能不得不“火线出售”法定货币储备资产。这可能使资产价格承压，恶化稳定币体系的流动性状况甚至清偿能力。稳定币没有中央银行的最后贷款人支持，如果稳定币规模足够大，稳定币挤兑将可能引发系统性金融风险。因此，稳定币的法定货币储备应该受到审慎监管，体现为债券类型、信用评级、期限、流动性和集中度等方面要求。

尽管以上分析针对稳定币，类似情景曾发生在货币市场基金领域，并遵循类似机制。第一储备基金（Reserve Primary Fund）曾是世界上最早也是规模最大的货币市场基金。2008 年 9 月 15 日雷曼兄弟倒闭时，第一储备基金管理资产 648 亿美元，其中 7.85 亿美元是雷曼兄弟发行的商业票据（占比 1.2%）。9 月 16 日，在减记雷曼兄弟的商业票据后，第一储备基金的单位净值（NAV）跌到 0.97 美元。第一储备基金的投资者大量赎回，并引发了整个货币市场基金行业的赎回潮，加剧了信用紧缩。9 月 29 日，美国财政部针对这种局面，推出对货币市场基金的临时担保计划。美国财政部在货币市场基金申请并付费的情况下，为货币市场基金的投资者提供担保，保证他们在货币市场基金中的投资不会跌破面值，起到类似存款保险的作用。同日，第一储备基金宣布停止运营并清算资产。2015 年 12 月，第一储备基金以 0.991 美元的单位净值完成清盘。

国际金融危机后，美国加强了对货币市场基金的监管，主要方向包括：第一，对货币市场基金资产组合的期限、质量、流动性和分散化程度等实施更严格限制；第二，机构优质货币市场基金改变之前的固定单位净值计价，采取浮动单位净值计价，以更好地反映资产组合市场价值的变动情况，便于投资者了解基金风险状况，使投资者以更为公平的价格赎回基金；第三，引入流动性费用及赎回门槛限制，以抑制早期赎回者的赎回动力并稳定信心，流动性费用还可以部分抵消赎回对基金净值造成的损失；第四，如果不改变之前的固定单位净值计价，货币市场基金可以建立一个由独立的现金或类现金资产组成的资本缓冲池来支持货币市场基金保持稳定的单位净值。

从 Libra 2.0 对法定货币储备资产的投资限制、托管机构、独立审计、信息披露、资本缓冲和赎回限制等方面的要求，不难看出货币市场基金监管的影子。Libra 单一货币稳定币与央行数字货币之间的关系非常微妙。根据 Libra 联盟（2020），Libra 联盟应该希望央行数字货币可以作为单一货币稳定币的储备资产，这样就不会有信用风险和托管风险。但如果央行数字货币不是发行在 Libra 区块链上，Libra 联盟（2020）提出的“用央行数字货币替代单一货币稳定币”应该是很难实施的。

（二）Libra 1.0 的超主权货币方案

Libra 1.0 中，Libra 网络拥有并管理法定货币储备池，据此发行超主权货币 Libra。Libra 网络有自己的资产负债表，Libra 是 Libra 网络的负债。

授权经销商可以直接与法定货币储备池交易（实际上是与Libra发行机构交易）。交易的一边是 Libra，另一边是法定货币。问题在于：当授权经销商购买或赎回 Libra 时，它们付或收的是单一货币，还是一篮子货币？如果是单一货币，那么当美元、欧元、日元、英镑和新加坡元五个货币区对 Libra 的需求占比，与 Libra 货币篮子的构成不一致时，容易造成法定货币储备池的货币构成失衡。比如，假设新加坡用户对 Libra 的需求很高，大量新加坡元资金会通过在新加坡的授权经销商注入法定货币储备池，可能使得新加坡元占法定货币储备池的比重超过 7%。因此，授权经销商与法定货币储备池之间的交易应该使用一篮子货币。

授权经销商与所在国的 Libra 用户之间的交易使用本国货币。这样，授权经销商就需要经常去外汇市场上调整外汇头寸。比如，当新加坡用户想购买 Libra 时，会把新加坡元交给在新加坡的授权经销商。后者在外汇市场上卖出新加坡元，买入 Libra 货币篮子中的其他货币，再将一篮子货币资产注入法定货币储备池换取 Libra。反之，当新加坡用户想赎回 Libra 时，会把 Libra 交给新加坡的授权经销商。后者向法定货币储备池返回 Libra 并换取一篮子货币，再在外汇市场上卖出货币篮子中的其他货币，买入新加坡元。

这可能存在两个层次的轧差机制。一是在授权经销商层面。在同一时间段，同一国家的 Libra 用户既有向一个授权经销商购买 Libra的，也有向这个授权经销商赎回 Libra 的。该授权经销商可以轧差这些购买和赎回操作。二是在法定货币储备池层面。比如，假设在同一时间段，美国的授权经销商要购买 Libra，而日本的授权经销商要赎回 Libra。两个授权经销商轧差后，净额才与法定货币储备池交易。

Libra 1.0 的难度主要体现在三个方面。第一，Libra 的发行和赎回伴随着一篮子货币资产的转移。考虑到不同货币区在金融基础设施上的差异以及托管银行网络，这会造成很大的运营难度和复杂度。

第二，前文对稳定币的分析对超主权货币 Libra 也适用。对 Libra 也可以定义内涵价值和市场价格。Libra 与一篮子货币的加权平均汇率挂钩，不存在固定面值。因为一篮子货币的加权平均汇率随时间波动，可以认为 Libra 有一个移动目标。

对 Libra 法定货币储备金是否充足，可以从两个层次衡量。一是“分币种充足”：法定货币储备池中某个成分货币的金额（按公允价值衡量）超过流通中 Libra 的总市值乘以该成分货币在 Libra 货币篮子中的权重。二是“总体充足”：法定货币储备池的市值超过流通中 Libra 的总市值。显然，如果“分币种充足”对每个成分货币都成立，那么肯定有“总体充足”，但反过来不一定。

这两个层次的法定货币储备充足条件在现实中面临悖论局面。一方面，Libra 1.0 中不存在单一货币稳定币，主权国家无法监管“分币种充足”条件。另一方面，Libra 1.0 持续运行主要取决于“总体充足”条件，但“总体充足”条件是超主权的，没有合适的国际监管主体。

因为每个成分货币的汇率走势和投资收益不一样，可能出现法定货币储备池“总体充足”，但“分币种充足”对某个成分货币不成立的情况。在这种情况下，Libra 网络为保证 Libra 兑现一篮子货币的能力，将不得不在法定货币储备池中进行跨货币再平衡，即卖出充足程度较高的货币，买入充足程度不够的货币。跨货币再平衡会造成复杂的跨境资本流动，面临复杂的监管局面。如果 Libra 网络不能有效进行跨货币再平衡，即使法定货币储备池“总体充足”，Libra 也可能遭受投机性攻击——投机者会集中赎回 Libra，赌 Libra 网络不能一直兑现一篮子货币。

如果法定货币储备池长期不满足“总体充足”条件，那么前文分析的稳定币挤兑就会发生。挤兑到一定程度，Libra 网络可能不得不调整货币篮子构成。这类似于固定汇率制度在遭受投机性攻击后改为浮动汇率制度。

第三，从超主权货币 Libra 开始，不是一个好的商业启动策略。首先，超主权货币 Libra 不仅要满足各货币区的监管，还要满足跨境资本方面的监管，从一开始就面临很大的合规压力，并引发主要国家在货币主权、货币替代和货币政策等方面的担心。其次，根据前文对货币网络效应的讨论，Libra 联盟需要从零开始建设一个使用超主权货币的商品和服务网络，并教育培养用户将超主权货币作为支付工具和计价单位的习惯。这里面的难度不言而喻。

（三）Libra 2.0 的超主权货币方案

Libra 2.0 从单一货币稳定币出发，在商业启动上非常便捷。对美元、欧元、日元、英镑和新加坡元等稳定币，很多机构在 Libra 联盟之前就进行过尝试，监管部门已初步建立起监管框架。而且从第二版白皮书可以看出，这方面的监管将越来越完善。

对货币当局而言，合法合规的单一货币稳定币主要是支付工具，不会有货币创造，不影响货币主权，金融风险可控。不仅如此，因为区块链的开放性特征，单一货币稳定币会拓展本国货币在境外的使用。比如，尽管泰达币是 2014 年才开发出来的一个很不合规、争议很大的美元稳定币，但持有泰达币的中国居民数量，已显著超过持有美元存款账户的中国居民数量。因此，单一货币稳定币会强化强势货币的地位，侵蚀弱势货币的地位。比如，一些经济和政治不稳定的国家已经出现了“美元化”趋势，合法合规的美元稳定币会进一步增强这个趋势。需要指出的是，尽管 Libra 第二版白皮书没有提单一货币稳定币在货币主权、货币替代和货币政策等方面的影响，但这些影响是不容忽视的。

Libra 2.0 的一篮子货币稳定币 Libra 币通过智能合约就可以实现（图 5.6）。用户按货币篮子比例往智能合约中转入 Libra 美元、Libra 欧元、Libra 英镑和 Libra 新加坡元等单一货币稳定币后，智能合约就会生成相应数量的 Libra 币；反之亦然。Libra 币的发行和赎回完全在区块链上进行，不涉及跨货币的银行账户操作，也几乎不会受到监管。

图 5.6　Libra 币的发行与赎回

不仅如此，智能合约中存放了多少单一货币稳定币，以及对外发行了多少 Libra 币，都是区块链上公开可查的信息，不需要独立审计就可以取信于用户。这发挥了区块链作为分布式信任基础设施的功能。

在 Libra 2.0 中，法定货币储备池没有“总体充足”条件，只需要对每个单一货币稳定币满足“分币种充足”条件即可，而这会受到主权国家的明确监管。此外，法定货币储备池不需要做跨币种再平衡，不会引起复杂的跨境资本流动。

因此，Libra 2.0 的超主权货币方案在经济学设计、监管复杂度和商业启动策略等方面优于 Libra 1.0，实施难度要小得多。但悖论也正在此：超主权货币在 Libra 2.0 将处于一个边缘位置。不管方案如何，主要国家对超主权货币在货币主权、货币替代和货币政策等方面的担心，以及从零开始建设一个使用超主权货币的商品和服务网络的工作量，都是无法回避的。超主权货币 Libra 币的实际应用情况，完全取决于市场需求以及 Libra 联盟投入多少资源。

四、对 Libra 的展望

Libra 2.0 以 Libra 美元、Libra 欧元、Libra 英镑和 Libra 新加坡元等单一货币稳定币为主，以一篮子货币稳定币（也是超主权货币）Libra 币为辅。Libra 2.0 的超主权货币方案在经济学设计、监管复杂度和商业启动策略等方面优于 Libra 1.0，实施难度要小得多。但悖论在于，超主权货币在 Libra 2.0 将处于一个边缘位置。超主权货币 Libra 币的实际应用情况，将完全取决于市场需求以及 Libra 联盟投入多少资源。

从 Libra 2.0 可以看出，主要国家对单一货币稳定币的监管将越来越完善。Libra 2.0 将极大缓解 Libra 项目面临的监管和商业阻力。Libra 项目将加速推进。但 Libra 最终能否推动成功很大程度上取决于主要国家（特别是美国）的态度。特别是，美国监管 Libra 的最终目的仍是确保 Libra 增强而不是动摇美元的地位。

即便如此，Libra 接下来的发展仍需解决不少问题，包括 Libra 使用的技术及安全可靠性，Libra 对国际货币体系特别是跨境支付、货币主权的影响，Libra 对金融稳定、反洗钱、反恐怖融资、税收监管和隐私保护等方面的影响。在各国中央银行和监管当局的努力下，对 Libra 的监管将进一步完善，仅举其要者。

第一，能否妥善管理法定货币储备池的市值波动和流动性风险将是 Libra 能否成功的关键，Libra 将在法定储备管理上受到严格监管。

第二，Libra 法定货币储备由分布在全球各地且具有投资级的托管机构持有。但投资级不意味着零风险，Libra 选择的托管机构应满足一定监管要求。如果 Libra 法定货币储备的托管机构中包括一家或多家中央银行，那么 Libra 相当于实现阿德里安（2019）提出的“合成型央行数字货币”，Libra 2.0 已提出类似设想。

第三，Libra 天然具备跨境支付功能，Libra 的使用将是跨国境、跨货币和跨金融机构的，将对跨境资本流动产生复杂影响，也将受到这方面的审慎监管。

第四，Libra 项目将因涉及多国、多货币而需要满足复杂的合规要求。比如，在美国发行美元稳定币已有监管框架，这些监管将适用于 Libra，包括且不限于：美国财政部下设金融犯罪执法网络（FinCEN）的货币服务业务（MSB）许可证；经营涉及州的货币转移牌照；美元储备资产要存放在受美国联邦存款保险公司保护的银行；美元储备资产的真实性和充足性要定期接受第三方审计并披露；“了解你的客户”、反洗钱、反恐怖融资和反逃漏税等方面的规定。

但总的来说，对 Libra 项目这类创新，一方面不要将其视为“洪水猛兽”，要看到背后的技术趋势和经济逻辑；另一方面也没必要将其神话，应实事求是分析可能造成的风险并引入相应监管。

央行数字货币的路径选择：批发型还是零售型？

央行数字货币有多种设计方案，其中的一个重要问题是央行数字货币是批发型还是零售型。批发型央行数字货币的使用限于中央银行和金融机构之间，不面向公众。零售型央行数字货币也被称为一般目标型，其使用面向公众。从主要中央银行的央行数字货币项目看，有的以零售型为先，比如中国人民银行的 DC/EP。有的以批发型为先，比如加拿大银行的 Jasper 项目，新加坡金管局的 Ubin 项目，日本银行和欧洲央行的 Stella 项目，以及香港金管局的 LionRock 项目。国际清算银行对全球 66 家中央银行（对应全球 75% 的人口和 90% 的经济产出）的调研发现，15% 的中央银行在研究批发型央行数字货币，32% 的中央银行在研究零售型央行数字货币，近一半的中央银行在同时研究批发型和零售型央行数字货币（Boar et al.，2020）。我们认为，随着央行数字货币设计方案在一些关键问题上逐渐达成共识，央行数字货币项目需要做出的最重要选择是以批发型还是零售型为先。这个选择将决定央行数字货币的目标应用场景、设计和开发路径以及推行策略。

本文共分为四个部分。第一部分讨论央行数字货币设计方案要考虑的主要问题，第二部分介绍零售型央行数字货币研究情况，第三部分综述批发型央行数字货币试验情况，第四部分为央行数字货币展望。

一、央行数字货币的主要设计问题

在任何国家，央行数字货币都是一个系统工程，在设计方案中需要考虑多个问题。世界经济论坛（2020）从要解决的问题、电子支付生态、央行数字货币形态、运营风险、金融普惠、数据保护、监管合规、宏观经济和金融风险、央行数字货币设计要素、技术选择和相关风险、治理机制以及实施策略等层次讨论了央行数字货币设计方案要考虑的问题。我们认为，经过六年多的研究和试验，一些核心问题已逐渐达成共识。

央行数字货币是中央银行的数字形式的负债，是法定货币的一种新形态。既然央行数字货币是中央银行的负债，它替代的只是中央银行货币，而不是商业银行存款货币等其他层次的货币。这引申出两层含义。第一，中央银行货币包含现金和存款准备金，央行数字货币对两者都可以形成替代。央行数字货币替代现金，对应着零售型央行数字货币；央行数字货币替代存款准备金，对应着批发型央行数字货币。第二，所谓“央行数字货币替代广义货币”之类的说法在逻辑上很难成立。商业银行的一些负债工具（比如存单、债券）可以 Token 化，但这与央行数字货币不是同一概念。

央行数字货币发行有两种模式。第一，需求驱动模式。商业银行通过存款准备金向中央银行购买央行数字货币。比如，在中国人民银行 DC/EP 方案中，在发行阶段，中国人民银行扣减商业银行存款准备金，等额发行 DC/EP；在回笼阶段，中国人民银行等额增加商业银行存款准备金，注销 DC/EP。需求驱动模式主要有两点好处：首先，商业银行根据市场需求决定央行数字货币发行和回笼的数量和节奏，使得央行数字货币能更好适配市场需求；其次，央行数字货币发行和回笼不影响基础货币总量，对货币政策的影响偏于中性。第二，供给驱动模式。比如，中央银行用央行数字货币在公开市场上从商业银行处买入债券和外汇，或者中央银行用央行数字货币向商业银行发放再贷款。在这个模式下，中央银行决定央行数字货币发行和回笼的数量和节奏，并且央行数字货币发行和回笼意味着基础货币总量的增减。从主要中央银行的央行数字货币项目看，需求驱动模式占主导地位，央行数字货币“基于100%准备金发行”这一原则得到了普遍遵循。

在央行数字货币发行和回笼中，中央银行的交易对手可以是商业银行，也可以是公众。前者对应着二元模式（也被称为双层经营模式）：央行数字货币发行和回笼发生在中央银行与商业银行之间，公众通过与商业银行之间的交易来获取并存回央行数字货币。后者对应着一元模式。一元模式对央行数字货币系统要求较高，对商业银行的经营模式会形成较大冲击。因此，主要中央银行的央行数字货币项目普遍遵循二元模式。对二元模式有两点说明。第一，零售型央行数字货币普遍遵循二元模式，公众是从商业银行处间接获取央行数字货币，而非从中央银行处直接获取央行数字货币。第二，二元模式的一种变种是所谓的合成型央行数字货币（Adrian，2019）。在合成型央行数字货币中，数字货币是某一发行机构的负债，但基于该发行机构在中央银行的储备资产。

央行数字货币可以采取Token范式，也可以采取账户范式。概而言之，账户范式采取中心化管理方法，用户需要提供身份信息（即证明“你是谁”），账户范式下的交易是分层级的；Token范式可以采取去中心化管理方式，开放性更好，用户需要证明自己知道某些特定信息（比如私钥），Token范式下的交易是点对点的。主要中央银行的央行数字货币项目以Token范式为主。比如，Jasper、Ubin、Stella、LionRock。DC/EP的账户松耦合，本质上也属于Token范式。但也有一些央行数字货币项目采取账户范式，比如冰岛的Rafkróna、巴哈马的Sand Dollar、厄瓜多尔的DineroElectrónico（Auer and Böhme，2020）。需要看到的是，采取账户范式的央行数字货币项目一般属于零售型。批发型央行数字货币替代存款准备金，而存款准备金基于账户范式，并且已经是数字化的，所以批发型央行数字货币采取账户范式的意义不大。

央行数字货币是否付息是一个仍在争论的问题。有学者认为，如果央行数字货币的目标是替代现金，那么央行数字货币应该像现金一样不付息。但也有学者认为，如果央行数字货币能完全替代现金，那么央行数字货币利率将成为一个从中央银行“直通”公众的有力的货币政策工具，特别是在中央银行面临名义利率零下限时，央行数字货币利率可以成为实施负利率的工具。主要中央银行的央行数字货币项目倾向于不付息，有以下原因。第一，现金尽管在设计、印制、投放、回笼和防伪等方面会花费大量成本，也为一些非法经济活动提供了便利，但现金对网络连接以及现金使用者的专业知识和软硬件设备等没有要求。因此，大部分国家没有用央行数字货币完全替代现金的计划，用央行数字货币利率来突破名义利率的零下限意义不大。第二，央行数字货币利率作为新的货币政策工具，在理论和实践中都存在不少未知问题，因此不可轻易使用。第三，央行数字货币如果有离线支付功能，会为利息计算带来挑战。第四，央行数字货币利息收入如果要报税，会破坏央行数字货币的匿名特征。

以上讨论了央行数字货币设计方案中一些逐渐达成共识的问题。总的来说，主流的央行数字货币设计方案将具有“现金替代，基于100%准备金发行，遵循二元模式，采取Token范式，不付息”等核心特征。央行数字货币设计方案中仍未达成共识的问题就是以批发型还是零售型为先。从主要国家和地区的央行数字货币研究和实践看，有的以批发型为先，有的以零售型为先。这个问题应该没有统一答案，但好处在于，不同选择的央行数字货币项目正好相互印证和补充。最后需要说明的是，零售型央行数字货币也包含批发环节，但批发环节只针对央行数字货币发行和回笼，而非央行数字货币在证券交易和跨境转账的应用。

二、零售型央行数字货币研究情况

零售型央行数字货币已成为备受关注的学术问题。奥尔和博曼（Auer and Böhme，2020）讨论了零售型央行数字货币相关技术，认为零售型央行数字货币设计方案应适配用户需求，包括类似现金的点对点支付功能、便利的实时支付、弹性和稳健运营、合法支付场景中的匿名性、可被所有人获取以及跨境支付等方面。奥尔和博曼（2020）还从是否为中央银行的直接负债、是否使用分布式账本技术、Token 范式还是账户范式以及用于境内还是跨境支付等维度对现有的零售型央行数字货币项目做了梳理。基夫等人（Kiff et al.，2020）综述了对零售型央行数字货币的研究，发现：一是中央银行研究零售型央行数字货币的主要目标是促进金融普惠，维护中央银行在货币体系中的重要性；二是中央银行倾向于自己负责央行数字货币的发行，但将央行数字货币的分发和支付外包给市场机构；三是部分中央银行使用传统的中心化账户，部分中央银行使用分布式账本技术；四是如何既保护用户身份信息和交易数据等隐私，又满足金融诚信标准，是中央银行面临的一个重要挑战。

零售型央行数字货币有望实现类似现金的安全性和点对点支付的便利性。中央银行开发零售型央行数字货币的主要目标是，利用央行数字货币系统的开放性促进金融普惠。央行数字货币系统提供的精细尺度的支付数据，有助于宏观经济决策。在新冠疫情大流行的背景下，央行数字货币还将为政府向个人支付救助款项提供一个有效工具。零售型央行数字货币与现金使用之间的关系比较微妙。一方面，在现金使用较多的国家，中央银行希望用央行数字货币替代现金，既降低与现金体系有关的成本，更缓解现金的不可追溯性对洗钱、恐怖融资和逃漏税的影响。另一方面，在现金使用较少的国家，中央银行则希望公众以央行数字货币的形式持有中央银行货币，既促进支付系统的安全、效率和稳健，又缓解非银行支付机构做大后对用户隐私保护和市场公平竞争等的影响。

零售型央行数字货币设计方案需要考虑以下问题。第一，零售型央行数字货币对金融稳定和货币政策的影响。零售型央行数字货币可能与银行存款竞争，公众会将部分存款转为央行数字货币，这会影响银行存款稳定和银行中介功能，并提高银行挤兑的可能性。一种解决思路是，在用户将存款转为央行数字货币的过程中引入一些摩擦因素。零售型央行数字货币相当于以数字形式提高了公众的现金偏好，公众将部分存款转为央行数字货币，会降低货币乘数，造成一定的货币紧缩效应。这个紧缩效应需要中央银行货币政策来对冲。此外，零售型央行数字货币对支付市场将产生复杂影响。

第二，零售型央行数字货币的支付和清结算安排。如果零售型央行数字货币支付第一时间由中央银行处理，就相当于中央银行建立一个面向公众的实时全额结算系统，这对央行数字货币系统的安全、效率以及抵御网络攻击的能力等提出很高要求。零售央行数字货币的清结算完全由中央银行负责，也不利于调动市场化机构应用推广央行数字货币的积极性。

第三，零售型央行数字货币需要兼顾开放普惠、有限匿名和监管合规这三方面要求。零售型央行数字货币系统直接面向公众，具有很好的开放性，并满足用户在合法合规支付场景中对匿名性的需求，但在监管合规上面临不少新问题。中国人民银行引入 DC/EP 钱包的实名制等级与钱包限额之间的挂钩关系，并使用大数据技术分析可疑的资金流动，以满足“三反”（反洗钱、反恐怖融资和反逃漏税）监管要求。这是一个值得关注的解决思路。

第四，零售型央行数字货币应用推广中如何发挥市场的作用。中央银行在零售型央行数字货币中的主要工作是做好系统设计，建设基础设施，并制定技术标准。央行数字货币在零售场景中的应用推广，应由市场负责，这体现了公私合作原则和不与民争利的精神。问题在于：市场化机构有什么动力负责零售型央行数字货币的应用推广？如果市场化机构是现有支付系统的受益者，并且零售型央行数字货币可能挑战它们现有市场地位，它们为什么要支持零售型央行数字货币？这些问题的解决并非易事。一方面，要充分利用市场化机构对零售场景的渗透，包括用户资源、线上线下收单体系和场景转化能力等。另一方面，要对市场化机构引入激励相容设计，适当让利于民。

第五，境外个人和机构如何持有和使用零售型央行数字货币。零售型央行数字货币天然具有便于跨境支付的特点。理论上，境外个人和机构开设零售型央行数字货币钱包，可以使用与境内个人和机构一样的程序。零售型央行数字货币尽管在技术上容易“穿越”国境线，但需要在尊重他国货币主权的前提下“走出去”。为此，可以考虑对境外个人和机构的零售型央行数字货币钱包引入更严格的额度限制，并定期与境外中央银行共享该国个人和机构持有和使用零售型央行数字货币的情况。

需要说明的是，零售型央行数字货币和批发型央行数字货币都可以用于改进跨境支付，但侧重点不同。零售型央行数字货币实现跨境点对点支付。在零售型央行数字货币系统中，单纯从技术的角度看，钱包没有境内和境外之分，支付也没有在岸、离岸和跨境支付之分，但对中央银行的系统架构和技术能力要求很高。零售型央行数字货币用于跨境支付，可以完全不依赖于商业银行的中介功能。批发型央行数字货币用于跨境支付，保留了商业银行的中介功能，主要是改进目前的代理银行机制。

三、批发型央行数字货币试验情况

与零售型央行数字货币不同，代表性批发型央行数字货币项目经过多轮试验并有详细披露，比如 Ubin 项目（MAS，2017；ABS 和 MAS，2017；Deloitte et al.，2018；BoC 和 MAS，2018；Temasek

和 MAS，2020），Stella 项目（ECB 和 BoJ，2017，2018，2019，2020），Jasper 项目（Payments Canada et al.，2017；TMX Group et al.，2018；BoC et al.，2018），以及 LionRock 项目（BoT 和 HK-MA，2020）。从这些进度报告可以看出批发型央行数字货币分阶段要解决的核心问题。

（一）批发型央行数字货币能否支持实时全额结算？能否以去中心化方式实现流动性节约机制？

这里面涉及支付系统中的结算方式。实时全额结算指逐笔全额结算支付指令。实时全额结算效率高，降低了支付有关各方的信用风险，但对流动性的要求更高。与实时全额结算相对应的是延迟净额结算，指对支付指令轧差后净额结算，能节约流动性，但耗时较长且有结算风险。此外还有实时全额结算和延迟净额结算的混合模式，由支付系统提供流动性节约机制，将付款指令与其他支付指令轧差后才结算。在几乎所有国家，批发支付都用实时全额结算，并且实时全额结算系统通常由中央银行所有并管理（比如中国人民银行的大额支付系统）。

代表性批发型央行数字货币项目试验表明，批发型央行数字货币能支持实时全额结算，流动性节约机制能够以去中心化方式实现（即通过智能合约实现）。比如，Ubin 项目第二阶段使用 R3 Corda、Hyperledger Fabric 和 Quorum 三个平台实现了实时全额结算系统的关键功能，以及与流动性节约机制有关的排队机制和交易拥堵解决方案。三个平台在可扩展性、性能和可靠性等方面都可以满足金融基础设施要求，并有针对隐私保护的考虑和设计。再比如，Stella 项目第一阶段基于 Hyperledger Fabric 平台的解决方案可以满足实时全额结算系统的性能要求，在分布式账本技术环境中每秒可以处理的交易请求量与欧元区和日本的实时全额结算系统（分别是 TAR-GET2 和 BOJ－NET）处理的交易请求量相当，并且能在分布式账本技术环境中实施流动性节约机制。

（二）批发型央行数字货币能否支持 Token 化证券交易，并实现券款对付？

证券交易后，结算指按照协议转让证券和资金的所有权，分为付券端和付款端。其中，付券端指将证券从证券卖出方转到证券买入方，付款端指将资金从证券买入方转到证券卖出方。结算的一个主要风险是本金风险，指因为资金支付与证券交割不同步，导致卖出方交付证券后无法获得资金，或者买入方支付资金后无法获得证券的风险。因此，金融交易后处理强调券款对付原则——证券交割当且仅当资金支付。

在这个场景中，付款端用批发型央行数字货币，付券端用Token化证券。这个场景下的券款对付存在两种情形。第一，付券端和付款端使用同一分布式账本技术系统，称为单账本券款对付。对单账本券款对付，资金和证券记录在同一账本。交易双方各自确认交易指令之后，原子结算智能合约可以协调清算和结算，使得证券和资金同时完成转让。第二，付券端和付款端使用两个不同的分布式账本技术系统，称为跨账本券款对付。跨账本券款对付的挑战较大，是批发型央行数字货币项目试验的重点，并有多种可选的跨链技术。

Ubin 项目第三阶段基于多个平台（Quorum、Hyperledger Fabric、Ethereum、Anquan 区块链和 Chain Inc 区块链），针对不同分布式账本技术系统中的新加坡政府债券与批发型央行数字货币之间的交易试验跨账本券款对付的可行性。Ubin 项目共试验了三种原型。第一种原型由 Anquan 设计，批发型央行数字货币基于 Quorum，Token 化证券基于 Anquan 区块链。第二种原型由德勤设计，批发型央行数字货币基于 Ethereum，Token 化证券基于 Hyperledger Fabric。第三种原型由纳斯达克设计，批发型央行数字货币基于 Hyperledger Fabric，Token 化证券基于 Chain Inc 区块链。从这些原型可以看出，不管是批发型央行数字货币，还是 Token 化证券，均有多种符合要求的分布式账本技术系统可选。Ubin 项目第三阶段使用的跨链技术是哈希时间锁协议，试验发现：使用分布式账本技术可以缩短结算周期，达到 $T+1$ 或者全天候实时结算（目前新加坡证券市场的结算周期是 $T+3$），从而降低交易对手风险和流动性风险。但使用哈希时间锁协议的跨账本券款对付可能发生结算失败，因此仲裁机构是一个重要设计，用于解决系统中的交易争端。此外，哈希时间锁协议会在结算周期中锁定资产，使得在此期间资产不能用于其他交易，可能降低市场流动性。

Stella 项目第二阶段试验了单账本券款对付和跨账本券款对付。在单账本券款对付中，交易双方对交易指令达成一致后，付款端和付券端的偿付义务合并成一个交易，交易双方直接使用加密签名进行处理。跨账本券款对付使用哈希时间锁协议。与 Ubin 项目类似，Stella 项目也发现哈希时间锁协议可能造成结算失败。

因此，批发型央行数字货币能支持 Token 化证券交易，并且在分布式账本技术环境下，可以实现单账本券款对付，但跨账本券款对付依靠的哈希时间锁协议有一定缺陷。

（三）批发型央行数字货币能否支持同步跨境转账？

批发型央行数字货币应用于同步跨境转账的逻辑与应用于 Token 化证券交易，只是付券端变成了外汇。

Ubin 项目第四阶段与 Jasper 项目合作开展了同步跨境转账试验。新加坡元央行数字货币基于 Quorum 平台，加拿大元央行数字货币基于 R3 Corda 平台。它们考察了三种方案。第一种是中间人方案。中间人通常是商业银行，同时参与 Quorum 和 R3 Corda 平台。比如，中间人在 Quorum 平台从付款的新加坡银行收到新加坡元央行数字货币后，内部经过汇率换算，再通过 R3 Corda 平台向收款的加拿大银行发送加拿大元央行数字货币。在第二种方案中，付款的新加坡银行和收款的加拿大银行都同时参与 Quorum 和 R3 Corda 平台，相互之间可以直接进行两种央行数字货币的交易。在第三种方案中，同一分布式账本技术系统支持多种央行数字货币。Ubin 项目和 Jasper 项目重点测试中间人方案，并通过哈希时间锁协议实现同步跨境转账。试验发现，收付款双方可以在不信任中间人的情况下，实现同步跨境转账（也是跨币种和跨平台的）；在大多数情况下，哈希时间锁协议是可靠的。

Stella 项目第三阶段也对同步跨境转账进行了试验，重点针对中间人方案，因此参与者包括付款银行、收款银行和中间人。各参与方采用的账本类型没有具体限制，跨链转账使用五种方法：信任线、链上托管、简单支付通道、条件支付通道以及第三方托管。其中，前四种方法属于跨账本协议的哈希时间锁定协议。试验发现，在安全性方面，链上托管、第三方托管和条件支付通道都有强制执行机制，可以确保在交易过程中完全履行自己责任的交易方不会面临损失本金的风险；流动性效率从高到低依次是信任线、链上托管和第三方托管、简单支付通道和条件支付通道。

香港金管局的 LionRock 项目和泰国中央银行的 Inthanon 也进行了同步跨境转账试验。它们采用的方案称为“走廊网络”，本质上是将两种货币的央行数字货币“映射”到同一分布式账本技术系统中（即基于 100% 的央行数字货币储备在“走廊网络”上发行央行数字货币凭证），使得同一分布式账本技术系统支持多种央行数字货币。这样，跨境转账就发生在单账本上，不涉及跨链操作。

最后需要指出的是，批发型央行数字货币不管是应用于 Token 化证券交易还是同步跨境转账，只要涉及多个分布式账本技术系统，跨链就是一个核心问题，而哈希时间锁协议是一个重要但不完美的跨链技术。哈希时间锁协议是在去中心化和去信任化环境中进行条件支付的基础，是理解数字货币可编程性的一个关键。除了对密码学的应用以外，哈希时间锁协议的核心是序贯博弈。在参与者理性前提下，哈希时间锁协议中所有的条件支付要么全部完成，要么全不完成但所有参与者都能拿回自己的资金，所以是原子式的。但如果有参与者的行为违背了理性原则（比如操作失误），哈希时间锁协议就会失效。因此，哈希时间锁协议的缺陷不在技术上，而在机制设计上。

四、对央行数字货币的展望

经过过去几年的研究和探索，主要中央银行的央行数字货币设计方案已逐渐收敛到“现金替代，基于100%准备金发行，遵循二元模式，采取Token范式，不付息”等核心原则。央行数字货币设计方案中仍未有共识的问题就是以批发型还是零售型为先。

根据国际清算银行的调查，大部分中央银行更关注零售型央行数字货币。但因为批发型央行数字货币主要只涉及中央银行和商业银行，属于金融基础设施层面的应用，针对的场景较为明确，并且不牵扯复杂的货币和金融问题，所以批发型央行数字货币的试验走在了零售型央行数字货币的前面。目前，中国人民银行的DC/EP在零售型央行数字货币项目中处于全球领先位置。

从代表性批发型央行数字货币项目的试验看，它们的阶段性工作和试验结论较为一致。第一，批发型央行数字货币能支持实时全额结算，流动性节约机制能够以去中心化方式实现（即通过智能合约实现）。第二，批发型央行数字货币能支持Token化证券交易，并且在分布式账本技术环境下，可以实现单账本券款对付，但跨账本券款对付依靠的哈希时间锁协议有一定缺陷。第三，批发型央行数字货币应用于同步跨境转账的逻辑与应用于Token化证券交易。中间人模式是主流的跨链方案。收付款双方可以在不信任中间人的情况下，实现同步跨境转账。在大多数情况下，哈希时间锁协议是可靠的。最后，除了对密码学的应用以外，哈希时间锁协议的核心是序贯博弈。哈希时间锁协议的缺陷不在技术上，而在机制设计上。

零售型央行数字货币也包含批发环节，但批发环节只针对央行数字货币发行和回笼，而非央行数字货币在证券交易和跨境转账的应用。零售型央行数字货币有望实现类似现金的安全性和点对点支付的便利性。中央银行开发零售型央行数字货币的主要目标是利用央行数字货币系统的开放性促进金融普惠。零售型央行数字货币与现金使用之间的关系比较微妙。现金使用较多和较少，都会提升零售型央行数字货币的必要性。零售型央行数字货币设计方案需要考虑以下问题。第一，零售型央行数字货币对金融稳定和货币政策的影响。第二，零售型央行数字货币的支付和清结算安排。第三，零售型央行数字货币需要兼顾开放普惠、有限匿名和监管合规这三方面要求。第四，零售型央行数字货币应用推广中如何发挥市场的作用。第五，境外个人和机构如何持有和使用零售型央行数字货币。这些问题均没有被普遍认可的答案，有待进一步研究。

在央行数字货币的路径选择上，批发型与零售型以何为先？这个问题很可能没有统一答案，但好处在于，不同路径的央行数字货币项目正好相互印证和补充。随着代表性批发型央行数字货币项目逐渐完成试验，零售型央行数字货币因其涉及复杂的货币和金融问题，将成为研究热点。

我国 DC/EP 发展的策略和重点

自 2016 年中国人民银行开始推动 DC/EP 研发以来，中国人民银行对央行数字货币的研发工作已有一整套的想法，这些想法正越来越多地为其他国家的中央银行和国际组织所接受；同时，新冠疫情的发展也显示出央行数字货币取代现金的必要性和优势。中国人民银行应该在合适的场合系统阐述关于我国 DC/EP 的研发方案，这有利于占据央行数字货币标准的制高点。中国人民银行推动发展 DC/EP 的目的：首先在于提高支付系统的效率；其次是支付系统作为金融基础设施联接整个金融服务业，发展 DC/EP 也是为了提高金融业的竞争力；同时中央银行发行数字货币有利于提高公众对人民币的信心，推进人民币国际化；此外，中央银行主导数字货币，可以确保公众利益得到保护，避免市场扭曲。当前，应尽快明确我国 DC/EP 发展的策略和重点，整合各方资源，推进 DC/EP 的国际地位。即应明确 DC/EP 的国内开发重点主要在规范金融机构和科技公司的行为，鼓励创新和竞争；在境外 DC/EP 发展的重点是推动人民币国际化。

一、DC/EP 方案的先进性

中国人民银行对央行数字货币的系统想法开始为各国接受，应利用合适时机和场合系统阐述中国人民银行关于数字货币的想法，占据央行数字货币标准的制高点。

美国、英国、加拿大、瑞典等主要国家和地区的央行及货币当局近期纷纷发布央行数字货币的发行计划或设想报告，我们对此进行了分析，发现在很多关键设计方案和原则上与我国 DC/EP 有很多的相似之处。一是越来越多的中央银行计划央行数字货币采纳“双层运营”架构。早在 2017 年，中国人民银行就明确指出，中国的法定数字货币发行方式应维持中央银行 - 银行“双层运营”架构：中央银行将数字货币发行至银行业务库，银行受中央银行委托向公众提供数字货币存取等服务，并与中央银行一起维护数字货币的发行和流通体系的正常运行。而近期发布央行数字货币计划的各国央行大多也采取了与我国“双层运营”架构相同的设计。在实现“双层运营”体系的技术架构方面，瑞典央行、加拿大央行、英格兰银行等均采纳了 DC/EP 方案中强调的观点，即中央银行应按照“双层运营”体系对央行数字货币的发行/赎回网络实行中心化控制。二是多数中央银行将央行数字货币定位于现金替代。数字货币研发初期，中国人民银行就明确中国的法定数字货币主要是现金替代，不计付利息，不承担除货币应有三个职能（记账单位、交易媒介和价值储藏）之外的其他社会与行政职能。三是越来越多的中央银行计划采用混合技术路线。在实现“双层运营”体系的技术架构方面，DC/EP 已经设计了集中式处理与分布式账本的混合技术架构，并在第二层中采取技术中性策略，由运营机构自行选择技术路线。四是越来越多中央银行的央行数字货币计划采取 100% 准备金发行模式。现在，DC/EP 与现行人民币的兑换比例为 1 ∶ 1，运营机构若想兑换数字人民币，必须用等量人民币进行兑换。具体来说，与现钞的发行方式相同，用超额准备金进行兑换，这一发行方式确保 DC/EP 与人民币等价，这样的央行数字货币发行方式被称为 100% 准备金发行。100% 准备金可增强公众对央行数字货币的信心，避免商业机构潜在扭曲的市场行为。此外，越来越多的中央银行重视央行数字货币的离线优势。

这些设想实际上体现了中央银行避免金融科技影响货币政策传导、保持现有金融体系相对稳定的目的，同时防止了金融科技公司盲目发展带来的扭曲。鉴于越来越多的中央银行在央行数字货币的设计目标、总体框架、功能设计等方面与我国 DC/EP 方案存在大量的相似性和共性，可以推断，这些央行和货币当局在设计时借鉴甚至照搬了我国 DC/EP 方案。这说明，我国 DC/EP 无论从设计理念、顶层框架、技术路线上都具有先进性和合理性，被大多数主要国家的央行所认可和借鉴学习，并试图追赶我国的央行数字货币的研发水平。中国人民银行应该在合适的场合系统阐述我国法定数字货币研发系统的有关想法，占据央行数字货币标准的制高点。

二、DC/EP 能规范金融机构和科技公司行为

一些国内的学者提出，中国已经有支付宝和微信支付了，同时，这些机构已在中国人民银行存放百分之百的准备金，一定意义上讲就是央行数字货币了，是否还需要研发 DC/EP？国际组织和中央银行对公众所做的调查发现，公众更喜欢由中央银行发行的数字货币，大型互联网技术公司是公众信任度排名最低的。中央银行推动发展央行数字货币的目的：首先在于提高支付系统的效率；同时鉴于支付系统作为金融基础设施要联接整个金融服务业，发展央行数字货币也是为了提高金融业的竞争力；其次中国人民银行发行 DC/EP 有利于提高公众对人民币的信心，进一步推进人民币国际化。

此外，中央银行主导数字货币还有以下好处：一是可以减少私人公司潜在的垄断或市场扭曲的风险。这可能是脸书牵头的 Libra 无法被大多数国家中央银行所接受的原因之一。2020 年 4 月 16 日，Libra 第二版白皮书提出重大修订，以单一货币稳定币为主，原计划的一篮子货币稳定币改为辅助地位，并且通过稳定合规框架提高 Libra 支付系统的安全性，放弃未来向无许可系统过渡的计划，在

法定货币储备池的设计中引入强有力的保护措施。Libra 的转向从侧面反映了主要国家的态度。二是用户可以直接向中央银行提出债权并在某些危机时期规避商业机构的风险。三是数字货币涉及消费者隐私保护、金融稳定以及反洗钱、反恐怖融资的现行业务模式是否合规的问题等，由中央银行主导数字货币，可以确保公众利益得到保护。DC/EP 对现金的替代作用非常明显，DC/EP 的可追溯性对中央银行监控资金流向以及反洗钱、反恐怖融资和反逃漏税等方面监管具有很强的政策含义。当然，中央银行对数字货币研发重点应在中央银行 – 银行“双层运营”架构中的中央银行对金融机构和科技公司这一层面；针对公众的零售服务由金融机构和科技公司自由竞争优化供给。

由中央银行主导数字货币，可以确保公众利益得到保护，并确保对所有违规违法交易的监管能力。随着 DC/EP 跨境流通，这一点显得尤其重要。对于 DC/EP 的交易信息，DC/EP 方案采取了可控匿名的原则。美联储、加拿大央行均认为央行数字货币设计需要在隐私权保护与反洗钱、反恐怖融资之间保持必要的平衡。在 DC/EP交易不依赖于银行账户的体系下，根据前台匿名、后台实名的原则由运营机构对用户进行“了解你的客户”。审查运营机构只存储本机构交易信息，同时将交易数据异步传输至央行，既便于央行掌握全量交易数据，也能减轻商业机构的系统负担。这样，除中国人民银行外，没有第三方掌握用户的全部交易信息，保持相对匿名，同时保证国家对所有违规违法交易的监管能力。

因此，应明确推动 DC/EP 的国内开发重点主要在规范金融机构和科技公司的行为，鼓励其创新和竞争。

三、DC/EP 对人民币国际化有战略意义

各国尤其是发达国家发展央行数字货币很大程度上是为了提高本国央行数字货币的国际地位。英格兰银行特别强调央行数字货币

应为跨境支付赋能，认为央行数字货币可以提供更安全、更有效率的跨境支付。法国央行也在考虑其央行数字货币设计中的非居民兑换问题，以提高其央行数字货币的国际地位。美联储理事莱尔·布雷纳德（Lael Brainard）在最近的公开演讲中强调，如果美联储发行央行数字货币，应确保美元在全球范围内继续发挥重要作用。美国政府反对脸书牵头的 Libra，很大程度也是由于 Libra 之前是基于一篮子货币，而不是基于美元；同时 Libra 联盟也不设在美国。美国监管 Libra的最终目的仍是确保 Libra 增强而不是动摇美元的地位。

应加快 DC/EP 的发展，推进人民币国际化。由于 DC/EP 的交易不依赖于银行账户，DC/EP 天然具有便于跨境支付的特点，来华旅游的境外居民可以在不开立中国内地银行账户的情况下开立 DC/EP 钱包，享受中国的移动支付服务；同理，只要境外商家愿意接受人民币，境外商家并不需要在我国银行开立账户即可申请开立 DC/EP 钱包，我国居民就可以使用 DC/EP 进行跨境支付。当然，这些支付行为要遵守我国人民币的管理条例、现金管理、外汇管理的相关规定，在与当地货币当局商定汇兑安排后，境外商家也可以将 DC/EP 兑换为当地货币。

DC/EP 对我国货币和支付领域的影响

2020 年 4 月起，中国人民银行 DC/EP 先行在深圳、苏州、雄安、成都及未来的冬奥会场景进行内部封闭试点测试。这是我国货币和支付领域的一件大事，已引起了很多讨论和研究，争议问题集中在五个方面：第一，DC/EP 对银行卡支付，特别是“四方模式”的影响；第二，DC/EP 对第三方支付的影响；第三，DC/EP 对人民币跨境支付的影响；第四，DC/EP 对货币的影响，包括 DC/EP 是否会造成货币超发并推高通货膨胀，是否会造成“数字化量化宽松”，是否会造成狭义银行，以及是否会显著冲击银行地位；第五，DC/EP 对人民币国际化的影响。

尽管中国人民银行没有披露 DC/EP 的详细设计方案和推行策略，但基于中国人民银行关于 DC/EP 的设计原则以及中国人民银行领导和相关负责同志的讲话和论文（周小川，2019；易纲，2019；范一飞，2016，2018；徐忠、汤莹玮和林雪，2016；姚前和汤莹玮，2017；姚前，2018；穆长春，2019；狄纲，2018），已经可以给出这五方面问题的初步答案。

一、DC/EP 设计原则

以下四条 DC/EP 的设计原则，对回答上述五方面问题最为重要。

（一）DC/EP 替代现金

中央银行货币主要包括存款准备金和现金。存款准备金是中央银行对银行的负债，现金是中央银行对公众的负债。DC/EP 替代的是现金，DC/EP 可以视为现金的数字形态。从经济内涵看，DC/EP 是中国人民银行直接对公众的负债，这个债权债务关系不涉及银行。

（二）DC/EP 基于 100%准备金发行，并采取“双层运营”模式

DC/EP 发行和回笼的一个核心原则是不影响中央银行货币发行总量，为此银行存款准备金和 DC/EP 之间有等额兑换机制。中国人民银行将 DC/EP 发行至银行业务库（批发环节），银行受中国人民银行委托向公众提供 DC/EP 存取等服务（零售环节）。因此，银行在 DC/EP 运行中发挥枢纽作用。

（三）DC/EP 的中心化管理模式

中国人民银行的 DC/EP 系统既记录 DC/EP 及对应用户身份，完成权属登记；又记录流水，完成 DC/EP 产生、流通、清点核对及消亡全过程登记。

（四）DC/EP 采取账户松耦合方式

DC/EP 在交易环节对账户（特别是银行存款账户）的依赖程度较低，可以和现金一样易于流通。现金流通的核心特征是点对点交易——现金收付双方只要确认现金的真实性，就可以直接完成现金交易，无须依赖第三方机构（比如银行）。

公众拥有和使用 DC/EP，需要通过 DC/EP 钱包。钱包的核心是一对公钥和私钥，公钥对应钱包地址。银行在公众开立 DC/EP 钱包以及钱包“了解你的客户”审查中发挥重要作用。

图 5.7 从资产负债表的角度展示了 DC/EP 发行、回笼、存、取和交易的过程。

中国人民银行	
资产	负债
	存款准备金：−a
	DC/EP：+a

商业银行	
资产	负债
存款准备金：−a	存款
DC/EP：+a	

（中国人民银行向银行发行a个DC/EP；
a<0表示银行向中国人民银行回笼DC/EP）

商业银行	
资产	负债
存款准备金	存款：−b
DC/EP：−b	

用户	
资产	负债
存款：−b	
DC/EP：+b	

（用户从银行取b个DC/EP，假设用存款兑换；
b<0表示用户向银行存DC/EP）

用户A	
资产	负债
存款	
DC/EP：−c	

用户B	
资产	负债
存款	
DC/EP：+c	

（用户A向用户B付c个DC/EP）

图 5.7 从资产负债表的角度看 DC/EP

二、DC/EP 对支付领域的影响

DC/EP 与银行存款和支付账户余额有非常大的差异。第一，DC/EP 只能由中国人民银行发行，而银行放贷可以产生存款——银行给企业放贷时，资产方增加对企业的贷款，负债方同时增加企业的存款。银行购买债券也有货币创造效应。第二，DC/EP 采取账户松耦合模式，而银行存款和支付账户余额都依托于账户。第三，DC/EP 钱包的运行管理者与钱包用户之间是托管关系，是用钱包托管用户的 DC/EP。而银行与存款者之间是债权债务关系。

在任何 DC/EP 交易中，实际发生资金流动的参与方只有交易双方，资金流不经过 DC/EP 钱包的运行管理者。因此，DC/EP 钱包的运行管理者的定位与银行卡的发卡机构、收单机构完全不同。

用户通过 DC/EP 钱包私钥，可以发起钱包间转账交易。即使考虑双离线支付，这些交易最终由中国人民银行记录在 DC/EP 系统。问题在于，DC/EP 交易采取哪种清结算方式？存在两种可能情形。

第一，DC/EP 交易采取实时全额结算模式，也就是老百姓、企事业机构和银行等之间的 DC/EP 交易，都第一时间体现为 DC/EP 登记中心的更新。在这种情形下，DC/EP 支付和清结算将独立于银行卡支付和第三方支付，但也意味着中国人民银行要直接处理 DC/EP 的零售支付。这对 DC/EP 系统的安全和效率要求很高，比如不低于网联的水平。

第二，DC/EP 交易采取延迟净额结算模式。此时需要考虑三个问题。一是延迟净额结算模式对 C 端用户的体验不好。二是 DC/EP 交易直接在钱包之间进行，收单、付单都是在钱包层面，轧差也是在钱包层面。但大部分 DC/EP 钱包将由老百姓持有，老百姓之间交易规模较小，轧差意义不大。三是在银行作为 DC/EP 钱包的运行管理者时，钱包之间的 DC/EP 交易不会像跨行转账那样引发钱包运行管理银行之间的结算。因此，延迟净额结算模式唯一适合的场景是银行之间的 DC/EP 交易。但银行之间的 DC/EP 交易属于批发支付，以实时全额结算模式为主，改成延迟净额结算模式的意义不大。

但总的来说，DC/EP 清结算安排尚有许多需要研究的问题。DC/EP 在批发和零售环节的安排，已逐渐明朗，但也有很多问题需要研究，并将对电子支付行业产生较大影响。

只有在资本和技术等方面实力较为雄厚的银行才能作为指定运营机构，参与 DC/EP 的批发环节，用存款准备金向中国人民银行兑换出 DC/EP。根据《非银行支付机构网络支付业务管理办法》第九条规定，非银行支付机构不得经营或者变相经营货币兑换，不具备为 DC/EP 提供兑换服务的制度基础。

DC/EP 将影响电子支付行业格局。首先，在支付入口，除了第三方支付机构和手机银行以外，会增加数字人民币钱包。数字人民币钱包目前只能由作为指定运营机构的银行提供，既可以是独立的

App（应用程序），也可以嵌入手机银行或与第三方支付 App 关联。其次，在付款端，会增加数字人民币选项。

将来，用户通过支付宝和微信支付等第三方支付 App 扫码后，在付款环节，除了预先充值的支付账户余额以及与第三方支付 App 绑定的银行卡以外，会有数字人民币钱包的选项。也就是，支付由第三方支付 App 发起，付款通过数字人民币钱包。这样，第三方支付机构目前对各种应用场景的渗透，以及建立的二维码收单系统，就能在 DC/EP 应用推广中发挥积极作用。

DC/EP 在批发和零售环节需要讨论的问题如下。第一，其他银行能否运营 DC/EP 钱包，但不是向中国人民银行而是向指定运营机构兑换出 DC/EP？如果 DC/EP 钱包管理机制和技术发展成熟，这个安排不会影响 DC/EP 的中心化管理和二元模式，不会产生额外的风险，能有力促进公众持有、使用 DC/EP。

第二，指定运营机构名单能否扩容？随着我国银行业发展和对 DC/EP 理解加深，将有更多银行满足中国人民银行关于指定运营机构的要求，即成熟的基础设施、完善的服务体系、充足的人才储备以及在零售业务治理体系、风险措施等方面的丰富经验。从长期看，指定运营机构名单能扩容，也应该扩容。

第三，能否允许用户用 DC/EP 向第三方支付机构的账户充值？在实现方式上，第三方支付机构在指定运营机构开立 DC/EP 钱包，用户从自己的钱包向第三方支付机构的钱包转入 DC/EP，作为委托第三方支付机构办理支付业务的预付代收资金，但限定用户提现时只能拿回 DC/EP 而非获得银行存款。这部分支付账户余额的价值基础从支付备付金转为 DC/EP，因为支付备付金和 DC/EP 都属于基础货币，在风险内涵上基本等价。

三、DC/EP 对货币领域的影响

在 DC/EP 对货币的影响方面，市场上出现了很多流行误解，有必要予以澄清。

（一）DC/EP 会造成货币超发，推高通货膨胀

这完全是误解。DC/EP 的“100% 准备金”使得 DC/EP 发行和回笼不影响中央银行货币发行总量。DC/EP 对通货膨胀的影响基本中性。

（二）央行数字货币会造成“数字化量化宽松”

理论上，央行数字货币为“全民发钱”式财政刺激提供了一个新渠道，但这属于财政政策范畴，与量化宽松不是一个概念。

量化宽松主要指中央银行通过非常规工具（主要是购买资产）扩张资产负债表。央行数字货币如果像 DC/EP 那样基于“100% 准备金”，发行和回笼就不会影响中央银行资产负债表的规模。换言之，量化宽松不一定要通过央行数字货币，央行数字货币也不必然导致量化宽松。

（三）DC/EP 会造成狭义银行

狭义银行的含义是，在银行的资产方，与存款相对应的完全是存款准备金或国债。比如，如果要求存款准备金率是 100%，就会实现狭义银行。在狭义银行中，银行如果放贷，就得使用股本金，在贷款业务上退化为无杠杆的贷款公司。在这种情况下，发放贷款不会派生出存款，银行不参与货币创造，存款者也不会因贷款损失而遭遇风险。

显然，包括 DC/EP 在内的央行数字货币与狭义银行是不同层次的概念。央行数字货币并不必然导致狭义银行。需要看到的是，DC/EP 的“100% 准备金”与狭义银行意义下的“100% 存款准备金率”不是一回事。前者指 DC/EP 发行有 100% 的准备金支撑，后者指银行存款准备金与存款之间的比率。

（四）DC/EP 会显著冲击银行地位

DC/EP 对银行有复杂影响，但不会显著冲击银行地位，可以从两个角度理解。

第一，从货币投放渠道的角度。理论上，DC/EP 可以采取一元模式，中国人民银行直接面对公众提供法定数字货币的发行、流通和维护服务。一元模式对银行的冲击会大得多。DC/EP 采用中央银行－银行的“双层运营”模式，已尽可能减少对现有货币投放渠道和银行业务模式的影响。

第二，从货币乘数和货币创造的角度。DC/EP 推出后，老百姓会把部分存款转成 DC/EP。因为 DC/EP 本质上是现金的数字形态，老百姓将存款转成 DC/EP，对货币的影响与老百姓去银行提现类似。

考虑 DC/EP 后，货币乘数（针对狭义货币）的表达式是 $m=(1+c)/(d+e+c)$，其中 d 表示法定准备金率，e 表示超额准备金率，c 表示现金和 DC/EP 之和与存款的比率。可以看出：一是 DC/EP 相当于以数字形式提升公众的现金偏好。二是存款转成 DC/EP，会增加 c，降低货币乘数 m，在其他条件不变的情况下会造成货币紧缩效应。三是这个紧缩效应的规模不会很大，中国人民银行的货币政策完全可以对冲。还需看到的是，只要存款不发生显著萎缩，银行卡支付仍有很大市场，而且 DC/EP 钱包没有消费信用功能。

银行发放 DC/EP 贷款，借款者收到 DC/EP 后再存回银行（不一定是同一家银行），仍会等额增加存款。换言之，用 DC/EP 放贷不会显著影响贷款产生存款的机制。

四、DC/EP 对人民币国际化的影响

尽管中国人民银行尚未开展 DC/EP 跨境支付测试，但 DC/EP

天然具有便于跨境支付的特点，必将在人民币国际化中发挥重要作用，并对我国金融业对外开放产生深远影响。

（一）人民币国际化与跨境支付清算基础设施

人民币国际化既有“走出去”，也有“流回来”，需要结合国际收支会计理解。我国境内居民和机构（含政府和企事业机构，下同）用人民币进口境外商品和服务时，境外居民和机构拥有的人民币增加。在信用货币制度和记账清算机制下，这体现为境外居民和机构的人民币存款账户余额增加。境外居民和机构用人民币进口我国境内商品和服务时，它们的人民币存款账户余额减少。可见，人民币“走出去”和“流回来”与商品出入境的逻辑完全不同。人民币在国际贸易中用作记账单位和交易媒介，反映了人民币作为国际贸易结算货币的功能。

我国境内居民和机构用人民币购买境外金融资产，以及境外居民和机构购买人民币金融资产时，人民币在跨境金融交易中用作记账单位和交易媒介，反映了人民币作为国际投融资货币的功能。

境外中央银行持有人民币金融资产，并将其作为官方储备的一部分时，反映了人民币作为国际储备货币的功能。境外国家可以将人民币官方储备用于我国境内的进一步投资，或从我国进口，但不能将人民币官方储备“拿回”本国内使用。

以上介绍的人民币国际化的三个维度——国际贸易结算货币、国际投融资货币和国际储备货币，对应着货币的三大基础功能——记账单位、交易媒介和价值储藏。

人民币国际化受市场需求驱动，更离不开制度和技术支持。其中，人民币跨境流动依托跨境支付清算基础设施，这是分析 DC/EP 对人民币国际化的影响的关键。可以把跨境支付清算基础设施视为人民币国际化的高速公路，把人民币在国际贸易结算、国际投融资和国际储备等维度的应用视为高速公路上的车流、人流和物资流。

如果只有高速公路，车流、人流和物资流不一定来；但如果没有高速公路，车流、人流和物资流肯定不会来。DC/EP 相当于在记账清算机制这条高速公路以外，另辟一条数字货币的高速公路。

2015 年前，人民币跨境支付清算主要有代理行和清算行两种模式。在代理行模式下，境内代理行直接接入中国人民银行的大额实时支付系统，境外参加行在境内代理行开立人民币同业往来账户，以完成人民币跨境及离岸清算。在清算行模式下，港澳清算行直接接入大额支付系统，其他清算行通过其总行或母行接入大额支付系统，境外银行在清算行开立人民币清算账户，以共同完成人民币跨境及离岸清算。

2013 年以来，我国在清算行模式下建立了离岸清算体系。比如，内地企业用人民币向香港企业进口商品时，内地企业先向内地开户行发出支付指令，内地开户行通过大额支付系统把人民币货款汇到中银香港（香港人民币离岸市场的清算行），中银香港再将款项划至香港企业在香港参加行的账户上，从而形成香港市场上的离岸人民币供给。在离岸清算体系下，如果收付款行在同一离岸区，它们之间的人民币清算通过当地离岸清算行进行。如果收付款行在不同离岸区，它们之间的人民币清算还涉及不同离岸清算行之间的清算，而后者通过大额支付系统进行。

2015 年，人民币跨境支付系统上线。跨境支付系统可处理人民币跨境贸易、投融资和金融市场业务等的资金清结算，支持人民币在全球范围内使用，为境外银行及当地市场提供流动性，防止离岸资金对在岸市场冲击。跨境支付系统是大额支付系统的直接参与者，在大额支付系统开立清算账户。跨境支付系统的参与者主要包括直接参与者、间接参与者和资金托管行。直接参与者指具有跨境支付系统行号和跨境支付系统零余额账户，直接通过跨境支付系统办理人民币跨境支付结算业务的境内外机构。境外直接参与者不具有大额支付系统的清算账户，需要与境内资金托管行（也是境内直接参与者）签订资金托管协议并开立资金存管账户。间接参与者指具有跨境支付系统行号，但不具有跨境支付系统零余额账户的境内外机构，它们委托直接参与者通过跨境支付系统办理人民币跨境支付结算业务。

由以上介绍可以看出，跨境支付清算基础设施既处理资金，也处理跨境支付信息。对资金的处理基于记账清算机制，涉及中国人民银行的大额支付系统账户、境内代理行的人民币同业往来账户、清算行的人民币清算账户、跨境支付系统零余额账户以及境内资金托管行的资金存管账户等。资金流从付款方到收款方，要经过多家中介机构，体现为这些账户的一系列借记和贷记操作，并且每个环节都有合规和流动性要求。这是跨境支付耗时长、成本高的主要原因。

更重要的是，账户开立需要前置审批，是高度选择性的。境外银行需要接入境内代理行、清算行、跨境支付系统直接参与者或境内资金托管行等才能开展人民币业务。境外居民和机构需要开立人民币存款账户才能参与人民币跨境支付。如果把人民币跨境支付涉及的个人、非金融机构和金融机构视为节点，把它们之间的账户联系视为节点之间的路径，那么跨境支付的“路网”远非互联互通状态，而是存在不少“孤点”“断头路”“梗阻”和“迂回路”等。这自然会制约人民币在境外的使用。

对跨境支付信息的处理涉及与环球银行金融电讯协会的关系。在代理行和清算行模式下，跨境支付信息都通过环球银行金融电讯协会传递，但环球银行金融电讯协会不支持中文报文，不完全兼容大额支付系统的报文。人民币跨境支付系统则采用国际通行报文标准，支持传输包括中文、英文在内的报文信息，降低了对环球银行金融电讯协会的依赖。鉴于环球银行金融电讯协会在国际货币和金融体系中的特殊地位，跨境支付清算基础设施对环球银行金融电讯协会的依赖程度对货币主权有深刻影响。

（二）DC/EP 跨境支付的特点和意义

境外居民和机构参与 DC/EP 跨境支付，只需开立 DC/EP 钱包，并借此直接与中国人民银行建立债权债务联系，而无须经过境内外银行作为中介。因为 DC/EP 系统天然具有的开放特征，开立 DC/EP 钱包的要求比开立人民币存款账户要低得多，有助于促进境外居民和机构拥有和使用 DC/EP。境外居民和机构开立 DC/EP 钱包要遵循不同于境内居民和机构的“了解你的客户”程序和要求，但站在中国人民银行的角度，DC/EP 钱包没有境内和境外的区别。任何两个 DC/EP 钱包之间都可以发起点对点交易，DC/EP 交易也没有境内、跨境和离岸的区别。这好比世界上任何两个人之间都可以用电子邮箱交流，而无须知道对方的电子邮箱的服务器在哪个国家。如果境内外个人、非金融机构和金融机构之间的 DC/EP 交易都第一时间体现为中国人民银行 DC/EP 系统的更新，那么 DC/EP 交易效率将非常高。总的来说，DC/EP 跨境支付与银联卡、支付宝和微信支付在境外使用逻辑完全不用，理论上可以不依赖环球银行金融电讯协会对跨境支付信息的处理，有助于维护我国的货币主权。

DC/EP 跨境支付需要研究两个问题：第一，在完善“了解你的客户”程序和要求的前提下，提高境外居民和机构开立 DC/EP 钱包的便利性。第二，如果境外居民和机构对 DC/EP 的需求很高，中国人民银行要与所在国家的中央银行合作，以尊重对方的货币主权。DC/EP 应以开放友好的方式走向世界。

（三）DC/EP 助推人民币国际化

在跨境支付清算基础设施方面，DC/EP 并不是取代目前的代理行和清算行模式以及人民币跨境支付系统，而是构成它们的补充。

目前，在我国对外贸易中，人民币结算已有相当高比例。

DC/EP跨境支付将进一步增强人民币作为国际贸易结算货币的功能。但也要看到，DC/EP跨境支付初期主要用于小额贸易结算，而国际贸易结算货币功能中，“含金量”最高的是石油等大宗初级商品贸易结算。

DC/EP在国际投融资中的应用，除了要求我国金融业进一步对外开放以外，对证券市场基础设施也提出了新要求。DC/EP在金融交易后处理中的应用值得探索。在国际上，日本银行与欧央行合作的Stella项目，新加坡金管局的Ubin项目，以及加拿大银行的Jasper项目等都包含央行数字货币应用于金融交易后处理的试验。

DC/EP在内部封闭试点测试并完善方案设计后，一旦理论可靠性、系统稳定性、功能可用性、流程便捷性、场景适用性和风险可控性等有保障，就应尽快启动DC/EP跨境支付和DC/EP应用于金融交易后处理的测试。这对建设上海国际金融中心会有重要意义。

人民币国际化不仅是一个技术问题，更是一个制度问题。一方面，要发挥DC/EP对人民币国际化的助推作用。另一方面，人民币国际化配套的制度建设要跟上，仅举其要者：可自由兑换；人民币汇率形成机制由市场主导；境内金融市场成熟且开放度高；境内法律环境完善，特别在产权保护方面。

五、对DC/EP的展望

总的来说，DC/EP的货币经济学设计很完善。DC/EP发行和回笼不影响中央银行货币发行总量，不会造成货币超发，对通货膨胀的影响基本中性。DC/EP与“数字化量化宽松”之间没有必然联系，与狭义银行是不同层次的概念。DC/EP相当于以数字形式提升公众的现金偏好，会降低货币乘数，有一定的货币紧缩效应。但这个紧缩效应的规模不会很大，中国人民银行的货币政策完全可以对冲。DC/EP不会显著冲击银行地位，银行用DC/EP放贷也不会显著影响贷款产生存款的机制。

DC/EP 的清结算安排以及以批发和零售环节的安排，已逐渐明朗，但仍有很多问题需要研究，并将对支付领域产生很大影响。DC/EP 支付和清结算与银行卡支付的“四方模式”有显著差异，需要体现金融基础设施中公私合作原则，特别是发挥好第三方支付机构在 DC/EP 应用推广中的积极作用。

DC/EP 有助于推进人民币跨境支付，但需要研究境外商家和居民开立 DC/EP 钱包时的“了解你的客户”程序和要求，以及在 DC/EP 因市场需求在境外国家应用较多时，如何尊重对方的货币主权。DC/EP 跨境支付主要增强人民币作为贸易结算货币功能，而且初期主要用于小额贸易结算。这只是人民币国际化的必要条件之一，远非充分条件。DC/EP 在金融交易场景的应用值得研究。

展望未来，DC/EP 能不能真正用起来，既取决于供给面因素，更取决于需求面因素，具体推行策略也很重要。

在供给面，对 DC/EP 系统的安全和效率，以及“三反”（反洗钱、反恐怖融资和反逃漏税）等监管体系，我们对中国人民银行要有充分信心。

在需求面，市场对 DC/EP 的需求有多大？用户对 DC/EP 的接受程度有多高？不经测试就不知道答案，也不知道如何应对，这次 DC/EP 测试的重要性也正在此。

DC/EP 在测试并完善后，应该采取什么样的“走向市场”策略？比如，中国人民银行如何调动商业机构在应用和推广 DC/EP 中的积极性？这些问题需要尽早研究并形成预案。

第六篇

监管科技的未来挑战

金融科技带来了新的监管挑战，而监管科技有望发挥重要作用。国际上逐渐在监管端与合规端两侧区分监管科技的内涵，倾向用 Regtech 指代受监管金融机构在监管合规和监管报告方面的科技应用，而用 Suptech 代表监管机构用于提高监管效能和监管质量的科技应用。监管科技涉及的主要技术包括大数据、人工智能、API、密码学技术和区块链等。目前，监管科技主要应用方向包括自动化报告、数据管理、虚拟助手、机器可读监管、市场监控和审慎监管等。监管科技正逐步向全监管周期应用发展，第三方机构逐渐成为监管科技发展的重要参与力量。监管科技的发展与运用对监管机构的技术风险处理水平提出更严峻的挑战，也为监管机构带来新的法律风险。站在我国角度，一是应将监管科技发展纳入整体战略考量，系统性考虑金融科技时代的监管需求；二是监管科技发展需注重体制机制配套建设；三是应对监管科技采取“干中学”的敏捷发展策略；四是尽快建立数字化监管；五是加强监管科技国际合作。

然而，监管科技不能替代监管者的个人判断。这个问题涉及金融监管和货币政策领域中长期存在的政策规则与相机抉择之争。需要承认的是，基于监管科技的政策规则有助于避免“监管俘获”，避免人为决策中的非理性或随意因素，提高监管决策的可信度，从而在事前抑制一些不审慎的风险承担行为。但基于监管科技的政策规则，远不能替代监管者的个人判断。第一，现实是复杂的，金融监管者在决策前要综合考虑、权衡各方面情况。这个复杂的决策过程只能被监管科技近似模拟，而不可能被监管科技完全替代。第二，政策规则的可靠性问题。在金融监管和货币政策实务中，政策规则的使用并不普遍，有大量决策无法参考政策规则，更谈不上完全依据政策规则。第三，政策规则的可信度问题。基于监管科技的政策规则本身构不成责任主体，不能像金融监管者个人那样被约束、问责。第四，一些人工智能算法形同“黑箱”，输入数据和输出结果之间的关系非常复杂，不能用数学的表达式来解释。如果政策规则由这些算法产生，就会在金融监管与金融机构之间造成复杂的沟通问题。

金融科技监管中的另一个重要问题是对大科技公司涉足金融业务的监管。第一，大科技公司在处理数据上面有优势，但并不能改变基于信息处理的金融中介模式。可能把一些原本属于关系型贷款的转向交易型贷款。但同时，由于模型、算法、模式的相似性，会带来同质化竞争，并带来顺周期性问题。第二，大科技公司平台对客户的黏性有助于控制客户的信用风险，但大科技公司相对客户的强势地位，有可能扭曲两者之间的合作关系。技术公司过度采集客户数据的时候，有可能侵犯客户的隐私。第三，一些大科技公司在向金融领域渗透时，可以凭借自己的客户资源、资金实力、技术能力形成规模效应和较强的市场支配能力，通过与银行的合作，可以推动普惠金融的发展。但来自大科技公司的竞争也能对现有的金融机构运行造成压力，并侵蚀其资本实力，尤其会使一些中小金融机构面临更大的风险。需要研究如何既能发挥大型技术公司推动普惠金融的作用，又能促进中小金融机构的健康发展。第四，对大科技公司涉足金融业务，应该采取与针对传统金融机构一样的监管方法和标准，保障公平竞争。需要注意的是，平台型的信息公司如果市场运营失败或者发生网络安全事件，更可能引发系统性风险。

监管科技发展与应用

一、什么是监管科技?

国际金融协会（IIF）将监管科技定义为“能够高效和有效解决监管和合规性要求的新技术”，主要包括人工智能、区块链、生物识别技术、数字加密技术以及云计算等。英国金融行为监管局则认为，监管科技是金融科技的一部分，主要关注“如何运用科技更有效地满足监管要求”。

国际上逐渐在监管端与合规端两侧区分监管科技的内涵，倾向用 Regtech 指代受监管金融机构在监管合规和监管报告方面的科技应用（Murphy and Mueller，2018），而用 Suptech 代表监管机构用于提高监管效能和监管质量的科技应用。我们认为合规端和监管端是监管科技的一体两面，将对金融机构的合规与金融监管机构的监管工作产生质量提高、效率提升以及流程创新等影响。

监管科技概念提出有多方面原因。从合规端看，针对国际金融危机后的严监管环境，金融机构寻求可以更低成本、更高效率满足合规需求的技术解决方案。从监管端看，面对金融科技背景下复杂多变的金融环境，监管机构有运用监管科技的动力。

二、监管科技涉及的主要技术

（一）大数据

金融监管部门构建大数据监管平台，以动态、实时、互动的方式对金融系统行为及潜在风险进行系统性和前瞻性监管，并提高监管可视化水平。

（二）人工智能

人工智能在人脸识别方面的能力，已经用于账户开立、消费者权益保护等场景中。人工智能在模式识别和非结构化数据处理等方面的能力，能用于欺诈识别、交易监控、反洗钱和反恐怖融资等领域。人工智能将有助于降低监管人力资源需求、提高监管效率、降低错误、自动执行跟踪和过程监管。

（三）API

API 能支持金融数据交互标准并执行交易指令。随着监管机构和金融机构之间开放共享 API 和公共数据，监管报告和检查、反洗钱监测以及支付欺诈监测将更加高效。

（四）密码学技术

密码学技术（比如同态加密、零知识证明和安全多方计算）使得信息能在金融机构内部以及金融机构、客户与监管机构之间安全、快速、高效的共享。

（五）区块链

区块链可能对货币和支付领域、金融交易后结算产生较大影响。

三、监管科技主要应用方向

2018 年，国际清算银行调研了全球监管科技应用案例，发现当前的监管科技实践主要围绕监管数据，集中在监管数据收集和监管数据分析两方面（Broeders and Prenio，2018）。在监管数据收集方面，对应于提高数据收集效率、保证数据有效性、提高数据精准度目标，监管科技被分别应用于报告自动化、数据管理、虚拟助手和机器可读监管等领域。在监管数据分析方面，围绕市场行为、机构行为与宏观动态监测目标，监管科技被应用于市场监测、不端行为分析、微观审慎监管与宏观审慎监管等领域。

（一）自动化报告

监管数据自动化报告可以根据数据收集的主动实施方以及时效性两个维度进行划分。根据数据收集的主动实施方，可分为数据推送模式和数据拉取模式。根据时效性，可分为非实时数据报告和实时数据报告。

在非实时数据报告方面，奥地利银行搭建的数据平台与卢旺达国家银行搭建的“电子数据仓库”分别是数据推送与数据拉取的典型应用。

在实时数据报告方面，澳大利亚证券投资委员会（ASIC）建立了市场分析和情报系统，能够实时监控澳大利亚一级和二级市场，识别市场中的异常。

（二）数据管理

数据管理主要包括数据验证、数据整合、数据可视化以及数据云化等方面。

数据验证方面的应用主要包括检查数据完整性、正确性、合理性及一致性（Dias and Staschen，2017）。尤其对基于大数据和人工智能的分析系统，劣质数据可能会引起“数据偏视”，从而误导决策者。随着信息技术的发展，越来越多的非结构化数据占据了数据空间的绝大部分。然而传统数据分析技术不能从非结构化数据中有效提取信息。借助人工智能（主要是自然语言处理），监管科技能够汇总微观零散数据，结合结构化和非结构化数据形成大数据集，最终分析得到数据情报并形成分析报告。

海量数据难以直观呈现内在联系，数据可视化技术可将复杂数据以直观方式呈现给监管者。澳大利亚证券投资委员会使用数据和网络可视化分析程序，分析并表示数据源的时间、关联和因果关系。

海量数据对监管机构的存储和处理能力提出更高要求，云计算提供了一种相对低成本的解决方案。英国金融行为监管局拥有用于收集、存储和处理市场数据的云解决方案，在每天的高峰时段，自动扩展云设施可以灵活地处理上亿条市场数据。

（三）虚拟助手

虚拟助手通过各种拟人化交互技术收集监管反馈，对金融监管工作与机构合规进行及时提示。目前运用最多的是聊天机器人。聊天机器人主要被金融监管机构用于向消费者和受监管机构提供帮助。例如，菲律宾中央银行（BSP）开发了一个聊天机器人来答复消费者投诉，可回答简单问题，并适当地将那些首次向监管机构提出的问题导流至适当的监管部门。英国金融行为监管局进行使用聊天机器人与被监督机构进行交流的概念验证项目，该聊天机器人可以帮助被监督机构更好地理解规则手册或法律条款（Accenture，2018）。

（四）机器可读监管

机器可读监管是当前热门领域，使用自然语言处理等技术将规则文本转换为机器可读格式，缩小监管意图和解释之间的差距，可带来更好的监管一致性和遵从性。

（五）市场监控

金融市场每个交易日都会产生大量数据，证券监管机构通常在处理大数据量交易信息方面经验丰富，例如英国金融行为监管局和美国证券交易监督委员会都采用了创新技术，通过对大数据集的分析，检测内部交易、市场操纵等可疑交易信号（Bauguess，2017；Hunt，2017）。新加坡金融管理局等也正在运用创新技术来监控洗钱和恐怖主义融资行为。

（六）审慎监管

审慎监管方面，监管科技可在微观与宏观两方面发挥作用。在微观上，监管科技可以用于信用风险评估和检测流动性风险。例如，荷兰中央银行（DNB）正在研究使用神经网络检测实时结算系统支付数据中的流动性异常，从而帮助应对银行挤兑（Triepels et al.，2017）。在宏观上，监管科技可用于标识宏观金融风险，在风险初期发现端倪。例如，意大利央行研究人员运用大数据与人工智能技术预测未来房价或通货膨胀水平（Loberto et al.，2018）。

（七）人工智能金融监管有无可能？

规则推理。通过规则推理反事实地模拟不同情景下的金融风险状况，更好地识别与应对系统性金融风险。

案例推理。利用案例推理，学习过去监管案例，用过去监管案例来评价新的监管问题、风险状况和解决方案，并能对可能的错误进行预防。

模糊推理。通过模糊推理识别和应对金融市场不确定性带来的风险。

解决监管者的激励约束机制问题。提升监管智能化水平，监管机构可以依据监管规则即时、自动地对被监管机构进行监管，避免由于缺乏激励约束机制导致的监管不力等问题。

具有更高水平的全局优化计算能力。基于人工智能的智能监管系统有助于发现人工监管发现不了的监管漏洞和不合规情况。

四、监管科技发展趋势和发达国家支持政策

（一）监管科技正逐步向全监管周期应用发展

监管科技目前主要被应用于事中和事后监管，特别是自动化数据采集和金融风险分析。例如，监管机构可以通过监管数据仓库直接从被监管金融机构的互联网技术系统进行数据抓取；也有监管机构正在试验有监督的机器学习技术，预测顾问违规销售金融产品的可能性。

监管科技正在向事前监管发展。例如，英国金融行为监管局对聊天机器人的应用。在可以预见的未来，金融监管机构会逐步深化监管科技在监管全生命周期的充分运用，同时带来变革优化与自动化监管业务流程的需求。

（二）第三方机构逐渐成为监管科技发展的重要参与力量

监管机构、被监管机构与金融科技公司、学术研究机构等具备监管科技服务能力的第三方开展合作研发模式是当前趋势。除了建立自身监管科技研发部门以外，与第三方机构合作，采用通用或定制化监管科技服务可节省大量资金与时间成本。

（三）监管科技的发展与运用对监管机构的技术风险处理水平提出更严峻的挑战

监管机构受益于监管科技不断深化的同时，也将自己更大程度

地暴露于技术风险之下。监管机构在应用金融科技的同时，不仅要面对自身技术水平与技术资源的短板，更需要时刻面对科技采纳过程所带来的网络安全风险和操作风险。此外，从数据中归纳信息的大数据、人工智能技术与传统上基于因果推断的经济学分析方法存在本质不同，监管机构应该如何采用智能分析结果并处理错误判断带来的声誉风险，有待进一步探索。

（四）监管科技为监管机构带来新的法律风险

监督者需要了解使用监管科技的法律含义，特别是在数据收集领域。监管者获取的监管数据可能涉及被监管机构的商业机密。随着各国对数据隐私问题认识的不断加强，可能使得监管者有意或无意违反数据隐私相关法律。因此，监管者需要明确以监管目的获取数据所必要的法律许可。

（五）发达国家对监管科技的支持政策

2015 年以来，英国和澳大利亚就积极参与监管科技生态建设：通过监管沙箱在可控的测试环境中对金融科技的新产品或新服务进行测试；通过创新中心支持和引导金融机构理解金融监管框架，识别创新中的监管、政策和法律问题；通过创新加速器建立政府部门与业界合作机制，通过提供资金扶持或政策扶持等方式，加快新技术的发展和运用。

表 6.1　英格兰央行关于监管科技的监管沙箱概念验证项目

项目名称	主业	监管科技功能	概念验证结果
Privitar	数据脱敏	数据处理（基于英格兰央行提供的 400 万份抵押贷款记录的综合数据集）	隐私工程技术可利用客户数据进行创新，同时保护敏感和个人信息

续表

项目名称	主业	监管科技功能	概念验证结果
Enforcd	数据存储	数据存储和分析。建立“执法行为”云数据库，存储了自 2002 年以来所有出版的英国法庭监管和执法决策以及相关分析数据。英格兰银行试用了该数据库，允许执法律师将其与其他数据库一起用作信息来源，作为分析之用	此数据库可帮助银行和保险公司的风险专业人士了解其他公司的情况以及如何在自己的治理流程中融入监管规则，并提供有关法规执行的汇总信息 英格兰银行将观察它如何纳入来自其他司法管辖区的执法信息
Experimentus ORB	数据可视化	绩效管理。基于英格兰银行的一些历史项目，进行绩效考核的多维度、可视化输出	可协助检验现有数据是否足以满足要求，可能需要进一步收集数据的地方，并探索了数据可视化
NTT Data and Reportix	数据描述和数据组织	协助数据分析。用可扩展商业报告语言来对数据进行组织	可发现更广泛的数据集之间的联系，帮助分析和可视化趋势

2016 年初，美国发布了有关如何评估和应对金融科技和监管科技产品的指引，在鼓励金融科技创新的同时也推动金融科技企业利用科技手段适应监管体系。

新加坡举办金融科技节推动金融科技发展，设立金融科技创新实验室和国际科技咨询委员会，建立专家网络帮助监管者更好地理解和运用科技进行监管。

五、对我国监管科技发展的建议

（一）我国监管机构在监管科技方面的工作

2013 年起，中国人民银行牵头制定关于促进互联网金融/金融科技健康发展的政策，组建了中国互联网金融协会，并根据风险暴露情况进行清理整顿工作。主要工作包括：建立金融科技行业监管准则，以及适应金融发展与风险防范并存的多层次、长效监管机制；根据实质重于形式的原则，实行“穿透式”监管；积极研究探索分类分级监管。

2018 年 8 月，证监会印发《监管科技总体建设方案》，目标之一便是探索运用区块链、大数据和人工智能等技术为监管提供智能化应用和服务。《监督科技总体建设方案》明确了 5 大基础数据分析能力、7 大类 32 个监管业务分析场景，提出大数据分析中心建设原则、数据资源管理工作思路和监管科技运行管理“十二大机制”。其中，场景模拟包括拟上市公司画像、上市公司画像、内幕交易和财务舞弊分析等。

（二）几点政策建议

一是监管科技发展应纳入整体战略考量，系统性考虑金融科技时代的监管需求。金融监管是一项系统性工程，监管科技发展应从战略角度进行全局考量。金融科技的创新发展为金融业带来巨大变革，但也因此产生了新的流动性风险、信用风险、数据隐私风险、技术安全风险等新的风险场景。只有系统性考虑金融科技时代的监管需求，制定全局监管科技发展战略，才能使科技更好地服务于金融发展与金融监管。

二是监管科技发展需注重体制机制配套建设。监管科技对于监管机构与被监管机构都是一个新挑战，体制机制的不匹配必然影响监管科技的发展与采用进程，建立可持续的监管科技发展体制机制成为行业的关键问题。一方面，由于监管科技需要投入较大资金与人力成本，有必要推动监管成本适度内部化，由行业分担监管当局发展监管科技的成本，形成金融科技公司、学术院校等第三方机构参与监管科技创新的激励机制，建立健康良好的监管环境进而反哺行业发展，形成良性循环。另一方面，应加大监管端与合规端监管科技人才团队建设力度，弥补当前人才短缺鸿沟，减少由于人才稀缺导致的政策稳定性与连续性缺失。

三是对监管科技采取“干中学”的敏捷发展策略。监管科技与其他科技发展一样具有动态性，处于快速发展的过程。监管机构与金融行业很难在实践之前明确所有可能风险与创新收益。监管者应该采用“干中学”策略，比如监管沙箱和试点制度，在保证风险可控的情况下快速试验创新监管科技，动态调整监管规则，调动市场从业者积极性，鼓励创新。

四是尽快建立数字化监管。实现数字化监管的前提是相关监管政策、规定和合规性要求能实现“机器可读”。监管机构能为金融机构提供各种监管应用程序接口，并通过统一的协议交换数据和生成报告。数字监管系统的建立，将改变目前“人工报数”的被动监管、事后监管格局。由于数据实时更新，造假成本增加，监管有效性也会提高。

五是监管科技国际合作。进一步加强国际交流合作，引导国际监管科技新技术在中国落地，并在此基础上建立健全的适合中国国情的监管科技发展机制。同时，加强国际监管合作，防止跨国监管套利，防范金融风险。

监管科技的经济学分析

我们对监管科技的经济学分析，共分为三个部分。第一部分先界定金融监管的内涵，再总结金融监管变革的驱动因素，由此对照可知监管科技的创新意义。第二部分讨论监管科技对金融监管的影响和存在的局限性。第三部分讨论监管科技能否替代监管者的个人判断。

一、金融监管变革的驱动因素

监管科技是一个内涵比较宽泛的概念，既可指被金融机构用来以更有效地满足监管要求的新技术，也可指被金融监管部门用来以更有效地实施金融监管的新技术。

出现上述情况的一个重要原因是金融监管本身是一个内容宽泛的概念。国际金融危机后，各国金融监管部门、金融业界和学术界对金融监管有很多讨论。一般认为，金融监管可分为三个层次。第一层次是微观审慎监管，目标是促进单个金融机构的安全和稳健，以银行业监管中的《巴塞尔协议》和保险业监管中的偿付能力监管为代表。[①] 第二层次是行为监管，主要针对金融基础设施、金融产品和金融市场参与者行为，目标是促进金融活动的安全、公平和有效，以金融消费者权益保护、信息披露和反内幕交易等为代表。第

① 这两个监管均经历了多轮更新升级。例如，巴塞尔银行监管委员会 1988 年推出《巴塞尔协议 I》，2004 年推出《巴塞尔协议 II》，2010 年推出《巴塞尔协议 III》。

三层次是宏观审慎监管，目标是防范系统性金融风险，包括针对金融顺周期性的监管（时间维度）和针对系统重要性金融机构的监管（机构维度），以《巴塞尔协议Ⅲ》中的逆周期资本缓冲、系统重要性金融机构的附加资本要求为代表。

金融机构对自身风险的管理（主要是信用风险、流动性风险、市场风险、操作风险等），与针对相应风险的金融监管，往往采取同样的风险框架。比如，风险价值最早被金融机构用来管理市场风险，之后《巴塞尔协议》在引入针对市场风险的资本要求时，就是基于风险价值进行的。

从历史情况看，金融监管的理念、方法和工具在不断变革。金融监管变革有五个主要的驱动因素。第一个因素是政治家的信念。有的政治家相信自由放任主义，认为市场不需要政府干预就能自动达到均衡状态。有的政治家相信自由市场经济有内在的失灵、不稳定因素，认为政府干预对促进社会福利有不可替代的作用。如果政治家持前一派观点，则倾向于放松监管；反之，则倾向于加强监管。比如，在美国，共和党多支持放松监管，民主党多支持加强监管。

第二个因素是金融危机的影响。金融危机往往能揭示之前未被充分认识的金融风险点、监管空白点和漏洞，并催生一些“补丁”型或“整体翻修”型的变革。比如，美国在安然事件后推出了《萨班斯－奥克斯利法案》（2002 年），在国际金融危机后推出了《多德－弗兰克法案》（2010 年）。需要指出的是，金融危机往往会影响政治家关于金融监管的信念。

第三个因素是新的金融活动组织形式的影响。新的金融活动组织形式会带来新的金融风险来源和传导机制，需要金融监管及时做出响应。比如，P2P 网贷在主要国家造成了监管难题，很大程度上是因为其跨越了银行和证券两个金融形态。我国由银监会监管 P2P 网贷，而美国是由证券交易监督委员会来监管 P2P 网贷。面对金融科技的兴起以及伴随的监管挑战，很多国家提出或实施了监管沙箱。

第四个因素是新的金融工具的影响。这方面的代表是信用违约掉期。信用违约掉期是一个管理、对冲、转移信用风险和揭示信用风险信息的有效工具。《巴塞尔协议》认可信用违约掉期转移银行贷款的信用风险、缓释银行资本占用的作用。但金融危机前，信用违约掉期在场外交易，在金融机构之间形成了错综复杂的风险传导链条，而且在一定程度上掩盖了金融风险的真实情况。国际金融危机后，主要国家政府加强了对以信用违约掉期为代表的场外衍生品的监管，要求场外衍生品走向标准化并引入中央交易对手机制。

第五个因素是新的金融风险管理工具的影响。前文提到的风险价值就是这方面的代表。风险价值尽管存在一些弊端，在国际金融危机期间受到了广泛批评，但已经成为《巴塞尔协议》中确定市场风险资本和信用风险资本（特别是内部评级法）的基础工具。此外，压力测试、情景分析等风险管理工具也广泛应用在金融监管中。

二、监管科技的影响和局限

从前述五个驱动因素的分析可以看出，科技除了通过影响金融活动组织形式进而影响金融监管以外，一般不会直接驱动金融监管变革。但云计算、API、大数据、人工智能、生物识别技术和区块链等有望直接影响金融监管。这也是监管科技与之前的金融监管变革存在的最大不同。我们认为，可能被这些新技术影响的金融监管活动包括：监管数据的收集、整理、处理和共享；监管机构与金融机构之间的数据交流；反洗钱、反恐怖融资和反偷漏税；反内幕交易、市场操纵和金融欺诈；客户身份识别和“了解你的客户”；审查法律法规跟踪和监管合规；金融交易后处理；交易对手风险监控和舆情管理；风险计量、压力测试和风险预警。

监管科技对金融监管的影响主要体现在以下方面。一是提高非现场监管效率。二是帮助金融机构降低金融监管合规成本，特别是在监管规则明确的情况下。三是提高金融监管部门和金融机构识别、计量和处置风险的效率。四是为宏观审慎监管提供良好的数据基础。国际金融危机后，很多金融监管机构开始加强宏观审慎监管所需的数据基础建设。比如，美国《多德－弗兰克法案》在财政部内部成立了一个相对独立的金融研究办公室。该办公室的职责包括：代表美国金融稳定监督委员会收集金融数据，并将数据提供给该委员会及其组成部门；标准化其所收集和报告的数据的类型和格式；进行应用型研究和长期研究；开发风险度量和监控工具。可以预见的是，随着监管科技，特别是云计算、API、大数据和人工智能的发展，金融监管部门将能更好地获取、分析金融机构的信息，并据此做出响应。

然而，监管科技的局限也不容忽视。第一，即使有监管科技，现场监管仍有不可替代的价值。金融机构在运行中，会产生大量有助于判断其风险状况的信息。其中，有些信息能被数字化，典型的是资产负债表信息，这些信息可以被监管科技有效地处理。但还有些信息属于软信息的范畴，难以被准确地数字化，比如金融机构的合规文化和团队合作精神。对这些信息，现场监管是更有效的收集和分析手段，用监管科技来处理则难免出现信息失真的情况。

第二，金融监管中的很多决策，不一定能通过监管科技转化为政策规则（第三部分将重点讨论这个问题）。这是不完全契约理论在金融监管中的体现。因为人类的有限理性、信息的不完全性和交易事项的不确定性，很多金融监管决策有内在的不确定性和模糊性，比如基于有限信息进行决策、决策要为预期外的情景留有余地等。政策规则很难穷尽金融监管决策中可能面临的情况和要考虑的问题。

第三，尽管监管科技有助于提高风险计量的时效性和准确性，但风险计量不是越及时、越准确越好。风险计量的时效性和准确性也被称为风险敏感性。但风险敏感性是一把双刃剑，可能引发金融顺周期性问题。比如，如果投资者完全基于风险价值决策，在风险价值升高时卖出持有的证券来控制风险，那么他卖出证券的行为会使证券价格受压，从而进一步推高风险价值。再比如，在经济下行时，企业的违约概率会上升，银行给企业的贷款在《巴塞尔协议》将占用更多的风险资本，从而降低银行的贷款供给能力，而一旦银行收紧贷款供给，会加大经济下行趋势，进一步推高企业的违约概率。所以，在国际金融危机后的金融监管改革中，普遍强调风险价值和违约概率使用跨经济周期的估计值和压力情景下的估计值，以抑制由风险敏感性引发的顺周期性问题。

第四，金融系统具有反身性，也会限制监管科技的应用。基于量化技术进行的风险识别、计量和处置，往往基于一些静态假设，而且不考虑市场参与者之间的互动。实际上，市场参与者会对金融监管决策做出反应，会动态调整自己的行为，从而影响一些风险参数的取值。因此，金融风险在一定意义上是“测不准”的。

第五，监管科技的普遍使用可能造成合成谬误。比如，假设多家金融机构使用同一技术工具来管理风险，在该工具提示风险时，这些金融机构会采取相近的风险控制措施，比如卖出某些证券。尽管站在单个金融机构的角度，这样做也许是最优的，但站在金融市场的角度，多家金融机构采取相近措施会放大市场波动，反而可能使它们的利益集体受损，极端情况下甚至会发生羊群效应。这实际是“囚徒困境”的表现：对单个金融机构有利的行为，在金融系统层面可能是不利的。实际上，这种合成谬误在程序化交易、量化投资中已发生过多次。因此，当一项监管科技被广泛使用时，它反而可能变成系统性风险的一个来源。

第六，在金融领域，并非所有不确定性都可量化。根据现代风险管理理论，风险指的是未来遭受损失的可能性，核心要求是损失分布可计量。如果损失分布不可计量，就不是风险，而是奈特式不确定性。与奈特式不确定性有关的一个常见概念是黑天鹅事件。实际上，不管是奈特式不确定性，还是黑天鹅事件，发生得都比一般认为的要频繁。比如，英国脱欧、特朗普当选美国总统等，都对金融市场产生了很大影响，但很难在事前去精确地量化它们发生的可能性。对这些难以量化的不确定性，监管科技能起的作用是非常有限的。

最后，监管科技要发挥作用，离不开金融市场基础设施建设。最近，国内学者就大数据和计划经济有很多讨论。[①] 相关讨论对理解监管科技很有启发意义。监管科技的研究者一般强调大数据和人工智能在揭示金融风险信息方面的作用。但从市场价格中分离出有价值的信息，一直是经济学研究和实践中的一个基础问题。那么，同样是揭示金融风险信息，是大数据和人工智能好，还是市场价格机制好？对这个问题，经济学有很多研究。比如，哈耶克在其名著《通往奴役之路》中指出："价格是唯一一种能使经济决策者们透过隐性知识和分散知识互相沟通的方式，如此一来才能解决经济计算问题。"因此，在很多场合，市场价格机制的作用是不能被大数据和人工智能所替代的。特别在市场不透明、多层嵌套的情况下（比如影子银行体系），大数据和人工智能的发挥空间很小。只有完善市场基础设施，大数据和人工智能的作用才能发挥出来。

三、监管科技能否替代监管者的个人判断？

监管科技兴起后，有一种观点是，监管科技能替代监管者的个人判断，未来的金融监管部门将可以由人工智能来取代。这种观点实际上是金融监管和货币政策领域中长期以来存在的政策规则与相机抉择之争在监管科技中的一个体现。我们认为，这种观点是不成立的。

---

① 可以参考吴敬琏研究员和许成刚教授对这个问题的观点：http：//video. caixin. com/2017－01－09/101041891. html，http：//www. thepaper. cn/newsDetail_forward_1804344。

（一）现实中使用的政策规则

从实践情况看，金融监管和货币政策中真正应用的政策规则不多，主要有三个。第一个是货币政策中的泰勒规则。泰勒规则是斯坦福大学约翰·泰勒教授于1993年提出来的，被认为很好地刻画了美联储的货币政策决策（图6.1）。泰勒规则有多种形式，最经典的形式是：

货币政策目标利率 = 2% + 通胀率 + 0.5 ×（通胀率 − 2%） + 0.5 × GDP缺口

泰勒规则的经济学直觉非常清楚。第一，如果不考虑通胀率和GDP缺口，实际的政策利率应为2%。第二，通胀率的目标是2%。如果通胀率上升1%，政策利率应提高1.5%。第三，如果国内生产总值缺口增加1%，政策利率应提高0.5%。

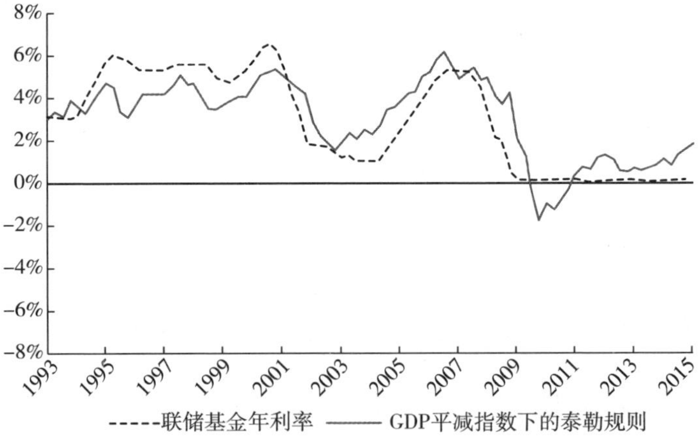

图6.1　美国联储基金利率与泰勒规则①

第二个政策规则是《巴塞尔协议Ⅲ》中的逆周期资本缓冲（图6.2）。逆周期资本缓冲处于0～2.5%之间，使资本充足率要求在

① 此图引自伯南克（Bernanke，2015）。

经济金融形势景气时增加，在经济金融形势低迷时降低。对逆周期资本缓冲水平的确定，巴塞尔委员会建议主要参考私人部门信贷/GDP 比率。首先，定义：

信贷/GDP 比率的缺口 = 信贷/GDP 比率的当前值 - 趋势值

其中趋势值可根据 H - P 滤波器估计。

其次，逆周期资本缓冲达到区间上下限的条件是：

如果信贷/GDP 比率的缺口 < 2%，逆周期资本缓冲 = 0%；如果信贷/GDP 比率的缺口 > 10%，逆周期资本缓冲 = 2.5%。

巴塞尔委员会认为除信贷/GDP 比率外，还应参考银行业税前利润、CDS 价差、融资成本和资产价格等指标。

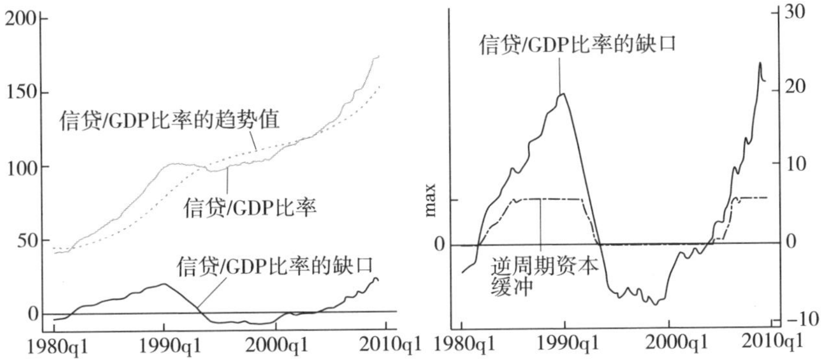

图 6.2 《巴塞尔协议Ⅲ》的逆周期资本缓冲[①]

资料来源：国家数据，国际清算银行计算。

第三个政策规则是美国银行存款保险公司（FDIC）使用的“及时校正措施”（表 6.2）。这个“及时校正措施”被很多国家的存款保险机构借鉴。

之所以详细介绍这三个政策规则，主要为说明两点。第一，在金融监管和货币政策实务中，政策规则的使用并不普遍，有大量决策无法参考政策规则，更谈不上完全依据政策规则。比如，泰勒规

① 此图改自巴塞尔委员会（2010）。

表 6.2　美国银行存款保险公司的"及时校正措施"

银行分类	衡量标准	美元银行存款保险公司"及时校正措施"
资本良好的	同时满足资本充足率、一级资本充足率、核心一级资本充足率以及杠杆比率四个指标分别大于等于10%、8%、6.5%和5%	无须采取措施
资本充足的	四个指标同时大于等于8%、6%、4.5%和4%	非经美元银行存款保险公司允许，不得吸收经纪存款
资本不足的	四个指标任一个对应小于8%、6%、4.5%、4%	吸收经纪存款；停止分红和发放管理费用；要求提交资本补充计划；限制资产增长；兼并、分支机构设立和其他新业务活动需要得到批准
资本严重不足的	四个指标任一个对应小于6%、4%、3%、3%	任何适用资本不足的措施；要求补充资本；限制关联交易；限制存款利率；限制高管薪酬
资本根本不足的	有形股本占总资产比率小于等于2	任何适用资本严重不足的措施；90天内强制接管；连续4个季度都是资本根本不足，强制接管；限制支付次级债务利息；限制其他经营活动

则作为经验规则，能近似描述美联储过往的货币政策决策。国际金融危机后，一些美国政治家认为应该限制美联储的权力，提出美联储应在货币政策决策中采用泰勒规则。这一观点在美国国内引起了很大争议。主流观点认为，美联储在货币政策决策中要综合考虑通胀率、经济增长率以外的多种因素，比如非农就业、金融市场、美元汇率等，而这些因素不能被泰勒规则所涵盖。第二，这些被广泛认可的政策规则存在很多不完美的地方。比如，巴塞尔银行监督委员会在设计逆周期资本缓冲的参考指标时，对包括信贷/GDP 比率

在内的多个指标对经济金融危机的预测能力做了实证分析，最后选中了信贷/GDP 比率这个指标。但即便如此，这个指标对经济金融危机的预测能力远非完美，有不可忽视的误报率和漏报率，只是相对其他指标表现更出色而已。

（二）基于监管科技的政策规则

监管科技（特别是人工智能技术）应用在金融监管中，最终可能体现为一系列关于风险识别、预警和处置的政策规则。需要承认的是，基于监管科技的政策规则有多重好处。第一，避免“监管俘获”。与人类监管者不同，监管科技不可能被金融机构通过各种资源和手段来“俘获”，有助于保障金融监管的公正性。第二，这些政策规则能避免人为决策中的非理性或随意因素，提高监管决策的可信度，从而在事前抑制一些不审慎的风险承担行为。

然而，以下四个因素决定了，基于监管科技的政策规则，远不能替代监管者的个人判断。第一，现实是复杂的，金融监管者在决策前要综合考虑、权衡各方面情况。这个复杂的决策过程只能被监管科技近似模拟，而不可能被监管科技完全替代。第二，政策规则的可靠性问题。很多政策规则没有坚实的经济学理论依据，只是“拇指规则”而已。第三，政策规则的可信度问题。对金融监管者个人的工作失误，事后可以追责或给予惩罚，从而督促其尽责履职。但基于监管科技的政策规则本身构不成责任主体，不能像金融监管者个人那样被约束、问责。第四，基于监管科技的政策规则，很多时候不像泰勒规则、《巴塞尔协议Ⅲ》逆周期资本缓冲、美国银行存款保险公司的“及时校正措施”那样方便理解。比如，一些人工智能算法形同“黑箱”，输入数据和输出结果之间的关系非常复杂，可解释性很差。如果政策规则由这些算法产生，就会在金融监管与金融机构之间造成复杂的沟通问题。

罗伯特·默顿教授曾指出，[①] 在金融活动中，信任有两个组成部分——值得信任和能力胜任。由前面的分析可以看出，基于监管科技的政策规则在值得信任、能力胜任这两个维度上都存在欠缺。

① http：//enewsletter. ntu. edu. sg/NBSAlumni/Dec2016/Pages/PostEvents1. aspx？ AspxAutoDetectCookieSupport = 1.

大科技公司涉足金融的挑战

金融科技在全球已是一个普遍发展趋势。当然，在金融科技的发展过程中也体现出了移动通信、云计算、大数据、人工智能、区块链技术对金融行业的影响。金融科技的影响已经从支付、身份管理、征信、信息安全等金融基础设施领域开始，深入到风险管理、金融资源配置等核心业务环节。与金融科技有关的运营风险、技术风险以及模型和算法风险将在金融监管中越来越受到重视。对此，我们需要平衡好创新和风险防范。

从全球看，金融科技发展比较好的有两个国家：美国和中国。美国的发展与金融危机后金融业在强监管下供给收缩、部分业务环节外包的背景有关。中国则是由于2019年以来的金融监管体制发生了深刻变化，之前由于监管体制不太健全，大银行多、小银行少的结构，给金融科技创造了一个很大的发展空间。同时，前期对金融科技发展几乎没有监管，这既是P2P网贷风险集中暴露的原因，也是几家从事金融服务的大科技公司迅速发展的关键。

与金融科技相关的研究问题很多，我们讨论一些关于大科技公司涉足金融领域的一些具体问题。

一、大科技公司处理数据的优势和影响

信息不对称始终是金融中介要处理的核心问题之一，银行贷款技术可以分为交易型贷款和关系型贷款。交易型贷款是使用企业财务报表和信息评分等硬信息，关系型贷款是使用银行在与企业长期

和多渠道的接触中积累的、不能从财务报表和公开渠道获得的企业信息，这些信息都是软信息的范畴。

技术创新只是将新的信息形态，比如互联网平台收集的关于客户端的非财务信息，以及新的信息处理方式，比如人工智能的算法，引入了金融中介的活动。技术进步使得一些原属于企业的软信息变成了硬信息，也就是定性信息定量化，分散信息通过互联网采集和传播后，再通过技术手段来收集分析，从原先关系型贷款的场景向交易型贷款转化。

大科技公司在对使用其平台产生的专有客户数据做信用评分时主要有以下优势。

一是能够收集并处理关于客户的非财务性数据，从而提高风险评估以及信贷供给和定价的效率，特别是能服务一些因为财务制度不健全，不能提供抵押品的小微企业。

二是信用评分模型运行较快，能提高信贷缺失的效率和客户体验。像一些网上银行的在线贷款是纯信用的，无须抵押和贷款，30秒申请最快3分钟到账。

有很多的研究表明，大科技公司的信用评分对客户违约有一定的约束能力。因此，信用评分技术能帮助大科技公司评估客户的信用风险，缓解信息不对称的问题。但数据的质量、数据的代表性变量实际影响信用评分的结果。

此外，计算模型和经营模式的相似性会在技术公司之间产生同质化的竞争，还可能带来顺周期性的问题。

总之，大科技公司在处理数据方面有其优势，但并不能改变基于信息处理的金融中介模式。可能把一些原本属于关系型贷款的转向交易型贷款。但同时，由于模型、算法、模式的相似性，会带来同质化竞争，并带来顺周期性问题。当然，在这个过程中，数据质量、数据的代表性也会影响其风险管理能力。

在我国几家大科技公司的金融业务中，最赚钱的是消费信贷业务，本质上也是吃利差模式。大科技公司在消费信贷业务中，一方面使用基于大数据的信用评分技术，另一方面使用基于平台生态系统的担保机制。

一是现金担保。电商平台商户的账上都有现金，也可以存放在余额宝等理财类账户。如果商户借钱不还，可以从账上直接扣除现金。

二是应收账款担保。电商平台商户并不是立刻收到货款，而是有七天应收账款的间隔，这些应收账款实际上也是一种担保。

三是价值不菲的“摊位费”担保。商户在电商平台上开店要付很多钱，付很多名目的钱。卖家保证金在1～15万，技术服务年费为3万、6万不等，天猫佣金比例3%～5%，天猫国际5%～8%。摊位是花钱买来了，如果欠账不还，可以取消，因此也是一种担保品。

这些担保机制帮助大科技公司控制消费信贷的风险，不能归功于大数据风控。从国际经验看，在贷款业务中使用担保品是正常的，关键是使用什么担保品。实践中，我国银行更多地使用了不动产担保品，而国际上更多地使用动产担保品，这是有显著差异的。为支持中小企业发展，应促进动产登记基础设施的建设和发展，金融体系也应该更多地使用动产担保支持小微企业。

金融的本质是资金融通、配置资源和管理风险的行业，但不是所有的金融服务都能基于大数据。能够基于大数据的金融服务在金融行业只是较小的一部分。相对来说，电商平台可以针对客户比较简单的商业场景根据客户的销售大数据发放贷款，但绝大部分企业由于行业复杂，无法简单根据其销售情况发放贷款，还需要结合其行业地位、管理能力、科技水平等因素综合考虑；此外企业兼并重组和风险管理等一些复杂的金融服务也无法利用大数据进行。

二、大科技公司相对客户的强势地位和影响

大科技公司平台对客户的黏性有助于控制客户的信用风险，因为客户一旦违约，就有可能被平台排除在外，从而丧失从平台获利的便利性，本质上是通过客户与平台之间的重复博弈来抑制客户的机会主义行为。

但是，大科技公司相对客户的强势地位，有可能扭曲两者之间的合作关系。中国人民银行调研发现，电商平台有不断拉长应付账款周期，加剧小微企业资金紧张的情况。电商平台的收费项目也会加大小微企业的经营成本，可能会非正常地增加小微企业的融资需求，从而为电商平台的金融业务创造需求。在极端的情况之下，小微企业可能会落入电商平台的金融陷阱。

大科技公司过度采集客户数据的时候，有可能侵犯客户的隐私。例如，脸书的数据泄密事件就显示了这种可能性。我国在2016—2017 年，现金贷高速增长期间，出现了借款人信息买卖的情况。一些科技公司利用技术优势抢占市场，并将用户数据在不同产品条线混用，也加大了隐私保护的难度。如果谷歌、微软和亚马逊等可以随意调用个人信息做金融业务，这些机构可能早就成为金融市场上最大的放贷机构。

因此，在采集和使用大数据时，应注意数据主权权益的保护并进行相应的脱敏处理。此外，如果将客户个人信息用于信用评估时，可能影响信贷的公平性，有一些指标（比如性别、地域、职业等）可能对客户的还款能力有解释力，但根据这些指标进行放贷，会涉及对某些人群的歧视。

党中央、国务院《关于构建更加完善的要素市场化配置体制机制的意见》就明确了数据也是一种重要的生产要素，在充分培育挖掘数据要素市场的同时，也要保护数据安全和个人隐私，防止利用或滥用数据垄断来盈利。

三、大科技公司对普惠金融的影响

在中国，因为大银行很多，中小银行发展不足，一些小微企业很难从大银行获得贷款服务，因为大银行的授权授信管理链条比较长，比较难获得客户的软信息。相对而言，大科技公司的信用评分技术有助于弥补这方面的市场缺失。

一般而言，金融科技在金融供给不足的领域有更大的发展空间。在小微企业贷款方面，大科技公司的信贷供给与传统的银行贷款是互补关系。大科技公司在向金融领域渗透时，可以凭借自己的客户资源、资金实力、技术能力形成规模效应和较强的市场支配能力，通过与银行的合作，推动普惠金融的发展。

近年来，在金融管理部门和财税部门引导下，中国多层次的金融机构体系初步建立，普惠金融发展水平有了很大提高。在世界银行的全球金融普惠性指数指标体系中，我国处于国际较好水平，在发展中国家中更是处于领先，特别是我国建立了大量的农村金融机构，在网点数量等方面相比其他发展中国家有较大优势。尽管国内新兴的大科技公司这几年发展很快，但正规的金融机构在支持普惠金融方面仍是居于主导地位的。比如，银行业金融机构的小微企业贷款余额和普惠小微企业贷款余额分别达到 40.7 万亿和 13.7 万亿，而蚂蚁金服发放的小微经营者信贷余额还不到 5 000 亿元。

需要重视的是，部分大科技公司以普惠金融为名，在监管相对不足、未对客户进行充分评估情况下，大量向实际收入低、还款能力弱，却又偏好通过借贷实现超前消费的群体如大学生提供借贷，侵蚀了适度负债、合理消费、“种瓜得瓜、种豆得豆”的金融价值观，可能导致过度负债消费，积聚经济金融风险。

四、大科技公司对金融稳定的影响

第一，大科技公司涉足金融后，借贷、支付、保险、交易以及其他的金融服务领域更多的多元性和竞争，使得金融系统更加有效力，更富有韧性，从而提高经济效益。尽管存在这些潜在的收益，竞争也可能对现有的金融机构运行造成压力，并侵蚀其资本实力，尤其会使一些中小金融机构面临更大的风险，这可能增加金融稳定的风险。比如，一些传统的中小银行原来依靠关系型融资提供服务，可能相对来说有稳定的利差，可以正常经营。但随着大科技公司渗透到这些银行的经营范围，就会侵蚀这些中小金融机构的客户，导致传统中小银行的资金和贷款活动都受到很大影响。在这种情况下，我们需要深入研究，怎么样既能充分发挥大科技公司在推动普惠金融中的作用，又能促进中小金融机构的健康发展。

第二，对大科技公司和传统金融机构的不公平监管。大科技公司涉足金融领域，一方面与其在平台、技术、客户和数据方面的优势有关，另外也与受到的监管比较宽松有关。在中小企业融资方面，大科技公司可与金融机构形成比较好的互补关系。在支付、资产管理等领域，大科技公司可能与金融机构形成一定的竞争关系，并可能因为监管标准的不统一而享有不平等、不公平的竞争优势。对大科技公司金融业务监管应实时介入，以避免相关风险“从小到不值得关注”演变成“大到不能忽视”，甚至“大到不能倒”。

第三，因为有很大的网络效应，大科技公司进入金融可能造成更高程度的市场集中，特别是一些非传统的金融服务提供者。比如平台型的信息公司如果市场运营失败或者发生网络安全事件，更可能引发系统性的风险。比如 2016 年 5 月，杭州一处光纤被挖坏，导致大量的支付宝用户无法登陆；2018 年 9 月，日本北海道地震引发大规模断网断电，使得很多居民无法支付。同时，如果金融机构高度依赖云计算等第三方数据服务，也会增加外部性风险。尽管云计算服务尚未被用于银行的核心业务模块，但如果越来越多的金融机构使用云服务处理关键业务，云服务一旦发生中断，将对使用这些服务的金融机构产生重要影响。在云服务高度集中的情况下，一旦受到网络攻击，也可能形成系统性金融风险。

第四，金融科技领域由于网络效应的存在，通常会形成“赢家通吃”，造成市场垄断和不公平竞争。部分大科技公司可以通过“烧钱”进行直接补贴或利用其他业务盈利进行交叉补贴等不公平竞争方式，抢占市场份额使自己成为“赢家”，然后再把其他竞争者打掉或兼并掉，最终形成垄断。比如，在电商平台的担保支付机制下，在买家确认收货之前，买家付款资金都沉淀下来。电商平台能额外占用商家资金并且不支付利息，反过来再利用垄断数据以高于银行贷款利率向商家发放贷款。

第五，大科技公司运用大数据、云计算、区块链等网络信息技术，在有效提升金融业务便利性和可获得性的同时，也使得金融风险更容易跨区域、跨行业、跨机构传染。同时，大科技公司经营模式、算法的趋同，也容易引发羊群效应，导致市场大起大落。由于大科技公司的服务对象多为金融专业知识和识别能力均较弱的社会公众，更容易引发系统性风险和社会群体事件。

五、针对大科技公司的监管理念

金融科技创新和监管是一对矛盾体。金融科技创新是重要的，但代替不了制度。在金融科技发展过程中，需要完善相关法律和监管制度。在当前金融科技发展不可逆转的趋势下，金融监管机构需要考虑如何既促进创新又防范风险。特别是随着金融科技的发展，金融风险的形式发生了变化，监管需要与时俱进。

2008 年金融危机表明，面对金融创新，金融监管缺乏制度，没有前瞻性考虑，对证券化产品复杂化、底层资产混杂缺乏认识，最终带来了巨大的灾难。吸取危机的教训，国际上对包括金融创新在内的金融业务形成了一些监管理念。这些理念对大科技公司涉足金融是适用的。

第一，要区分系统性风险和非系统性风险。任何金融机构（包括传统金融机构和金融科技机构）都希望无限制扩张且不承担后果，但监管部门尤其是中央银行要考虑全局风险。如果一家金融机构发展到“大到不能倒”，业务规模和关联性都很大，就需要对其实施宏观审慎监管。危机之后，金融控股集团被纳入系统重要性机构予以监管就是出于这种考虑。

第二，要区分审慎监管和非审慎监管。如果金融机构涉及了吸收公众存款，就要对其进行审慎监管。有些大科技公司设立之初不需要接受审慎监管，但后来变相吸收公众存款，比如蚂蚁金服，拿到了很多金融业务牌照，可以进行与银行类似的存贷款业务，就需要进行审慎监管。根据蚂蚁的招股说明书，其信贷资金中只有2%来自自有资金，剩下的98%来自金融机构合作伙伴或者ABS，实际上加了杠杆。我国几家大科技公司因为资金来源和杠杆率限制，有相当大规模的助贷和联合贷款业务——大科技公司负责获客和风控，银行提供贷款资金。这相当于之前由银行执行的信贷中介功能，通过市场分工来实现，但可能存在大科技公司与银行利益不一致、风险责任不清以及信贷风险向银行业传导等问题。国家金融危机的一个主要教训就是对影子银行链条认识不清，监管不力。

第三，要强调功能监管原则。对于尚看不清楚的金融科技创新业务，可以通过监管沙箱限定风险范围。对于那些看得清楚的创新业务，则需要解决监管不平等的问题，让同等性质的金融业务接受同样的监管。同时，对于创新要保持监管警觉，加强预判。

第四，大科技公司作为金融服务业的新进入者，难免会有一些既想做金融服务又不想接受监管的想法。这种新进入者不但对市场格局产生影响，也会对监管格局带来重大影响，需要重点防范其规避监管和监管套利行为。所以对大科技公司的监管，金融监管部门要敢于说“不”，不能给予大科技公司以超国民待遇并放任其无序扩张，不能被其科技属性误导或被舆论所绑架，否则最终会扭曲市场并产生金融风险。总之，对所有进入金融服务业的大科技公司，应建立一种公平竞争、优胜劣汰并能保护消费者的监管政策环境。

第五，对大科技公司涉足金融，必须要强调监管的一致性，特别要重视《巴塞尔协议》的作用和实施。前美联储主席格林斯潘当年就有这样的理念，既然金融监管跟不上创新的步伐，还不如不管，随后2008年就出现了国际金融危机，至今仍未能恢复过来。我国也处于金融科技创新的影子银行发展较快的阶段，现在不应是讨论《巴塞尔协议》要不要，而是要强调《巴塞尔协议》如何在创新业务中适用。《巴塞尔协议》诞生之初就是为了保障银行业监管在国际间的标准是一致的，强调对于同属于银行业务要有同样监管标准。《巴塞尔协议》也是逐步演进的，近年来结合2008年国际金融危机的教训，强调了资本吸收损失的能力，新增了流动性、杠杆率等监管要求。如果对多年来已形成共识的监管要求进行放松，必然会导致金融风险。不管是传统金融机构，还是金融科技机构，本质上都是在经营金融风险。风险识别、计量、防范和处置等方法的普遍适用和不断进步，正是《巴塞尔协议》与时俱进的基础，也是国际上对大科技公司的金融业务引入监管的出发点。对于大科技公司而言，如果其涉足类似银行的存贷款业务，对于类似的业务必须要有准备金、资本金、杠杆率、流动性等监管要求，保持监管的一致性。

参考文献

1. 艾瑞咨询，《中国金融科技发展报告2017》，2017。

2. 德勤和阿里研究院，《数据资产化之路——数据资产的估值与行业实践》，2019。

3. 狄刚，《数字货币辨析》，《中国金融》，2018年第17期。

4. 范一飞，《中国法定数字货币的理论依据和架构选择》，《中国金融》，2016年第17期。

5. 范一飞，《关于央行数字货币的几点考虑》，《第一财经》，2018年1月25日。

6. 李小加，《呼吁成立“数据要素产业化联盟”》，香港交易所，2020。

7. 穆长春，《在中国金融四十人伊春论坛上的发言》，2019，https://finance.sina.com.cn/money/bank/2019-08-11/doc-ihytcern0096491.shtml。

8. 万建华，《金融e时代：数字化时代的金融变局》，中信出版社，2013年5月。

9. 香港交易所，2020，《证券持有系统与“穿透式”市场监管的国际经验》。

10. 谢平、邹传伟，《CDS的功能不可替代》，《金融发展评论》，2011年1期。

11. 徐忠、汤莹玮、林雪，《央行数字货币理论探讨》，《中国金融》，2016年第17期。

12. 姚前，《央行数字货币原型系统实验研究》，《软件学报》，2018年第9期。

13. 姚前，《基于区块链的新型金融市场基础设施》，《中国金融》，2019年第23期。

14. 姚前、汤莹玮，《关于央行法定数字货币的若干思考》，《金融研究》，2017年第7期。

15. 易纲，《庆祝新中国成立70周年活动新闻中心发布会上的发言》，2019年，http://news.sina.com.cn/o/2019-09-24/doc-iicezueu7987562.shtml。

16. 于施洋、王建冬、郭巧敏，《中国构建数据新型要素市场体系面临的挑战与对策》，《电子政务》，2020年第3期。

17. 袁勇、倪晓春、曾帅、王飞跃，《区块链共识算法的发展现状与展望》，《自动化学报》，2018年第11期。

18. 袁煜明、刘洋，《区块链技术可扩展方案分层模型》，火币区块链研究院报告，2018。

19. 周小川，《国际金融危机：观察、分析与应对》，中国金融出版社，2012 年。

20. 周小川，《信息科技发展与金融政策响应》，《金融市场研究》，2019 年第 9 期。

21. Abadi, Joseph, and Markus Brunnermeier, 2018, "Blockchain Economics".

22. ABS (Association of Banks in Singapore) and MAS (Monetary Authority of Singapore), 2017, "Project Ubin Phase 2: Re – imaging Interbank Real – Time Gross Settlement System Using Distributed Ledger Technologies".

23. Accenture, 2018, "Regtech for Regulators: Re – architect the System for Better Regulation".

24. Ackoff, R. L., 1989, "From Data to Wisdom", *Journal of Applied System Analysis*, 16: 3 – 9.

25. Acquisti, A., C. Taylor, and L. Wagman, 2016, "The Economics of Privacy", *Journal of Economic Literature*, 54 (2): 442 – 292.

26. Adrian, Tobias, 2019, "Stable coins, Central Bank Digital Currencies, and Cross – Border Payments: A New Look at the International Monetary System".

27. Adrian, T. and T. Mancini – Griffoli, 2019, "The Rise of Digital Money", *IMF Fintech Notes.*

28. Amsden, Ryan, and Denis Schweizer, 2018, "Are Blockchain Crowdsales the New 'Gold Rush'? Success Determinants of Initial Coin Offerings".

29. Andolfatto, D., 2019, "Central Bank Digital Currencies and Private Banks", *CEPR paper.*

30. Arner, D. W., J. N. Barberis, and R. P. Buckley, 2016, "Fintech, Regtech and the Reconceptualization of Financial Regulation", *Social Science Electronic Publishing.*

31. Athey, Susan, Ivo Parashkevov, Vishnu Sarukkai, and Jing Xia, 2016, "Bitcoin Pricing, Adoption, and Usage: Theory and Evidence".

32. Auer, Raphael, and Rainer Böhme, 2020, "The Technology of Retail Central Bank Digital Currency", *BIS Quarterly Review*, March 2020.

33. Barontini, C. and H. Holden, 2019, "Proceeding with Caution: A Survey on Central Bank Digital Currency", *BIS Paper No.* 101.

34. Barrdear, J. and M. Kumhof, 2016, "The Macroeconomics of Central Bank Issued Digital Currencies", *Bank of England Staff Working Paper No.* 605.

35. Bauguess, 2017, "The Role of Big Data, Machine Learning, and AI in Assessing Risks: A Regulatory Perspective".

36. Baumol, W. J., J. C. Panzar and R. D. Willig, 1982, *Contestable Markets and the Theory of Industry Structure.* Rochester and New York: Saunders College Publishing/Harcourt Brace Jovanovich.

37. BCBS (Basel Committee for Banking Supervision), 2010, "Countercyclical Capital

Buffer Proposal", *Consultative Document.*

38. BCBS (Basel Committee on Banking Supervision), 2019, "Report on Open Banking and Application Programming Interfaces".

39. Bech, Morten, and Rodney Garratt, 2017, "Central Bank Cryptocurrencies", Bank of International Settlement (BIS).

40. Bech, Morten, and Jenny Hancock, 2020, "Innovations in Payments", *BIS Quarterly Review*, March 2020.

41. Bech, Morten, Jenny Hancock, Tara Rice, and Amber Wadsworth, 2020, "On the Future of Securities Settlement", *BIS Quarterly Review*, March 2020.

42. Benedetti, Hugo, and Leonard Kostovetsky, 2018, "Digital Tulips? Returns to Investors in Initial Coin Offerings".

43. Beniak, P., 2019, "Central Bank Digital Currency and Monetary Policy: A Literature Review", *MPRA working paper.*

44. Benos, Evangelos, Rodney Garratt, and Pedro Gurrola - Perez, 2017, "The Economics of Distributed Ledger Technology for Securities Settlement", *Staff Working Paper No.* 670, *Bank of England.*

45. Bernanke, Ben S., 2015, "The Taylor Rule: A Bechmark for monetary policy?", https://www.brookings.edu/blog/ben-bernanke/2015/04/28/the-taylor-rule-a-Bechmark-for-monetary-policy/.

46. Biais, Bruno, Christophe Bisière, Matthieu Bouvard, and Catherine Casamatta, 2018, "The Blockchain Folk Theorem", *Working Papers No.* 17-817, Toulouse School of Economics.

47. Bianchi, Daniele, 2018, "Cryptocurrencies as an Asset Class? An empirical Assessment".

48. BIPP (Bennett Institute for Public Policy), 2020, *The Value of Data*, https://www.bennettinstitute.cam.ac.uk/research/research-projects/valuing-data/.

49. BIS (Bank of International Settlements), 2018, "Sound Practices: Implications of Fintech Developments for Banks and Bank Supervisors".

50. BIS (Bank for International Settlements), 2019a, "Investigating the Impact of Global Stablecoins", G7 - International Monetary Fund - BIS Committee on Payments and Market Infrastructures, October.

51. BIS (Bank for International Settlements), 2019b, "Designing a Prudential Treatment for Crypto-assets", Basel Committee on Banking Supervision.

52. BIS (Bank for International Settlements), 2019c, "Annual Economic Report 2019".

53. Boar, Codruta, Henry Holden, and Amber Wadsworth, 2020, "Impending Arrival - A Sequel to the Survey on Central Bank Digital Currency", *BIS Papers*, *No.* 107.

54. BoC (Bank of Canada), 2018, "Jasper Phase III. Securities Settlement Using Distributed Ledger Technology".

55. BoC (Bank of Canada), BoE (Bank of England), MAS (Monetary Authority of Singapore), 2018, "Cross – Border Interbank Payments and Settlements".

56. BoC (Bank of Canada) and MAS (Monetary Authority of Singapore), 2018, "Jasper – Ubin Design Paper: Enabling Cross – Border High Value Transfer Using Distributed Ledger Technologies".

57. BoE (Bank of England), 2016, "Business Plan 2017/18".

58. BoT (Bank of Thailand) and HKMA (Hong Kong Monetary Authority), 2020, "Inthanon – LionRock: Leveraging Distributed Ledger Technology to Increase Efficiency in Cross – Border Payments".

59. Broeders, Dirk, and JermyPrenio, 2018, "Innovative Technology in Financial Supervision (Suptech) – the Experience of Early Users".

60. Brunnermeier, Markus K., Harold James, and Jean – Pierre Landau, 2019, "The Digitalization of Money", *NBER Working Paper No.* 26300.

61. Budish, Eric, 2018, "The Economic Limits of Bitcoin and the Blockchain", *NBER Working Paper* 24717.

62. Buterin, Vitalik, 2013, "A Next – Generation Smart Contract and Decentralized Application Platform".

63. Catalini, Christian, and Joshua S. Gans, 2016, "Some Simple Economics of the Blockchain", *NBER Working Paper Series.*

64. Caves, Richard E., Jeffrey A. Frankel, and Ronald W. Jones, 2006, *World Trade and Payments: An Introduction* (10th Edition). Prentice Hall.

65. Chod, Jiri, and EvgenyLyandres, 2018, "A Theory of ICOs: Diversification, Agency, and Information Asymmetry".

66. Circle, 2018, "About Circle USDC", https://support.usdc.circle.com/hc/en – us.

67. CPMI (Committee on Payments and Market Infrastructures), 2015, "Digital Currencies".

68. CPMI (Committee on Payments and Market Infrastructures), 2017, "Distributed Ledger Technology in Payment, Clearing and Settlement: An Analytical Framework".

69. CPMI (Committee on Payments and Market Infrastructures), 2018, "Central Bank Digital Currencies".

70. CPMI (Committee on Payments and Market Infrastructures), 2019, "Wholesale Digital Tokens".

71. Cong, Lin William, Ye Li, and Neng Wang, "Tokeconomics: Dynamic Adoption and Valuation".

72. Davoodalhosseini, S. M. R., 2018, "Central Bank Digital Currency and the Future of Monetary Policy", *Bank of Canada Staff Working Paper* 2018 – 36.

73. Deloitte, 2015, "Is Regtech the New Fintech".

74. Deloitte andMAS (Monetary Authority of Singapore), 2017, "Project Ubin: SGD on Distributed Ledger".

75. Deloitte, SGX (Singapore Exchange), and MAS (Monetary Authority of Singapore), 2018, "Project Ubin: Delivery versus Payment on Distributed Ledger Technologies".

76. Demertzis, M. and Mazza, J., 2019, "Libra: Possible Risks in Facebook's Pursuit of a 'Stablecoin'".

77. Deutsche Bundesbank, 2019, "Crypto Tokens in Payments and Securities Settlement", *Deutsche Bundesbank Monthly Report.*

78. Deutsche Bank, 2019, "Libra: A Global Challenger in Payments and for Central Banks?"

79. Dias, D. and S. Staschen, 2017, "Data Collection by Supervisors of Digital Financial Services".

80. DTCC (Depository Trust & Clearing Corporation), 2019, "Guiding Principles for the Post – Trade Processing of Tokenized Securities".

81. Easley, David, Maureen O'Hara, and Soumya Basu, 2018, "From Mining to Markets: The Evolution of Bitcoin Transaction Fees".

82. EBA (Euro Banking Association), 2016, "Understanding the Business Relevance of Open APIs and Open Banking for Banks".

83. ECB (European Central Bank), 2019, "Crypto – Assets: Implications for Financial Stability, Monetary Policy, and Payments and Market Infrastructure", Occasional Paper Series No 223.

84. ECB (European Central Bank) and BoJ (Bank of Japan), 2017, "Payment Systems: Liquidity Saving Mechanisms in a Distributed Ledger Environment".

85. ECB (European Central Bank) and BoJ (Bank of Japan), 2018, "Securities Settlement Systems: Delivery – versus – Payment in a Distributed Ledger Environment".

86. ECB (European Central Bank) and BoJ (Bank of Japan), 2019, "Synchronised Cross – border Payments".

87. ECB (European Central Bank) and BoJ (Bank of Japan), 2020, "Balanceing Confidentiality and Auditability in a Distributed Ledger Environment".

88. Eichengreen, Barry, 2018, "The Stable – Coin Myth", *Project Syndicate.*

89. Ertan, A., M. Loumioti, and R. Wittenberg – Moerman, 2017, "Enhancing Loan Quality through Transparency: Evidence from the European Central Bank Loan Level Reporting Initiative," *Journal of Accounting Research*, Volume 55, Issue 4, 877 – 918.

90. Faster Payments, 2015, "Faster Payments New Access Model".

91. FATF (Financial Action Task Force), 2019, "Guidance for a Risk - Based Approach to Virtual Assets and Virtual Asset Service Providers".

92. Foley, Sean, Jonathan R. Karlsen, and Tālis J. Putniš, 2018, "Sex, Drugs, and Bitcoin: How Much Illegal Activity is Financed Through Cryptocurrencies".

93. FSB (Financial Stability Board), 2016, "Fintech: Describing the Landscape and a Framework for Analysis".

94. FSB (Financial Stability Board), 2017, "Financial Stability Implications from Fintech: Supervisory and Regulatory Issues that Merit Authorities' Attention".

95. FSB (Financial Stability Board), 2019, "Regulatory Issues of Stablecoins".

96. Gandal, Neil, JT Hamrick, Tyler Moore, and TaliOberman, 2017, "Price Manipulation in the Bitcoin Ecosystem", *Journal of Monetary Economics*, *forthcoming*.

97. Gans, Joshua S., and Neil Gandal, 2019, "More (or Less) Economic Limits of the Blockchain", *NBER Working Paper No.* 26534.

98. Goldman Sachs, 2016, "Blockchain: Putting Theory into Practice".

99. Griffin, John M., and Amin Shams, "Is Bitcoin Really Un - Tethered?".

100. Gross, Marco, and Christoph Siebenbrunner, 2019, "Money Creation in Fiat and Digital Currency Systems", *IMF Working Paper WP/*19/285.

101. Haldane, Andrew, 2014, "Managing Global Finance as a System".

102. Hayek, Friedrich, 1976, *The Denationalization of Money*. Institute of Economic Affairs.

103. He, D., R. Leckow, V. Haksar, T. M. Griffoli, N. Jenkinson, and M. Kashima, et al., 2017, "Fintech and Financial Services: Initial Considerations", *IMF Staff Discussion Notes*.

104. Houy, Nicolas, 2014, "The Bitcoin Mining Game", *GATE Group d' Analyse et de ThéorieÉconomique Lyon - St Étienne WP* 1412.

105. Huberman, Gur, Jacob D. Leshno, and Ciamac C. Moallemi, 2017, "Monopoly without a Monopolist: An Economic Analysis of the Bitcoin Payment System".

106. Hunt, S., 2017, "From Maps to Apps: The Power of Machine Learning and Artificial Intelligence for Regulators".

107. IAIS (International Association of Insurance Supervisors), 2017, "Fintech Developments in the Insurance Industry".

108. IMF (International Monetary Fund), 2017, "Recent Trends in Correspondent Banking Relationships: Further Considerations", *Policy Papers*.

109. Jia R., D. Dao, B. Wang, F. Hubis, N. Hynes, N. Gurel, B. Li, C. Zhang, D. Song, and C. Spanos, 2019, "Towards Efficient Data Valuation Based on the Shapley Value".

110. JP Morgan, 2019, "J. P. Morgan Creates Digital Coin for Payments", https: // www. jpmorgan. com/global/news/digital – coin – payments.

111. Kaufman, Alex, 2013, "Payday Lending Regulation", *Finance and Economics Discussion Series*, Divisions of Research & Statistics and Monetary Affairs, Federal Reserve Board, Washington, D. C.

112. Khiaonarong, Tanai, 2014, "Oversight Issues in Mobile Payment", *IMF Working paper* 14/123.

113. Kiff, Johh, Jihad Alwazir, Sonja Davidovic, Aquiles Farias, Ashraf Khan, TanaiKhiaonarong, Majid Malika, Hunter Monroe, Nobu Sugimoto, Herve Tourpe, and Peter Zhou, "A Survey of Research on Retail Central Bank Digital Currency", *IMF Working Paper*, WP/20/104.

114. Kim, Y. S. and O. Kwon, 2019, "Central Bank Digital Currency and Financial Stability", *Bank of Korea Working Paper No.* 2019 – 6.

115. Kirilenko, A. A. and A. W. Lo, 2013, "Moore's Law versus Murphy's Law: Algorithmic Trading and its Discontents", *Journal of Economic Perspectives*, 27 (2), 51 – 72.

116. Kumhof, M. and C. Noone, 2018, "Central Bank Digital Currencies – Design Principles and Balance Sheet Implications", *Bank of England Working Papers.*

117. Li, Jiasun, William Mann, 2018, "Initial Coin Offering and Platform Building".

118. Libra Association, 2019, "An Introduction to Libra", https: //libra. org/en – US/white – paper/#the – libra – currency – and – reserve.

119. Libra Association, 2020, "Libra White Paper", https: //libra. org/en – US/white – paper/.

120. Loberto, M. , A. Luciani, and M. Pangallo, 2018, "The Potential of Big Housing Data: An Application to the Italian Real – estate Market".

121. Lowe, P. , 2017, "An eAUD?", Address at the 2017 Australian Payment Summit, Sydney, 13 December.

122. Ma, June, Joshua S. Gans, and RabeeTourky, 2018, "Market Structure in Bitcoin Mining", *NBER Working Paper Series.*

123. Mancini – Griffoli, T. , M. S. Martinez Peria, I. Agur, A. Ari, J. Kiff, A. Popescu and C. Rochon, 2018, "Casting Light on Central Bank Digital Currency", *IMF Discussion Staff Note* 18/08.

124. MAS (Monetary Authority of Singapore), 2017, "Project Ubin Phase 2. Re – Imagining Interbank Real – Time Gross Settlement System Using Distributed Ledger Technologies".

125. McKinsey & Company, 2016, "Global Payments 2016: Strong Fundamentals Despite Uncertain Times".

126. McQuinn, A. , W. Guo, and D. Castro, 2016, "Policy Principles for Fintech", In-

formation Technology & Innovation Foundation.

127. Momtaz, Paul P. , 2018, "Initial Coin Offering".

128. Mori, N. , 2017, "Will Fintech Create Shared Values?". Presentation at the Annual Tokyo Conference of the Center on Japanese Economy and Business, Columbia Business School, New York, May 25.

129. Murphy, Dan, and Jackson Mueller, 2018, "Regtech: Opportunities for More Efficient and Effective Regulatory Supervision and Compliance".

130. Nakamoto, Satoshi, 2008, "Bitcoin: A Peer – to – Peer Electronic Cash System".

131. Norges Bank, 2018, "Central Bank Digital Currencies", Norges Bank Paper No. 1/2018.

132. Payments Canada, BoC (Bank of Canada), and R3, 2017, "Project Jasper: A Canadian Experiment with Distributed Ledger Technology for Domestic Interbank Payments Settlement".

133. PlatON, 2018, "PlatON: A High – Efficiency Trustless Computing Network", https://www.platon.network/static/pdf/en/PlatON_A%20High – Efficiency%20Trustless%20Computing%20Network_Whitepaper_EN.pdf.

134. Prasad, E. , 2018, "Central Banking in a Digital Age: Stock – Taking and Preliminary Thoughts", *Brookings Paper.*

135. Raskin, M. and D. Yermack, 2016, "Digital Currencies, Decentralized Ledgers, and the Future of Central Banking", *NBER Working Paper* No. 22238.

136. Rivadeneyra, F. and T. N. Wong, 2019, "Should the Central Bank Issue e – money?", *Federal Reserve Bank of St. Louis Working Paper.*

137. Rogoff, Kenneth, 2017, "Crypto – Fool's Gold?", *Project Syndicate.*

138. Scherbina, Anna, 2013, "Asset Price Bubbles: A Selective Survey", *IMF Working Paper*, *WP/13/45.*

139. Schiller, Robert, 2017, "What is Bitcoin Really Worth? Don't Even Ask", New York Times, Dec. 15, 2017.

140. Rowley, J. , 2007, "The Wisdom Hierarchy: Representation of the DIKW Hierarchy", *Journal of Information and Communication Science*, 33 (2): 163 – 180.

141. Schüffel, Patrick, 2016, "Taming the Beast: A Scientific Definition of Fintech", *Journal of Innovation Management*, 4 (4): 32 – 54.

142. Sockin, Michael, and Wei Xiong, 2018, "A Model of Cryptocurrencies".

143. Szabo, Nick, 1994, "Smart Contracts".

144. Temasek and MAS (Monetary Authority of Singapore), 2020, "Project Ubin Phase 5: Enabling Broad Ecosystem Opportunities".

145. TMX Group, R3, Payments Canada, Bank of Canda (BoC), and Accenture, 2018,

"Jasper Phase III: Securities Settlement Using Distributed Ledger Technology".

146. Triepels, R., H. Daniels, and R. Heijmans, 2017, "Detection and Explanation of Anomalous Payment Behavior in Real-time Gross Settlement Systems".

147. Villasenor, John D., Darrell M. West, and Robin J. Lewis, 2015, "The 2015 Brookings Financial and Digital Inclusion Project Report: Measuring Progress on Financial Access and Usage".

148. Wadsworth, A., 2018, "The Pros and Cons of Issuing a Central Bank Digital Currency", *Reserve Bank of New Zealand Discussion Paper Series.*

149. WEF (World Economic Forum), 2015, "The Future of Financial Services".

150. WEF (World Economic Forum), 2017, "Beyond Fintech: A Pragmatic Assessment of Disruptive Potential in Financial Services".

151. WEF (World Economic Forum), 2020, "Central Bank Digital Currency Policy-Maker Toolkit".

152. Weller, C. E. and G. M. Zulfiqar, 2013, "Financial Market Diversity and Macroeconomic Stability", *University of Massachusetts PERI Working Paper.*

153. Yamaoka, H. and N. Yaganawa, 2019, "Digital Innovation, Data Revolution and Central Bank Digital Currency", *Bank of Japan Working Paper No.* 19-E-2.

后　记

本书相关研究受国家自然科学基金“中国金融体系的演化规律和变革管理”重点项目（项目批准号：71733004（C0030337））资助。

本书在写作过程中，得益与多位领导和朋友的讨论。我们在此对他们表示由衷的感谢。

中信出版社吴素萍、孟凡玲、马媛媛和王嘉晨等老师在本书的策划、编校和出版等工作中投入大量精力，帮我们把本书打磨好以呈现给读者。我们非常感谢她们的帮助。

本书反映我们在相关问题研究中的学术观点，不代表我们所在单位的立场。本书既经出版，我们就将裁判权交给读者。因研究能力和时间的限制，书中的疏漏与错误在所难免。我们真诚期待读者的批评、指正和建议，并将在后续研究中不断完善。